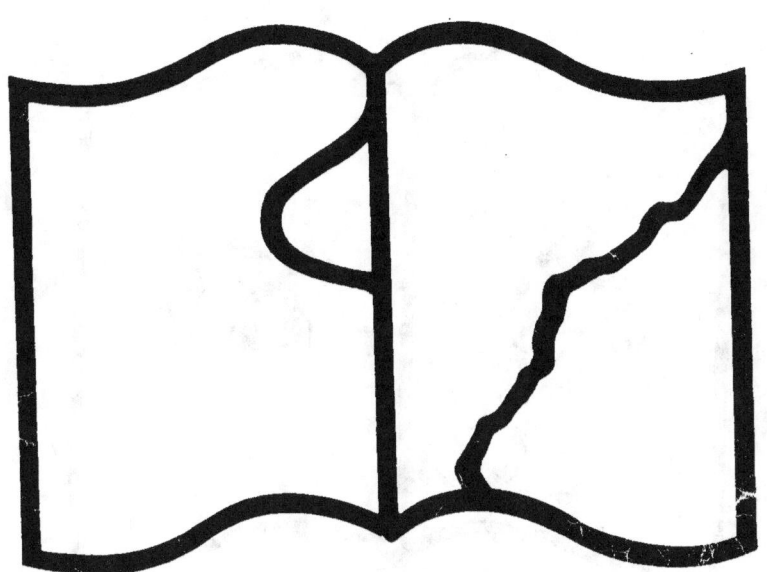

Texte détérioré — reliure défectueuse

NF Z 43-120-11

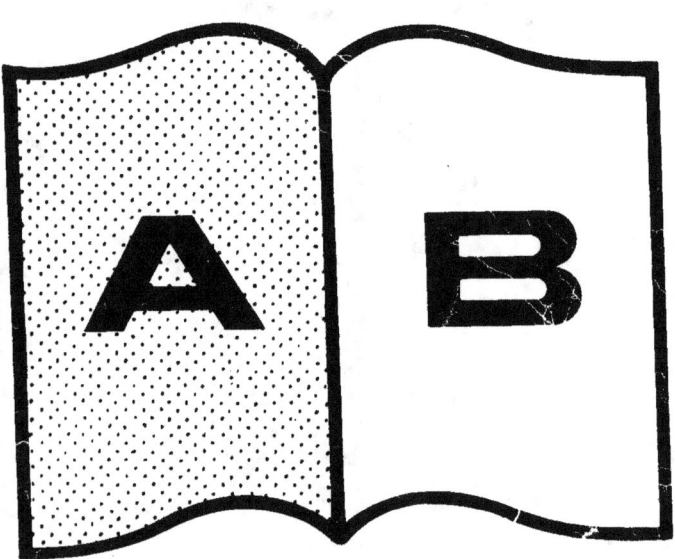

Contraste insuffisant
NF Z 43-120-14

ÉTUDES
DES PASSIONS

APPLIQUÉES

AUX BEAUX-ARTS,

A LA PEINTURE, A LA SCULPTURE, A L'ART DRAMATIQUE,

AUX SCIENCES D'OBSERVATIONS MORALES
ET A TOUS LES GENRES DE MÉDITATIONS QUI ONT POUR OBJET

LA CONNAISSANCE DU COEUR HUMAIN

ET POUR VUE D'EN REPRODUIRE OU D'EN REPRÉSENTER LES DIVERSES
SENSATIONS,

PAR

J.-B. DELESTRE.

TROISIÈME ÉDITION, REVUE AVEC SOIN ET AUGMENTÉE.

PARIS.
N. TRESSE, LIBRAIRE-ÉDITEUR,
Palais-Royal, galerie de Chartres, nos 2 et 3,
ET LES PRINCIPAUX LIBRAIRES DE PARIS ET DES DÉPARTEMENTS.

1853

ÉTUDES
DES PASSIONS.

PARIS,
IMPRIMERIE DE DUBUISSON, RUE COQ-HÉRON, 5.

ÉTUDES
DES PASSIONS

APPLIQUÉES

AUX BEAUX-ARTS,

A LA PEINTURE, A LA SCULPTURE, A L'ART DRAMATIQUE,

AUX SCIENCES D'OBSERVATIONS MORALES
ET A TOUS LES GENRES DE MÉDITATIONS QUI ONT POUR OBJET

LA CONNAISSANCE DU COEUR HUMAIN

ET POUR VUE D'EN REPRODUIRE OU D'EN REPRÉSENTER LES DIVERSES SENSATIONS,

PAR

J.-B. DELESTRE.

TROISIÈME ÉDITION, REVUE AVEC SOIN ET AUGMENTÉE.

PARIS.
N. TRESSE, LIBRAIRE-ÉDITEUR,
Palais-Royal, galerie de Chartres, nos 2 et 3,
ET LES PRINCIPAUX LIBRAIRES DE PARIS ET DES DÉPARTEMENTS.
—
1853

SOMMAIRE

DES PRINCIPAUX SUJETS TRAITÉS.

Introduction comprenant l'exposé général du système des passions. — Origine et but des facultés physiques et morales. — Des passions. — Classification des passions en raison des divers états de l'âme qui les éprouve. — Corrélation des mouvements de l'âme et du corps se rapportant également à deux bases fondamentales, *excentration* et *concentration*. — Comparaison du système nouveau établi dans cet ouvrage, avec ce qui a été suivi antérieurement sur cette matière. — Causes principales modifiant les passions. — De l'âge. — Du sexe. — Du tempérament. — Des maladies. — De la nourriture. — Du climat. — De l'habitude. — De la position sociale. — De l'état de civilisation. — Subdivisions dans la classification des passions.

Du désir : Définition. — Différence existant entre le désir et l'amour. — Jean Bart chez Louis XIV. — De la manifestation principale du désir dans l'économie et dans plusieurs circonstances. — Expression du désir dans la physionomie d'un malade. — Etude du désir chez le chien assistant au repas de son maître. — Lévrier poursuivant un lièvre. — Désir vague de jeune fille. — Désir chez l'enfant. — Jeu particulier de chaque organe dans le désir. — Le joueur avide. — Opinion des anciens sur le désir. — Moyens auxiliaires du désir. — Comment on peut reconnaître les goûts les plus habituels de quelqu'un. — Considérations générales.

De la crainte : Ce que c'est que ce mouvement. — Effet de la crainte. — De la Vénus de Médicis, image de la crainte unie au désir. — De la crainte chez la jeune fille. — Chez une jeune mère. — Du caractère distinctif de la crainte. — Enfant craignant une correction corporelle. — Du geste principal dans la manifestation de la crainte. — Action concentrique du froid. — Le chien voulant éviter d'être frappé. — Portrait de l'avare. — Tableau de la Clytemnestre

SOMMAIRE.

de Guérin. — De la crainte agissant sur les masses. — Veillées du village. — De l'attente de grands événements. — Effet de la crainte sur une réunion d'animaux. — Du remords.

DE LA COLÈRE : But de cette passion. — Signes extérieurs de la colère. — Le Gladiateur combattant. — Colère morale. — Colère du faible, du fort, du vieillard, des femmes, de l'enfant. — Tableau de l'Héliodore de Raphaël. — Colère des animaux et particulièrement du chien. — De la bouderie chez l'enfant. — Modifications de la colère. — De l'indignation. — Iliade d'Homère.

DE LA HAINE : But et marche de ce mouvement. — Différence entre la haine et la colère. — Effet physiologique de la haine. — Expression de la haine du peuple. — Caractère de l'homme qui hait. — Haine d'une femme par rivalité. — Haine de vieille dévote. — Gestes de l'enfant dans la haine. — Le chien et le chat en présence. — Equilibre des chances de conservation dans l'espèce animale. — Haines nationales. — Haines privées. — Portrait du haineux par envie. — Actes de violence conseillés par la haine invétérée. — Considérations générales. — Du dégoût. — De l'ennui.

DE L'AMOUR : Passion naissante chez l'adolescent des deux sexes. — Psyché de Gérard. — De l'amour au village, à la ville. — Extériorité de l'amour. — Amant en présence de l'objet aimé; dans l'absence; amour réciproque. — Amour non partagé. — Phèdre de Guérin. — De l'amour chez les femmes. — Didon de Guérin. — Les vieillards. — Les bacchanales. — La jeune épouse. — Opinion sur les attributs donnés à l'amour par les Grecs. — Le caractère fondamental de l'amour est l'obliquité. — Amant aux pieds de son amie. — Petite fille caressant un chat. — Le tourtereau et sa compagne. — Extrême finesse des facultés dans l'amour. — Amour conjugal. — Amour maternel. — Amour de l'étude, des livres, des objets d'art, de la gloire, de la patrie.

DE LA DOULEUR PHYSIQUE : Exposé du but et des effets de la douleur. — En quoi consiste la différence entre la douleur physique et la douleur morale. — Description de l'amputation du bras d'un vieux soldat de la grande armée, et réponse héroïque. — Le Laocoon. — Le Possédé de la Transfiguration de Raphaël. — Une crise nerveuse. — Douleur du faible, de l'enfant, de la femme, du vieillard. — Souffrance et résignation. — La pauvre femme malade dans un grenier. — L'accouchement de Marie de Médicis par Rubens — La peste de Jaffa de Gros. — Généralités. — Le chien au convoi du pauvre. — Des supplices. — Tendances de l'humanité. — Ether et chloroforme.

DE LA DOULEUR MORALE : Eudamidas de Corinthe du Poussin. — Signes corporels. — Descente de croix de Daniel de Volterre. — Degrés divers de la douleur morale. — Une mère ayant perdu son enfant — Mort d'une jeune fille par concentration de la douleur. — Réunion de personnes attendant le départ d'un convoi funéraire. — Résultat physique de la douleur morale. — De la honte. — De la compassion — Effet de la compassion sur une mère. — De la pitié. — Le Moïse sauvé des eaux du Poussin. — Passants groupés autour d'un

SOMMAIRE.

malheureux exposé sur la voie publique. — De la tristesse. — De l'affliction — De la mélancolie. — Du chagrin — Du regret.—De la nostalgie. — Marques extérieurs de la douleur chez les anciens. — Symboles.

DE LA JOIE : Signes caractéristiques.—Jeux de l'enfance. — Jeunes gens en fiacre. — Effet de la joie sur un jeune homme à qui l'on annonce un bonheur inattendu. — L'image de la vie, tableau du Poussin — Du contentement et de la gaieté. — Un bal à la ville. — Danse de village. —Du rire et du sourire. — Jeu de la physionomie dans le rire. — Opposition du rire et du pleurer. — Du rire de la folie. — Du rire sardonique. — De la joie du chien. — Modèle à choisir pour représenter la joie. — Le Silène antique — Joie produite par l'ivresse ; ses effets. — Du plaisir. — De la volupté — Les saturnales. — Le carnaval. — Réjouissances publiques, illuminations, feu d'artifice. — Enfants dansant et sautant autour d'un feu de paille. — Règles pittoresques à déduire de ce qui a précédé. — Les noces de Cana de Paul Véronèse et la Fête de village de Rubens. — Moyens de la sculpture.

DE LA PEUR : Parallèle entre la peur et la crainte. — Effet corporel de la peur. — Enfant dont les cheveux ont blanchi subitement par l'effet de la peur. — Mort subite causée par cette passion concentrique. — Rôle que joue l'imagination dans la peur. — De l'effroi. — De la frayeur. — De la terreur. — Oreste poursuivi par les Euménides, d'Hennequin. — Anecdote sur un jeune officier. — De la superstition fondée sur la terreur. — Paris au temps du choléra. — Intérieur d'une chambre de cholérique, symptômes cholériques. — De l'épouvante. — Effets des divers dérivés de la peur sur les animaux ; sur le chien ; sur le cheval. — L'enfant et le loup tombés dans une même fosse. — Tableau comparatif de la peur et de ses dérivés.

DE LA HARDIESSE : En quoi elle diffère de la colère. — Allure de l'homme hardi. — Hardiesse du combattant et de l'homme plaidant sa cause. — Développement de la hardiesse à la vue d'un malheur survenant à autrui. — La lionne de Florence. — Expression du satyre. — Marche progressive de la hardiesse chez l'enfant demandant pardon. — Effets de la hardiesse sur plusieurs écoliers réunis ; sur les masses populaires. — De la hardiesse chez les animaux. — De l'audace. — Ajax d'Homère et de Dupaty. — Du courage. — Régulus, Socrate et le chevalier d'Assas. — Moyens d'exciter le courage. — De l'intrépidité. — Bonaparte et Horatius Coclès. — Intrépidité morale et physique. — Du martyr et du Caraïbe mourants. — Le Saint Etienne de Lebrun et le Mutius Scévola de Rubens. — De la témérité. — Incendie. — Naufrage. — Inondation. — Aérostation.—Gymnastique. — Hardiesse du cheval. — Effets produits sur les masses par les actes des dérivés de la hardiesse. — Résumé de l'effet principal de chacun de ces mouvements.

DE LA FUREUR : Ses acceptions diverses. — Son caractère moral et physique. — Signes extérieurs. — Fureur en présence et en l'ab

SOMMAIRE.

sence de sa cause. — Folle furieuse. — Accès de fureur par amour. — Fureur de l'ivresse. — Combat acharné de deux dogues. — De la rage — Sa physiologie. — Exaspération d'un joueur italien — Les naufragés de la Méduse. — Histoire d'un hydrophobe par impression morale. — Résumés différentiels entre la fureur et la rage.

Du désespoir : Son origine ; ses moyens. — Effet du désespoir sur l'homme faible; sur l'homme fort.— Réponse d'un citoyen conduit au supplice. — Opinions des Romains sur le suicide. — Désespoir des femmes, des vieillards, des enfants. —Parallèle entre la douleur morale et le désespoir.—Désespoir par succession d'infortunes. — Désespoir instantané. — Suicide par asphyxie. — Causes du désespoir. — Réaction généreuse de cette passion. — Ce qui se passe chez les animaux d'analogue au désespoir. — Mort de Vatel et d'un Polonais malheureux. — Désespoir moral. — Effet physique du désespoir sur les animaux. — Singularité de la marche du désespoir chez l'homme et les animaux.

Des passions composées : Définitions. — De l'envie. — Le solliciteur. — Deux chiens se disputant un os. — De la jalousie. — Du jaloux soupçonneux, emporté, tendre. — Transitions entre ces divers degrés.

Du geste : Gestes naturels, expressifs, et pondérateurs. — Gestes artificiels, conventionnels et étudiés. — Rapport intime du geste et de la pensée. — Geste de la tête — Du col. — De l'épaule. — Du tronc. — De la main — Du pied. — Combinaison de plusieurs signes. — Du mensonge révélé par le geste. — Du geste chez les Grecs et les Romains. — Pantomimes. — Mimes. — Archimimes. — Du geste des animaux — Le Saint Bruno de Lesueur. — Généralités.

Du caractère : Ses rapports avec la physionomie. — De la face. — Du front. — De l'œil — Du nez. — De la bouche. — Du menton. — Des joues. — Parallèle entre Bonaparte et Vitellius.— Extériorité générale corporelle. — Le garçon d'amphithéâtre et sa femme. — La fille monstre. — Comparaison de la physionomie de certains hommes avec celle de quelques animaux. — Du caractère individuel révélé par les habitudes. — Le professeur de mathématiques. — L'usurier mourant. — Du caractère au point de vue de l'éducation des enfants. — De la peinture de portrait. — Des professions diverses. — Caractère national. — Signes corporels caractéristiques de certains peuples. — La fille prétendue sauvage. — De l'esprit. — Du tempérament. — De la civilisation. — Conversation de deux femmes. — Le Brutus de David. — Des vertus et des vices. — Socrate et Alcibiade. — Le jugement dernier de Michel-Ange. — Du but où l'art doit maintenant marcher.

RAPPORT VERBAL

FAIT A L'ACADÉMIE DES SCIENCES,

PAR M. DOUBLE,

Sur la première édition des *Etudes des Passions*.

L'Académie m'a chargé de lui faire un rapport verbal sur un ouvrage intitulé : *Etudes des passions appliquées aux beaux-arts*, par M. Delestre.

Que si l'on s'arrêtait à la seule considération de ce titre : *Etudes des passions appliquées aux beaux-arts*, le rapporteur de l'Académie des Sciences aurait bientôt rempli sa mission;

il lui suffirait en effet de dire que l'appréciation d'un tel ouvrage appartient à deux des autres classes de l'Institut bien plutôt qu'à la nôtre : mais il en est tout autrement quand on a lu le livre avec attention; et j'ai d'autant plus hâte d'en faire ici la remarque, que ce sera pour moi un moyen tout naturel d'exposer nettement, brièvement, ce que ce travail renferme d'important, d'utile et de neuf.

M. Delestre a étudié les passions dans les indices extérieurs, dans les signes physiques et pour ainsi dire dans les caractères anatomiques qui leur sont propres : appliquant ensuite à cette étude la méthode analytique avec ses lumineuses conséquences, il est parvenu à ramener à un petit nombre de conditions d'organisation, tous les mouvements sous lesquels les passions se manifestent dans les êtres animés. Ce travail, on le voit, est en quelque sorte une anatomie générale des passions dans les animaux. Je dis dans les animaux parce que toujours ou presque toujours, à côté des exemples fournis par les passions observées chez l'homme, M. Delestre, avec la finesse et tout à la fois la justesse d'observation qui lui appartiennent, a placé l'étude comparée des faits de ces mêmes passions vues chez les animaux.

Voici en peu de mots la doctrine de l'auteur :

Les diverses propriétés de l'être vivant se résument en une seule, la sensibilité, merveilleuse faculté dont la vie a été toute faite.

Les passions ne sont autres que les mouvements de la sensibilité dans ses relations avec les agents extérieurs. Les passions sont à la vie morale ce que les organes sont à la vie physique ; il existe entre la manifestation des passions et le jeu des organes une communauté d'action incontestable.

L'intérêt du moi, ce sentiment impérieux de la conservation de l'individu, cette sorte de prime acquise à chaque associé dans le commerce de la vie, qui rattache tous les êtres à une vue commune, nous porte à rechercher ce qui nous paraît utile et à nous isoler de ce que nous jugeons nuisible.

De là deux mouvements, l'un qui dilate le moi pour le mettre en plus grand contact avec les objets de ses désirs par l'excentration, qu'à la place de l'auteur j'aurais plus naturellement nommé expansion : l'autre, au contraire, qui replie l'individu sur lui-même pour le soustraire à l'action des objets qu'il redoute; c'est la concentration :

Ainsi dans toutes les passions réduites en actes, on trouve deux sortes de déterminations contraires.

1° Déterminations excentriques pour aller au-devant d'objets extérieurs dans la vue de se les approprier s'ils sont utiles, ou de s'en débarrasser s'ils sont nuisibles.

2° Déterminations concentriques à l'aide desquelles l'individu se retire en lui-même pour se soustraire entièrement à l'action d'un mal qu'il redoute et qu'il veut éviter.

Sous ces deux grandes divisions viennent se ranger toutes les passions violentes ou douces, gaies ou tristes, de plaisir ou de douleur; de plus il se rattache à chacune d'elles une série de signes extérieurs, de mouvements corporels ou organiques qui servent à les faire distinguer.

Toutefois les passions ne sont pas toutes ni toujours aussi simples. Plusieurs offrent, dans des successions diverses et dans des rapports différents, les deux mouvements opposés : il y a des passions concentrico-excentriques. Constamment des déterminations particulières de l'organisme, des signes physiques extérieurs, en font distinguer le développement et la marche.

Sans doute des vues analogues avaient déjà été indiquées dans plusieurs de nos ouvrages de médecine ; mais d'une part ces vues n'avaient jamais été rédigées en corps de doctrine ; et d'autre part on voit bien que M. Delestre n'est pas venu les chercher là. C'est sur le vivant, c'est dans la nature elle-même qu'il est allé les prendre, ce qui imprime encore à ce travail un caractère louable d'originalité.

Pour donner à son sujet tous les développements et toute la lucidité dont il était susceptible, l'auteur n'a rien négligé; il a suivi l'étude des passions sur les productions les plus estimées des arts ainsi que sur la nature vivante, il les a suivies sur l'homme et sur les animaux aux différentes conditions du sexe, de l'âge, du tempérament, des professions, de la maladie et de la santé.

On voit d'après ce simple aperçu tout ce que peut avoir d'intérêt un ouvrage semblable; ce qu'il offre de secours vrais à la peinture, à la sculpture, aux arts dramatiques, aux sciences d'observations morales, à la médecine et finalement à tous les genres de méditations qui ont pour objet la connaissance du cœur humain et pour vue d'en reproduire ou d'en représenter les diverses sensations.

INTRODUCTION.

EXPOSE GÉNÉRAL DU SYSTÈME DES PASSIONS.

Dès que l'homme physique est constitué, la nature met la dernière main à son sublime ouvrage; elle le produit au monde, l'anime du souffle de la vie et le doue des facultés nécessaires à son développement et à sa conservation.

Elles se résument toutes dans une seule : *sentir*; les autres sont l'application de cette propriété du principe vital animalisé.

Cette faculté de *sentir*, simple d'abord, met l'homme en relation avec les modificateurs au milieu desquels il est jeté, pour en extraire et s'approprier, comme condition expresse d'existence et de durée, les parties homogènes dont la réunion et la succession en lui composeront sa vie.

En appliquant la faculté de sentir à la sensation même, l'homme l'apprécie et la juge ; de là l'*intelligence* qui le détermine et la volonté qui le fait agir : l'impression qui en résulte demeure en raison de sa force ; plus tard elle se reproduit en lui, il la ressent, il sent qu'il l'a déjà perçue, il possède la *mémoire*.

Sensation, intelligence, mémoire, voilà les moyens de la vie individualisée ; actions des modificateurs sur l'homme, réaction de l'homme sur ses modificateurs, voilà ce qui la développe et l'entretient.

L'ensemble de ces facultés est l'*afflatus*, le *souffle divin* des anciens, l'*âme* des spiritualistes, et le *moi* de la philosophie positive.

Les mouvements de l'*âme* ou du *moi* dans ses rapports avec les causes extérieures ont reçu le nom de passions.

Elles naissent de l'impulsion reçue ou donnée par l'âme sollicitée par un besoin.

Les passions sont nombreuses comme les motifs

qui les excitent en nous : elles varient avec les individus; mais leur caractère, encore modifié par d'autres circonstances dont nous parlerons plus tard, présente néanmoins partout le même type originel; les passions ont des lois comme la construction humaine a les siennes; elles sont à la vie morale ce qu'est à la vie physique le jeu des organes qu'elles stimulent sans cesse dans un but toujours constant, la satisfaction d'un besoin.

Pour les étudier avec fruit, et passer le flambeau dans ces dédales du cœur, nous indiquerons, d'abord, leur physionomie propre, dans trois conditions génériques, autour desquelles toutes les autres passions viendront se grouper par famille; nous aurons ainsi le moyen de constater leurs nuances particulières, en les comparant une à une au principe constitutif dont elles sont les dérivés.

Et comme il n'est pas de mouvement de l'âme qui ne se reproduise et ne se révèle par un signe corporel analogue, nous arriverons facilement à rendre sensibles les faits moraux, en les débarrassant successivement de l'échafaudage métaphysique qui nous aura servi à les établir : nous les ramènerons ensuite sous un aspect permettant aux artistes de les saisir et de les retracer graphiquement, c'està-dire à leur mode d'expression purement matérielle.

Dans ce but spécial, nous avons dû créer une théorie applicable également au moral et au physique; les systèmes suivis jusqu'à ce jour ne s'appuient que sur l'une de ces acceptions : ils ne pouvaient nous suffire : il fallait rentrer essentiellement dans le domaine des arts d'imitation. La seule voie était donc de lier la base théorique à l'application directe, de telle manière que les connaissances tirées de l'une pussent conduire nécessairement à l'intelligence de l'autre, et réciproquement.

Notre théorie est simple; elle est puisée dans l'observation des faits, et consiste à faire marcher uniformément ces deux études dans une route commune, afin de les amener ensemble au même point.

Nous allons l'exposer, en considérant plutôt les effets que les causes.

La nature, qui comprend tout en elle, n'a pas seulement imprimé le mouvement à la machine humaine en lui donnant la vie; elle a mis au dedans un véhicule capable d'assurer pour un temps fixé la continuité de cette impulsion première, dont la cessation, toujours imminente, eût été, sans cette précaution, l'obstacle le plus grand à ses vues intéressées.

Ce principe, qui fait mouvoir les ressorts de l'individualisme et les tient constamment en jeu, est l'*intérêt du moi*, passion-mère, désignée chez la brute sous le nom d'*instinct*.

Cet *intérêt* n'est point *calculé* dans l'état primitif : il ne doit pas être, dans la signification donnée ici, confondu, comme on le fait souvent, avec ce que la société flétrit du nom d'égoïsme : c'est, si je puis m'exprimer ainsi, une prime acquise à chaque associé dans le commerce de la vie.

Ce sentiment impérieux rattache tous les êtres à une cause commune : il nous porte à rechercher ce qui nous paraît favorable, et à nous isoler de ce que nous jugeons nuisible.

Le premier de ces mouvements est l'*excentration* : il dilate le moi pour le mettre en plus grand contact avec l'objet.

Le second est la *concentration*, qui resserre pour faire éviter ce contact ou le rendre le moindre possible.

Ainsi, deux sortes de mouvements contraires auxquels viennent se rapporter nécessairement tous ceux dont l'âme est susceptible d'être agitée : *excentration* et *concentration*. *Excentration*, lorsque *le moi* se dirige en avant dans le but de s'identifier avec ce qui lui plaît ; ou pour repousser ce qu'il croit pouvoir lui causer du *mal*, dans le cas où ses moyens personnels lui semblent supérieurs à l'objet de son antipathie. *Concentration*, quand le moi se replie sur lui-même, ou que, sans force réactive suffisante, il se retire en lui, n'ayant, pour se soustraire à l'action du *mal*, d'autres ressources que la retraite.

L'on voit de toute évidence que la condition de l'âme, au moment de la stimulation, décide de la nature et de la valeur du mouvement : c'est donc le véritable point de départ à prendre pour la classification des passions, puisqu'elles en dérivent toutes.

Il suffit de constater ces conditions caractéristiques ; elles se réduisent à trois principales.

L'âme ne peut être que *sur-excitée, tranquille* ou *faible*.

Qu'arrive-t-il dans chacune de ces circonstances?

A l'état de *sur-excitation*, les passions sont *violentes*, et d'autant plus impétueuses que le modificateur qui en est l'objet a plus vivement agi sur le *moi*; dans ce cas, la réaction est toujours en raison directe de la stimulation qui la produit : le caractère d'excentration consécutive n'étant que la conséquence forcée de la compression primitive venue du dehors, nous les nommerons *concentrico-excentriques*.

Ainsi, dans la colère appartenant à cette catégorie, les ressorts de la machine ne se refoulent sur eux-mêmes que pour se détendre et réagir avec plus d'avantage.

A l'état de *tranquillité*, et ce terme ici n'est pas absolu, l'âme a des mouvements *doux*, légers et toujours *excentriques*; car alors elle se déploie et s'épanche : toute personne goûtant un bonheur paisible aime à le répandre et à le faire partager.

A l'état de *faiblesse*, l'âme molle et sans énergie retient l'impression et ne peut réagir; ses passions sont *tristes* et constamment *concentriques* : dans cette disposition l'on se renferme en soi-même, l'on s'isole; les objets extérieurs ne touchent plus; on recherche la solitude; il en est ainsi dans l'*affliction*, la *mélancolie* et la *tristesse*.

Toutes les passions peuvent être classées dans l'une de ces trois divisions; il suffit, pour leur assigner avec précision une série générique, de considérer dans lequel des trois états décrits plus haut, l'âme se trouve, lorsque le mouvement lui est imprimé.

Ce principe moral est établi sur des observations constantes, et qui se reproduisent à chaque instant. Nous allons démontrer que sa manifestation corporelle suit en tout point, dans ses développements, la même marche et le même mode physique que moral. Si nous faisons voir que toutes les fois qu'il y a excentration ou concentration dans les divers mouvements de l'âme, il se rencontre également excentration ou concentration dans les mouvements consécutifs analogues du corps, et cela dans les mêmes proportions et les mêmes rapports; nous aurons un système complet sous le double point de vue de la théorie et de l'application pratique, car il y aura uniformité d'action morale et physique.

Ces grandes lignes de démarcation étant tracées et reconnues vraies, il s'agira de faire servir cette méthode si simple à l'étude des beaux-arts appelés à représenter l'homme agissant dans un but déterminé, puis, dans la vie sociale, étalant aux regards le tableau si varié, si riche de couleurs des passions qui l'agitent et le font apparaître sur la scène du monde dans l'exercice de ses facultés organiques et intellectuelles.

Cette démonstration est facile, si l'on considère attentivement comment s'établissent les rapports de l'*âme* ou du *moi* avec les causes produisant une impression quelconque sur ce sens collectif. Il est hors de doute, après un mûr examen, que les sens en sont les intermédiaires et les organes les moyens; ainsi l'*homme physique* perçoit les sensations et les transmet à l'appréciation de l'*homme moral*.

Or, il existe entre ces deux parties d'un même être une connexité semblable à celle du moteur avec les rouages qu'il fait agir ; on peut donc juger par l'inspection du jeu visible extérieur, de ce qui se passe au dedans de la machine humaine, et, par inversion, connaissant le but de la force motrice interne, on peut déterminer le mouvement externe analogue qui doit en résulter.

Des exemples, puisés dans l'observation des phénomènes de la vie relative, vont corroborer cette assertion et rendre sensible cette similitude d'action morale et physique dans la manifestation des passions.

Si l'*âme* a besoin de se porter à la conquête du bien pour en jouir, ce mouvement moral excentrique n'est réalisable que par un mouvement corporel identique ; car les membres, ministres de la volonté dirigeante, étant articulés avec le tronc, n'exécutent aussi que deux sortes de mouvements opposés : ils s'écartent par leur extrémité libre de de la ligne médiane, ou s'en rapprochent : eh bien, dans l'hypothèse présente, il faudra nécessairement que le bras s'allonge pour s'aisir l'objet s'il est palpable et près de là, et qu'en outre les parties inférieures du corps le transportent en avant si l'objet est plus éloigné.

En général, le sens à mettre en contact sera toujours poussé dans la direction de ce que l'on veut saisir et s'approprier.

Il y aura donc forcément excentration physique alors. L'impulsion contraire détournerait du but; elle est inadmissible : car il n'y a que deux modes d'agir, excentriquement ou concentriquement.

Si nous voulons éviter le mal, sans avoir la force de le repousser, le sentiment de douleur provenant de l'appréciation de cette impuissance pénètre, s'enracine en nous; elle refoule l'âme et la resserre; voici le côté moral; offrons-en la traduction physique.

Nous rentrons au dedans de nous-mêmes; nous nous barricadons avec nos membres; ils se rapprochent par une flexion spontanée afin de protéger les abords; nous nous amoindrissons pour rapetisser les surfaces par lesquelles le mal pourrait nous atteindre et avoir accès; nous sommes attérés et immobiles; la coïncidence est parfaite.

Lorsque seulement il y a péril sans découragement: l'on rappelle à soi toutes ses forces morales, on les réunit, on tient conseil; les extrémités vont se poster près du corps, afin d'être plus à portée de se jeter à l'encontre du mal; elles sont comme une troupe qui, attendant l'ennemi, se forme prudemment en colonne serrée, dans la crainte qu'il ne se fraye un passage à travers ses rangs; elles se fortifient en concentrant leurs moyens : l'individu se condense pour se rendre plus ferme; il établit une base solide propre à lui servir de point d'appui, pour réagir avec plus de chances de succès : encore ici mouvements concentriques communs.

Enfin, après s'être consulté, se croit-on en mesure de vaincre, l'âme s'élance et se déploie; le geste l'accompagne, et devient également excentrique.

Si nous descendons maintenant à l'examen des fonctions des agents secondaires de l'économie organique, nous retrouverons partout le même caractère d'analogie; les muscles extenseurs agissent principalement dans les passions excentriques, et les fléchisseurs dans les concentriques. Il suffit, pour se convaincre pleinement de cette vérité, de jeter les yeux sur les différences bien sensibles entre les individus sujets à l'une de ces dispositions contraires. Chez les gens gais et expansifs, le développement des extenseurs est beaucoup plus prononcé. Les êtres tristes et concentriques offrent, par opposition, une prédominance marquée dans les muscles antagonistes, les fléchisseurs, qu'ils ont plus souvent exercés : tout est expansion chez les premiers, tout est concentration chez les autres.

Cette sympathie des mouvements de l'âme et du corps est tellement une loi positive de l'organisme, qu'en produisant les uns on parvient consécutivement à développer les autres, et réciproquement. L'expérience va le confirmer.

Veut-on égayer un enfant? on lui prend les mains, on soulève, en les secouant un peu, ses petits bras; on les étend et on les tiraille mollement; l'on favorise encore par des chants animés cette excentration physique, pour obtenir plus promptement le même résultat moral. Bientôt l'air boudeur s'efface graduellement, les traits du bambin s'épanouissent; il sourit et revient à son naturel enjoué.

Si les mouvements imprimés étaient violents, on produirait un effet concentrico-excentrique; les passions dérivées de l'état de sur-excitation sont toujours de cette espèce; ce serait par exemple la colère, si l'on agissait sur un être irascible.

Un homme manifeste l'intention de ne pas transiger sur un point allumant son courroux; provoquez le rire en lui, soit par une saillie, soit en titillant le diaphragme qui en est le siége; s'il rit, la machine se détraque; vous lui ôtez le pouvoir et la volonté d'exécuter son dessein.

Lorsque la colère est excentrique déjà, c'est en empêchant l'individu de gesticuler avec violence, c'est en maintenant ses membres fixés, c'est en comprimant ses élans, que l'on apaise sa passion. Elle s'éteint de même lorsque l'on répond aux emportements d'un furieux par un grand flegme et en lui faisant honte de sa conduite : le mouvement rétrograde de ses esprits amène un état concentrique; il éteint sa fougue et le fait rentrer en lui-même.

Les hommes d'une nature peu civilisée veulent-ils éloigner tous ressentiments entre deux camarades? ils les font boire afin d'exciter l'expansion en eux. Si le résultat ne répond pas toujours à leur attente et si parfois ils se battent au lieu de se serrer la main, c'est que la dose trop forte les a sur-excités; mais le principe, pour avoir été mal appliqué, n'en est pas moins très physiologique.

Prenons encore un exemple :

Un malheureux succombe au poids de la douleur; il est affaissé sur le sol; ses mains sont convulsivement serrées par le désespoir; son front attéré s'incline vers la terre à laquelle il demande un refuge; il est absorbé dans les réflexions les plus pénibles; il est seul au monde.

Une femme apparaît; elle s'approche avec ménagement de cet être souffrant; sa mission à elle est de consoler; que fera-t-elle? Sa voix compatissante engage le patient à soulever sa tête appesantie; elle s'empare doucement de ses mains agitées, elle les attire et les sépare; elle se fait jour pour lire dans cette âme abattue; avant tout, cette bienfaisante protectrice veut de la confiance; elle pleure pour qu'il pleure et s'épanche; peu à peu la reconnaissance agit sur l'infortuné; il s'attendrit; son cœur se gonfle; des gémissements se font entendre; il verse des larmes abondantes; il est soulagé.

En effet, l'âme est singulièrement imitative; elle sympathise aisément avec ce qui fait impression sur elle. Cette disposition naturelle se remarque même dans les circonstances les plus communes; ainsi lorsque, dans une réunion nombreuse, il se trouve un interlocuteur accompagnant ses paroles de mouvements bizarres des lèvres et des muscles de la face, l'on voit fréquemment ceux dont l'attention est fixée par l'expression de cette physionomie originale, répéter sans le vouloir les mêmes contorsions et les mêmes grimaces.

Une personne intéressée au morceau de musique ou de chant qu'elle écoute, bat involontairement la mesure en baissant et élevant en cadence ou sa main ou son pied; le corps entier s'abandonne souvent à cette impulsion entraînante.

Les enfants surtout sont irrésistiblement portés par leur constitution légère à céder au sentiment qui les domine dans des conjonctures semblables ; il faut peu de chose pour les distraire et les attirer en dehors d'eux-mêmes. Ceux dont la place publique est la salle de récréation journalière, quittent spontanément, au moindre signal, les jeux les plus amusants pour courir se placer gravement à la suite d'un tambour; ce bruit assourdissant les captive au point de leur faire oublier tout, jusqu'à la correction sévère qui les attend si leurs parents venaient à les rencontrer. Quand, plus tard, ils sont appelés au maniement des armes, c'est la trompette éclatante qui les enhardit au combat, surexcite leur courage et fait taire en eux toute autre passion que celle de la gloire.

Nous ne multiplierons pas ici les exemples; ils viendront s'offrir à chaque page de cette histoire des passions, toujours aussi positifs, toujours aussi concluants.

Le raisonnement d'ailleurs est d'accord sur tous les points avec les principes qui en découlent : dans l'extrême concentration, tout se passant au dedans de nous, les sens et les membres doivent, quant aux objets extérieurs dont ils sont chargés d'établir les rapports avec l'âme, cesser momentanément toute fonction de relation; effectivement, dans ce cas, l'œil ne voit plus, l'oreille n'entend plus, les extrémités sont immobilisées, les communications sont interrompues.

D'autre part, on est conduit, par la raison contraire, à reconnaître que dans l'excentration toute l'action ayant lieu au dehors, les intermédiaires obligés sont poussés dans la même direction afin de répondre instantanément au besoin de l'âme portée en avant et par leur entremise seule; car alors elle se précipite pour ainsi dire dans l'organe stimulé pour l'entraîner avec elle.

Nous pouvons donc en déduire une homogénéité parfaite entre le mode d'action et de manifestation des mouvements de l'âme : par conséquent, sans cependant préciser le signe corporel analogue, on peut toujours indiquer son espèce, si le but de la passion est connu.

Nous nous résumons : en prenant pour point de départ l'état de l'âme stimulée, *la sur-excitation* produit des passions violentes ou concentrico-excentriques dont le caractère primitif est la concentration toujours suivie d'encentration en raison de la force compressive première : *la tranquillité* développe des mouvements doux ou seulement excentriques; *la faiblesse* offre des passions tristes ou concentriques seulement; enfin, leur mode de manifestation au physique est le même qu'au moral.

Ainsi, dans la concentration de l'âme, les muscles et par conséquent les extrémités se rapprochent de la ligne médiane, tandis qu'ils s'en écartent dans l'excentration.

Ce caractère d'excentration et de concentration n'est pas exclusivement applicable à l'individu : il est dans l'ensemble comme dans la partie ; tout est harmonie dans la nature, et du simple au composé la même loi rattache la fraction au tout.

Au village, où le cœur est naïf et pur, on exprime une heureuse expansion de l'âme par des rondes légères, excentriques.

C'est en réunissant ses forces abattues pour se prêter un mutuel appui, c'est en concentrant sa douleur sur le sein d'une mère, que la famille affligée pleure un chef aimé qui n'est plus.

L'espèce humaine n'est pas seule soumise à cette disposition ; tout ce qui respire est placé sous son influence.

L'oiseau balancé sur un rameau mobile, agite ses caressantes ailes à l'approche de la compagne que l'amour lui fait désirer.

Le troupeau surpris par l'orage se tient immobile et serré tant que la tempête, en se faisant encore entendre, laisse en lui la consternation ; il s'échappe en bondissant joyeux dans la plaine, lorsqu'un ciel lumineux succède enfin à l'obscurité qui couvrait son gras pâturage.

Ainsi pour nous, l'âme cherche un plus grand ou un plus petit contact avec l'objet ; l'état, la condition de force, de faiblesse ou de tranquillité dans lequel elle est à l'instant où elle reçoit l'impression, la porte plutôt à l'un qu'à l'autre des deux mouvements inverses par lesquels elle peut seulement manifester sa volonté : *concentration* ou *excentration*.

Cette théorie nouvelle, basée sur l'observation exacte de la nature, est très simple. Pour faire ressortir encore ses avantages, pour coordonner son étude et pour la faire juger plus sûrement, je crois devoir mettre en parallèle l'opinion admise par les philosophes qui se sont occupés de l'histoire des passions.

Un système a prévalu, entre tant d'autres dès longtemps abandonnés : il rapporte tous les mouvements de l'âme au plaisir qu'elle cherche et au mal qu'elle veut éviter.

Ce système fondé dans le plus grand nombre de circonstances, n'est point assez étendu pour donner une explication complète de tous les mouvements dont l'âme est susceptible : son plus grand défaut, dans l'étude des passions appliquées aux beaux-arts, est d'offrir trop d'idées abstraites à l'artiste obligé de formuler sa pensée avec des images pour être compris par les yeux.

De nos jours un homme grand dans la science, un physiologiste célèbre, le professeur Broussais, a voulu matérialiser les phénomènes de la vie morale pour les rendre tout à fait sensibles; il a dit : Toutes les passions gaies sont expansives, et les passions tristes compressives; mais cette donnée, plus rapprochée du vrai, est encore un développement du principe des anciens; elle ne pourrait remplir notre but spécial de faire marcher ensemble la théorie et la pratique : car il ne suit pas de ce que les passions gaies sont expansives, que tout ce qui est expansif soit gai; les mouvements excentriques de la colère contrediraient une pareille énonciation si elle était faite d'une manière absolue; la mort subite sous le coup des impressions concentriques causées par une joie extrême est une preuve également saillante que l'expansion n'est pas l'unique mode de manifestation des passions gaies. Or, nous ne devons pas l'oublier, pour nous, peintre avant tout, le geste doit retraduire la pensée morale exprimée, et réciproquement, nous devons arriver de l'un à l'autre par un même moyen : sans quoi il serait impossible de rentrer dans les généralités que nous devons seulement aborder ; le détail modifié par l'application appartient essentiellement au génie qui doit lui imprimer son cachet, et ne point copier un patron uniforme.

Ces deux exemples nous prouvent l'impossibilité d'appliquer l'ancien système à l'art de l'imitation ; car en prenant même celui du professeur Broussais, nous ne pourrions pas établir cette règle générale ; toutes les fois qu'il y aura gaîté, il y aura expansion dans le geste, et lorsqu'il y aura expansion dans le geste, il y aura gaîté dans la passion.

Notre théorie nous permet toujours, au contraire, de poser ce principe : *toutes les fois qu'il y aura concentration ou excentration morale, on trouvera pour conséquence forcée le même caractère dans le signe extérieur corporel.* Il y a ici harmonie parfaite dans les deux modes moral et physique.

Il est encore un autre côté faible de l'ancien système, prenant seulement la peine et le plaisir pour mobile, et qui ne se rencontre pas dans les deux pivots auxquels nous rapportons tout, un plus grand ou un plus petit contact cherché. On peut vouloir éviter une peine plus forte sans pour cela se jeter dans le plaisir comme une voie certaine pour arriver à ce point ; car le plaisir n'est pas toujours là où la peine n'est pas.

Celui qui, las de l'existence, se détruit par un moyen quelconque, n'a jamais eu la prétention de se procurer le plaisir de mourir dans des souffrances souvent épouvantables si l'instrument de mort n'exécute pas entièrement le désir du suicide. Que fait le malheureux alors? il cherche évidemment un plus grand contact avec la cause de destruction dont il a besoin pour accomplir son funeste dessein.

Il en est de même dans l'étouffement de l'extrême joie qui tue : alors l'âme a été brisée sous l'énorme contact dont elle n'a pu soutenir le choc impétueux. Nous croyons cette courte discussion suffisante pour nous faire absoudre de cette innovation; au reste, nous aurons constamment l'occasion d'y revenir.

Il est facile dès à présent de concevoir tout le parti que la science de l'imitation est à même de tirer de cette donnée générale; elle met sur la voie de ce problème à résoudre et dans la solution duquel réside toute l'intelligence de l'art réduit à ces deux points fondamentaux : *traduire la pensée par le geste, et du geste remonter à la pensée qu'il retrace et communique.*

Je dirai plus, il n'y a pas seulement dans son application une indication de moyens de reproduction graphique; mais encore les éléments d'une rhétorique des beaux-arts propre à répandre le goût et l'appréciation de leurs chefs-d'œuvre, chez ceux-là même qui, sans les cultiver, recherchent avec avidité les jouissances qu'ils procurent à l'imagination. La poésie, cette peinture parlante, a la sienne; pourquoi n'agirait-on pas ainsi pour la peinture, poésie muette, aussi sublime et non moins intéressante?

Les passions sont constamment modifiées par un grand nombre de causes; les plus communes sont : l'âge, le sexe, le tempérament, les maladies, le climat, la position sociale de l'individu, l'état plus ou moins avancé de la civilisation.

L'AGE présente dans sa progression plusieurs périodes caractéristiques.

L'enfant et l'adolescent vivent du dehors; tout en eux se porte au devant de la vie, tout s'excentre pour la chercher et l'absorber.

Chez l'adulte, les forces acquises sont en balance avec les forces dépensées; c'est le temps des passions fortes et réfléchies.

Le vieillard vit sur son propre fond; à cette époque les relations sont moins actives, rien ne se renouvelle; tout s'atrophie, s'achève, se consume.

Tout est bonheur au premier âge; la peine alors

est passagère; elle affecte peu : plus tard on la ressent et on l'apprécie davantage; mais on possède les moyens de l'éviter et de la combattre. La vieillesse, au contraire, inquiète et débile, s'isole et se retranche derrière ces pâles débris des années que, chaque jour, la main du temps vient impitoyablement disperser.

Les enfants se plaisent à détruire, comme pour se faire place à la vie; les vieillards amassent avec parcimonie, comme si leur existence chancelante était attachée à la conservation des objets dont ils s'entourent et semblent vouloir s'étayer.

Dans l'enfance, les fluides dilatés par une douce chaleur s'épanchent à la périphérie, et viennent colorer la peau d'une teinte fraîche et animée; ils acquièrent une grande puissance d'action et de vitalité chez l'homme; ils se raréfient dans la vieillesse, et abandonnent successivement les points les plus éloignés en convergeant au centre, où, de plus en plus privés d'énergie, ils finissent par cesser tout à fait leurs fonctions vitales; de là le refroidissement et la décoloration, signes d'une dissolution prochaine; la nature a jeté l'homme dans la vie par l'activité, elle le rend au néant par l'inertie.

Les passions se manifestent d'autant plus vivement que l'on est plus jeune, parce que dans les premiers temps de l'existence l'excitabilité est plus grande : à peine viennent-elles déranger, pour un moment, les traits apathisés du vieillard.

Le Sexe présente des différences bien remarquables; tout a été disposé chez l'homme pour y placer la puissance; sa constitution nerveuse et solide répond aux volontés d'une âme active; son intelligence se révèle au dehors principalement dans cette face mobile qu'elle ennoblit et rend multiple, dans cet œil brillant qui la réfléchit et la résume.

L'homme est né pour régner sur les autres êtres; son droit moral à l'empire du monde est écrit sur son front majestueux où la pensée réside; ses titres matériels découlent de cette disposition organique par laquelle il diffère essentiellement des quadrupèdes domptés par sa main puissante. Ses extrémités ne sont point toutes employées uniquement à soutenir le poids du corps et à le transporter où le besoin l'attire; ses jambes seules sont les organes serviles de la locomotion; ses bras sont libres et peuvent s'armer pour augmenter encore ses moyens de conquête et de défense, et balancer ainsi les avantages physiques de ses nombreux adversaires.

La femme est sortie des mains de la nature comme une œuvre d'amour, avec amour formée, belle de sa grâce naïve, et trouvant son plus sûr appui dans l'intérêt que sa faiblesse inspire.

C'est un être complémentaire d'un autre être, et qui, néanmoins, a des passions, et un caractère tellement en propre, que les qualités particulières à l'un deviennent des défauts choquants quand ils se rencontrent chez l'autre.

La femme vit d'émotions; elle n'est plus femme alors qu'elle ne peut plus en ressentir; son existence est un échange continuelle de relations : aimer, voilà sa vie, car aimer c'est avoir besoin.

Cette organisation se manifeste à chaque instant par une sensibilité extrême qui la pousse irrésistiblement à se rattacher à un *moi* plus puissant. Ainsi la vigne amoureuse tend toujours à chercher sur l'orme conjugal une force absente d'elle, et lui prête à son tour, sous ses rameaux caressants, ce que, sans elle, il ne pourrait trouver en lui.

De là cette variabilité si grande de la physionomie où l'âme entière d'une femme apparaît répandue, se mouvant avec rapidité, sans vouloir se fixer ni se laisser saisir; vrai Protée échappant sans cesse et se reproduisant toujours.

Compagne inséparable de l'homme, elle oppose à l'abus de la force qu'il reçut en partage, la douceur qui charme et enivre, la crainte qui veille sans relâche, l'inertie émoussant les traits de la colère; mais ces armes tutélaires contre un être doué de sentiment et de raison, n'eussent été d'aucun usage pour résister à la brute aveuglée par un instinct impérieux; aussi, de ce côté, la nature ne l'a-t-elle pas laissée sans défense; elle cause alors, par la sur-excitation, une énergie d'autant plus grande et plus sentie, que la faiblesse de la femme a plus besoin de secours; cette sur-excitation passagère la rend homme en présence du danger, et lui donne la possibilité de le vaincre ou d'en atténuer au moins l'effet désastreux.

Le Tempérament est comme le terrain plus ou moins favorable au germe, qui s'imprègne toujours des qualités essentielles des sucs nourriciers du sein qui l'a reçu; ses conditions excentriques ou concentriques déterminent le genre et la force des passions développées sous son influence.

Le tempérament sanguin seconde l'expansion; le bilieux produit l'effet opposé; le bilieux-sanguin porte à la violence, à l'impétuosité; le lymphatique est propre à la mollesse et à l'apathie.

L'homme sanguin aime le plaisir; le bilieux concentre fortement ses affections; le lymphatique est sans vigueur réactive, il se livre à toute impression.

Le sanguin-bilieux est, de tous, le plus capable d'entreprendre et d'exécuter de grandes choses; il réunit la faculté de concevoir rapidement, et la persévérance qui édifie et consolide.

Les ambitieux les plus heureux ont été doués de ce tempérament. Tout le monde connaît la patiente dissimulation de ce moine qui, pour monter sur le trône papal, après avoir conquis le cardinalat, prit l'allure d'un homme souffrant et sur le point de mourir : le saint homme parlait sans cesse du peu de jours que Dieu lui avait comptés. Les cardinaux, fidèles à ce principe intéressé de charger de la tiare le moins capable de la soutenir longtemps, l'élurent souverain pontife. Sixte-Quint, alors, se redresse en s'écriant : Je suis pape! et, d'une voix sonore et ferme, entonne, à leur grand désappointement, le *Te Deum* solennel.

Maladies. L'influence des maladies est un fait confirmé par l'expérience. Les maux infligés à l'espèce humaine altèrent les organes et restreignent nécessairement les limites des facultés à l'exercice desquelles ils sont plus particulièrement affectés dans l'économie. Quelquefois aussi l'état pathologique de certaines parties de l'organisme laisse leurs antagonistes prendre une plus grande activité.

L'irritabilité est le principe des passions dans les maladies agissant principalement sur le système nerveux : l'anxiété, la douleur, le chagrin, sont les conséquences des altérations abdominales.

Les phthisiques sont possédés d'une ardeur qui ne s'arrête que lorsque tout est consumé; la bile joue dans la colère un rôle très remarquable.

La coloration de la peau, l'expression naturelle de la physionomie, se modifient par l'effet des désordres de l'organisme, au point de permettre au praticien observateur de désigner à leur seule inspection le genre d'affection morbide du malade.

Une Nourriture plus ou moins abondante, plus ou moins excitante, détermine des impulsions consécutives analogues. En augmentant la vitalité, elle prédispose aux passions excentriques, plus particulières aux personnes dont l'embonpoint est l'état le plus habituel; les gourmands, les hommes à gros ventre sont ordinairement gais et expansifs; de là l'expression de bon vivant appliquée à l'individu gras, jovial et satisfait. Des aliments débilitants, au contraire, détruisent l'énergie et modèrent le feu des passions en amortissant les ressorts de la machine humaine.

D'après ce principe, et se fiant assez sur leur sainteté pour penser n'avoir pas besoin d'en user pour eux-mêmes, les moines exigeaient de leurs néophytes une abstinence sévère, afin de les disposer à l'humilité et à l'abnégation complète de soi-même, condition à laquelle devaient tenir expressément des gens dont le but principal était une domination absolue.

Les boissons alcooliques produisent un effet électrique sur les individus qui n'y sont pas habitués; elles abrutiseent celui qui en fait un fréquent usage.

CLIMAT. Tout est grand et magnifique; tout est poésie sous le climat échauffé par les rayons ardents du soleil; il y a petitesse et stérilité sous un ciel triste et nébuleux, où la lumière vient à regret succéder, pour un instant, à la nuit. La nature insouciante néglige un pays infertile comme une mère rebutée détourne ses regards d'un enfant ingrat.

Les passions des peuplades de l'Orient sont fortes, violentes et impétueuses; l'engourdissement est le caractère des contrées placées sous les glaces du Nord.

Cette différence est même appréciable dans une moindre étendue; ainsi, dans notre France, on distingue aisément l'homme du Midi de l'habitant des rives de la Seine.

Le Sud est le berceau des arts et des sciences, en un mot de tout ce qui ressort du génie alimenté par de grandes passions : le Nord est plus adonné aux idées spéculatives, il perfectionne, il n'invente pas autant.

L'Habitude ou l'exercice souvent répété d'un même signe corporel ou d'un même mouvement de l'âme imprime à la longue son cachet indélébile sur le caractère ; elle parvient à le changer de façon à se substituer à la nature en la transformant. A la première vue, on peut, jusqu'à un certain point, reconnaître la profession exercée par une personne soumise à un examen attentif. Celui qui a passé ses jours dans le silence du cabinet, et le militaire ayant constamment vécu dans le tumulte des camps, ont une allure à eux, des passions et des gestes distinctifs.

Les modifications apportées par la Position sociale sont assez remarquables pour que l'on puisse s'apercevoir, du jour au lendemain, si tel individu a passé à une condition meilleure ou pire que celle occupée la veille.

L'aisance est favorable au développement des passions excentriques. L'extrême misère traîne à sa suite l'humilité, la bassesse et la servitude ; il est cependant des caractères fermes et justes que rien ne peut ébranler : ceux-là font exception à la règle, ils ne la détruisent pas.

La ville a ses vertus et ses vices propres, ainsi que le village ; au grand, l'orgueil et les passions composées ; au citoyen modeste, des passions simples comme ses besoins.

La Civilisation amende les mœurs, et par conséquent les passions des peuples ; ils ont aussi leur enfance, leur âge mûr et leur décrépitude entraînant avec elle la *nationalité*, jusqu'à ce qu'une crise heureuse, surgissant de son agonie, vienne enfin reconstituer une autre ère d'existence et de prospérité.

Les nations ont des passions caractéristiques, parce qu'elles ont des besoins spéciaux : Rome naissante eut en partage le courage et la fermeté qui lui étaient indispensables pour se soutenir contre ses nombreux ennemis ; la guerre fut sa principale occupation. Lorsque, gorgé d'honneurs et de richesses, le peuple romain fut rassasié de victoires, il remit enfin le glaive dans le fourreau pour jouir en paix des biens immenses qu'il avait conquis. Les sciences et les lettres vinrent alors occuper dans son esprit actif la place où jadis fermentait l'amour des combats. A cette époque, et reportant sur eux l'attention précédemment fixée sur les généraux seuls, les plus beaux génies du Latium vinrent en foule comme pour assister aux funérailles de la république; elle fut bientôt étouffée sous les rameaux vivaces de l'empire enté sur son vieux tronc.

La civilisation, en créant des besoins nouveaux, fait naître nécessairement des passions nouvelles: la passion du jeu, le désir immodéré des richesses, l'ambition, l'hypocrisie, cette contrefaçon de la vérité, sont les suites d'un état de choses qui s'éloigne d'autant plus du point de départ primitif; c'est une déviation résultant de l'organisation altérée de la société, qui, s'étant imposé des exigences nouvelles, n'a plus assez de passions simples pour arriver à se satisfaire; ces passions extranaturelles sont les plaies du corps social, elles dérivent des vices de sa constitution.

Dans les généralités présentées par l'étude des passions, il est des subdivisions à noter sommairement ici.

Les passions peuvent être simples ou composées.

Simples, lorsqu'elles agissent isolément, comme l'amour, la haine.

Composées, lorsqu'elles marchent simultanément, comme dans la jalousie, où se rencontrent la crainte et l'espoir, l'amour et la haine; dans les passions simples, les muscles agissent simultanément, et successivement dans les passions composées.

Les passions sont morales lorsque l'âme communique son impulsion aux sens : par exemple, l'amour de la gloire.

Physiques, lorsque l'âme obéit à l'impulsion des sens, comme cela a lieu dans l'amour physique, passion qui nous porte à rechercher opiniâtrément la possession d'un objet dont souvent la raison nous détournerait, si nous étions capables d'écouter sa voix.

DU DÉSIR.

Le désir est en quelque sorte l'agent provocateur, le point de départ de certaines passions; il peut être étudié, néanmoins, isolément et dans son acception propre.

Le désir est un élan de l'âme inquiète vers un bien absent et qui n'est pas toujours déterminé; sa force est en raison de l'idée de plaisir attachée à son accomplissement. Il diffère essentiellement de l'amour, en ce que, dans ce dernier, l'appréciation de l'objet a constamment eu lieu, tandis que le désir ne l'a pas fait encore; il sert à donner l'éveil, et remplit pour les passions excentriques l'office de la crainte dans la concentration.

Il naît de la sensation indéfinissable d'abord et produite par la stimulation primitive imprimée par le besoin à l'organe qui doit servir le plus efficacement à le satisfaire.

Aucune passion ne joue un rôle plus grand et plus soutenu que le désir : l'on éprouve successivement les autres, et dans des conditions voulues; ce mouvement se reproduit à chaque instant de notre existence. Ici, nous traiterons plus particulièrement des types génériques inhérents à la constitution organique de l'homme, après avoir indiqué les nuances caractéristiques qui les distinguent des autres impulsions qu'ils font naître, afin d'éviter toute confusion entre eux.

Suivons leur filiation et mettons en parallèle le désir et l'amour, moins distincts au premier aperçu, à cause de leurs rapports intimes; nous verrons le premier avertir l'âme de se porter au-devant de l'objet, et devancer par conséquent l'amour qui n'en est que le moyen.

Dans leurs fables ingénieuses dont la vérité faisait

Ils ont, il est vrai, certain air de famille : souvent on les prend l'un pour l'autre. En effet, tous deux tendant au même but, *se rendre maître,* offrent un caractère commun éminemment excentrique ; mais si l'on fait attention à leur marche respective, on s'apercevra facilement de cette différence entre eux : le désir agit en allant droit à l'objet, et l'amour en le circonvenant ; de là *rectitude* des mouvements corporels dans l'un et *obliquité* dans l'autre.

En outre, il peut y avoir désir sans amour ; l'amour est toujours le résultat du désir.

Rien de plus impérieux, de plus obstiné que le désir ; il nous titille, nous pique, nous tourmente, nous harcèle, jusqu'à ce qu'il soit satisfait ; il va directement au but ; son propre est de nous lancer vivement, et par les moyens les plus courts ; il part et se précipite en aveugle, sans s'occuper des obstacles ; il attaque, repousse, écarte ou renverse tout ce qui lui résiste et arrive.

Ce jet impétueux et spontané de l'âme fut un jour traduit figurément, d'une manière fort originale, mais parfaite, par l'un de nos plus célèbres marins, dans l'antichambre même où l'étiquette outrageuse de Louis XIV consignait jusqu'à la gloire à la porte du cabinet.

Le grand, le discourtois Jean Bart se trouvait confondu dans la foule des courtisans, qui, comme lui, mais moins impatiemment, attendaient le bon plaisir du roi. Un des seigneurs interroge le commandant sur la tactique employée pour remporter un avantage décisif auquel il visait depuis longtemps; Jean Bart repond aussitôt, en s'aidant de ses poings et de ses coudes afin de se frayer un passage à travers les habits dorés qui le gênaient pour gagner le fond de la salle, où ses regards animés s'étaient fixés dès le commencement de la démonstration : *Voilà comme j'ai fait !*

C'est toujours dans les parties de l'organisme chargées d'y concourir particulièrement, que se passe la plus grande et la plus évidente manifestation du désir.

Dans la poursuite, le bras et la main sont directement étendus vers l'objet dont on veut s'emparer, la face palmaire tournée vers lui; toute l'action est dans ce geste. Si nous voulions obtenir, d'un sentiment plus doux ce que nous recherchons avec ardeur, la roideur de l'extrémité supérieure diminuerait; et si les prières, les sollicitations nous

qu'un pauvre demande l'aumône avec instance, la face palmaire regarderait entièrement le ciel.

Quand la colère s'unit au désir, le bras et l'avant-bras ont alors une tension forcée ; il n'y a de flexion que vers les doigts contractés comme s'ils sentaient déjà leur proie.

Le regard s'attache opiniâtrement sur l'individu que l'on veut saisir et semble le retenir, de peur de le voir échapper : dans ce moment l'œil est extrêmement dilaté par l'action contractile du muscle frontal entraînant avec lui les fibres de l'orbiculaire entrelacées avec les siennes; cet organe exprime le mieux la passion, par la raison que le sens qui perçoit le plus rapidement a le plus de signification dans l'économie.

Ainsi, dans l'expression du satyre découvrant une nymphe endormie, les désirs éveillés en lui par la beauté des formes, étincellent dans ses regards dévorants; les autres mouvements corporels sont momentanément suspendus.

Il en est de même lorsqu'un organe seul a besoin d'agir. Si nous ne voulons rien perdre des sons variés d'une musique harmonieuse arrivant librement à nous, nous amortissons les autres sens pour augmenter la finesse de l'ouïe; à cet effet nous retirons avec précaution nos extrémités; nous craignons de les exposer au plus léger contact, qui, en y rappelant une stimulation étrangère, viendrait nous fournir des motifs de distraction. Pour être tout à ce qui nous intéresse, nous abaissons les paupières, et nous immobilisons la tête en lui donnant pour point d'appui la main où le front va se poser; dans cette attitude recueillie, l'oreille se tourne vers le côté d'où partent les ondes sonores, et prête une attention soutenue aux accords fugitifs qui viennent y mourir.

Dans cet exemple, la *rectitude* de mouvement est moins appréciable, parce qu'à mesure que le désir se renouvelle, il se trouve immédiatement satisfait: par opposition, ce caractère se prononce fortement lorsqu'un bruit faible et lointain vient tout à coup piquer notre curiosité; au moment même nos extrémités s'écartent pour nous pousser en ligne droite à l'encontre; le col s'allonge pour faire avancer la tête encore plus; l'oreille est aux aguets; mais l'immobilité la plus complète succède à la vivacité première, à l'instant où nous ne pouvons aller plus loin.

agrandit la conque de l'oreille en disposant la main de manière à soulever le cartilage auriculaire avec l'index et le pouce, qui, l'encadrant en suivant son contour, déterminent une légère flexion des autres doigts en forme d'entonnoir.

Si nous craignons qu'un importun ne vienne contrarier notre dessein en causant un bruit au-dessus de celui qui doit absorber toutes nos facultés, la main libre et restée en arrière pour contre-balancer l'équilibre du corps projeté en avant, fait le geste du silence et de l'inaction; elle s'agite doucement comme si elle comprimait quelque chose.

Si nous désirons, au contraire, capter personnellement l'oreille d'un interlocuteur, et l'obliger à suivre attentivement le fil de notre narration, nous faisons en sorte de le tenir toujours en éveil; nous secouons ses vêtements, nous les tiraillons, selon le degré d'importance que nous sommes jaloux de donner à notre communication.

S'il s'agit d'un secret, nous attirons le confident le plus près possible, pour verser nos paroles dans son oreille, de façon à n'en pas répandre une seule syllabe.

Si nous sommes familiers avec elle, nous frappons sur l'épaule de la personne avec laquelle nous conversons, en raison de la force de nos arguments et de la rapidité de notre débit; nous nous bornons à claquer peu à peu dans nos mains, si sa position sociale est au-dessus de la nôtre, afin que le toucher ou le bruit renouvelle et soutienne continuellement sa bienveillance attentive. Enfin, autant nous exigions de silence en cherchant à entendre, autant nous faisons d'éclat pour nous faire écouter.

Plus il y a de faiblesse dans l'individu, plus l'inquiétude de l'âme dans le désir devient manifeste.

J'ai eu souvent l'occasion d'étudier, dans les hôpitaux, l'expression d'un malade s'appliquant à découvrir dans les regards et les paroles échappés au médecin, ce qu'il devait augurer de sa position, et chaque fois j'ai observé ce caractère : dès que ces êtres souffrants voyaient le docteur s'approcher de leur lit, ils faisaient effort pour se mettre sur leur séant et se diriger de ce côté; leurs yeux inquiets et vacillants ne quittaient pas un seul instant les yeux discrets du chef de service, à moins qu'une perplexité plus instante, la vue d'un instrument de

le désir extrême il y a perturbation des idées, ils s'empressaient de suppléer au peu de renseignements qu'un examen trop précipité ne leur avait pas assez permis d'apprécier; ils consultaient avec anxiété la physionomie des assistants, et tâchaient de rattraper à la hâte, dans des gestes ou des propos décousus, la confirmation de ce qu'ils croyaient avoir bien ou mal compris.

Bien que l'élan soit le signe générique du désir, ce mouvement n'est point tellement prompt qu'on ne puisse suivre ses développements, même chez les animaux.

Voyez ce chien alléché par l'odeur, venant, partie intéressée, assister au repas de son maître; d'abord, l'animal prend position en s'asseyant sur sa croupe, et justement en face du morceau convoité.

Le nez au vent et la gueule béante, il darde ses regards attractifs, que le balancement alternativement inverse de sa tête rend obliques, sur chacune des bouchées partant de l'assiette, et allant successivement s'engloutir dans l'estomac de l'égoïste, au grand désappointement de son piteux convive.

Cependant il s'identifie complétement à cet acte ; il voit dans chaque geste un déplacement à son profit, il ouvre autant de fois son large gosier pour le refermer, mais vide.

A mesure que la stimulation devient plus vive, le chien s'efforce de faire entendre qu'il est là, présent, lui, l'ami de la maison ; il frappe l'air de sa queue ; il la remue ; il attend ; il trépigne par saccades, hochant la tête et léchant son museau ; si tout cela ne suffit pas, il allonge la patte, étend ses griffes, les fait glisser en grattant sur le pantalon de l'indifférent ; puis il s'approche, encore, plus près, se redresse, et s'élance enfin ; alors il aboie sans ménagement, il fatigue, obsède et ne cède pas même aux coups que son importunité lui attire ; il finit par s'accrocher au bras qui ne lui jette rien, et ne le laisse aller librement qu'après avoir pu parvenir à happer au moins une bribe pour tromper sa faim.

Le désir poussé à l'extrême se soutient par l'opiniâtreté, jusqu'à ce qu'il soit assouvi, ou qu'une impossibilité absolue, l'épuisement ou la mort, le fasse cesser.

Suivez des yeux le lévrier agile emporté par son ardeur, dans la plaine, sur les traces du lièvre qui fuit léger devant lui ; sans se donner relâche, même

plus l'autre s'irrite et s'anime pour atteindre et saisir la proie qu'il effraie encore de son souffle crépitant; on les dirait attachés ensemble, se tirant et se poussant par un commun effort.

Une fureur opiniâtre enflamme l'œil du chien et blanchit sa gueule écumante; elle lui fait franchir tous les obstacles placés sur la ligne directe qu'il parcourt sans chercher à les éviter par le plus petit écart. Remarquez combien, dans ce cas, la rectitude de mouvement et d'action est également frappante.

Le désir, pour n'être pas explicite à l'âme incertaine, n'en produit pas moins une irritation, qui, trop prolongée sans application, consume et flétrit au lieu d'entretenir la vie. D'où vient cette nonchalance active, cette préoccupation inquiète, dans cette âme si pure de jeune fille ! Maintenant elle ne sait ce qu'elle veut; elle serait mieux là où elle n'est pas; la capricieuse retire ses affections des objets qui lui étaient chers, sans savoir où les reporter; pourtant elle éprouve le besoin de s'attacher et d'être nécessaire au bonheur d'un autre.

Tantôt elle s'isole et fuit le monde; dans d'autres

instants, elle s'abandonne à son émotion : elle accable de caresses les êtres animés qui l'entourent; elle semble les interroger, et leur demander compte d'un secret qu'elle voudrait connaître et qu'on lui cache encore; puis elle se trouble, rougit, bégaie et laisse aller sa tête amoureuse sur son sein qui palpite comme celui de la fauvette aux premiers rayons de l'aurore.

On l'a vue, rêveuse, effeuiller avec distraction une fleur autrefois préférée; elle est au milieu de la vie sans la comprendre; elle cherche au-delà une chose dont elle est privée et qu'elle ignore, mais qui doit être et se trouver au monde : est-ce bien? elle ne saurait le dire; et cependant une idée vague de bonheur s'offre avec cet avenir appelé par ses vœux, bien que la crainte balance en son pauvre cœur l'espoir qui le berce et le fait mollement soupirer. La nuit, pour elle, a perdu sa fraîcheur bienfaisante et son doux repos; ses ombres officieuses ne servent qu'à rassurer sa pudeur; elle s'occupe à repasser ses jours écoulés comme un songe et à reconstruire, en tâchant de les compléter, les traits fugitifs échappés à sa primitive insouciance. Un sommeil léger voltige autour de la paupière de l'adolescente et ne la berce pas d'indifférents mensonges; il en est qui la font tressaillir, elle aimerait

mente sans cesse comme un feu qui dévore; elle se meut impatiente, puis s'étend langoureuse et découragée sur sa couche solitaire et la presse de son sein bondissant. Sa pose favorite est d'appliquer négligemment sa joue sur le coussin moelleux enlacé de ses bras caressants; on dirait qu'alors elle se plaise à écouter des sons mélodieux arrivant confus à son âme sommeillant encore et pressentant le réveil.

C'est le désir qui possède une vierge timide et l'agite; c'est un premier avis d'amour donné par la nature, quand le temps est venu de faire entendre sa voix.

La pétulance du désir se peint dans toute sa naïveté chez l'enfant; aucune considération ne l'arrête : veut-il des caresses, il tend ses petits bras, s'élance sur la pointe des pieds, présente sa bouche ingénue, et, pour obtenir plus vite un baiser, il se jette follement au cou de son heureuse mère, et s'y tient suspendu comme un brillant joyau.

Si, plus jeune encore et retenu dans des langes étroits, la faim l'aiguillonne, il crie, il pleure, il se tortille; il fait aller çà et là ses mains écartées jusqu'à ce qu'il ait en sa possession le sein maternel ; tant qu'il ne l'a pas, ses cris aigres et perçants ne sont interrompus que par un mouvement de succion ; il l'exécute, par intervalles, en faisant le vide avec sa langue agissant comme un piston sur ses lèvres allongées. Les enfants, en général, sont doués d'une persévérance à toute épreuve ; ces petits êtres sont d'une exigence extrême ; on les dirait certains de voir tout céder à la satisfaction des besoins vrais ou simulés dont leur tenacité paraît certifier l'urgence.

Lorsque le désir se trouve en présence du bien cherché, sa vivacité perd nécessairement de sa force et se modifie par le contentement et la certitude de posséder ; et comme, dans ce cas, il est un vrai plaisir, on en retarde souvent l'accomplissement pour le goûter mieux en le prolongeant.

Aperçoit-on une rose sur sa tige, on la désire ; on court, on s'en empare ; les narines dilatées se plongent avec amour dans son calice pour en respirer le parfum ; plus il est suave, plus l'organe de l'odorat se met en contact avec la fleur ; puis on la quitte pour la reprendre encore, comme on laisse échapper une coquette qui fuit pour qu'on la saisisse.

Le jeu de l'organe stimulé domine tellement dans

soif dévorante. Ces signes sont encore plus démonstratifs chez le chien éprouvant le désir de se désaltérer; sa langue enflammée est tout à fait sortie de sa gueule haletante, afin de la mettre en plus grand contact avec la fraîcheur de l'air, et d'exciter la sécrétion de la salive pour la lubréfier.

La faim s'annonce par des tiraillements de l'estomac rendus sensibles par le geste expressif de frotter l'épigastre avec le creux de la main, comme pour les affaiblir en les étendant : le broiement des dents et la contraction des muscles de la mâchoire sont des indices particuliers, non-seulement à l'homme, mais encore aux animaux carnassiers, dont le grincement est un signe de mort parfaitement compris par les êtres vivants exposés à devenir leur pâture.

Le gourmet déguste un vin délicat en fermant à demi ses yeux pétillants; sa tête s'enfonce dans ses épaules, qui vont avec complaisance au-devant d'elle; une de ses mains presse mollement sa poitrine distendue, tandis que l'autre suspend le verre et le balance au-dessous de ses narines pour en savourer le bouquet; ses gestes sont doux et moelleux; ses genoux sont serrés et demi-fléchis; puis, après avoir saturé son odorat du précieux arôme, l'heureux amateur aspire lentement le liquide et l'agite dans l'étroite cavité où ses lèvres et sa langue rapprochées le retiennent un instant pour mieux s'imprégner de ses molécules sapides, avant d'en livrer le surplus à l'estomac, qui l'attend pour en jouir à son tour.

Il en serait bien autrement s'il avait à étancher une soif ardente : son corps serait fortement jeté en avant; ses mains tremblantes porteraient vivement la coupe à ses lèvres brûlantes et allongées, et sa langue, qui, dans le premier cas, flottait voluptueusement dans la liqueur, se précipiterait sur les bords du vase pour avaler d'un trait, ne fût-ce que l'eau dont il serait rempli.

Lorsque l'on veut se remémorer une chose, on porte instinctivement la main à la tête; alors la stimulation a lieu dans le cerveau, siége des facultés intellectuelles; et ce qui prouve évidemment la stimulation cérébrale, c'est le soin de se frotter le front, ainsi qu'on le fait sur d'autres parties où l'on ressent une démangeaison un peu forte: le geste de se gratter la tempe est plus naturel; aussi se voit-il chez les villageois ignorant que le bon ton de la

A cette attitude élancée, à cette tête qui se renverse et présente un front pur à la clarté des cieux : à ces mains croisées à peine sur un sein soulevé; à ces bras écartés comme les ailes de l'oiseau qui va s'envoler vers la nue où son regard le devance, ne distingue-t-on pas l'âme exhalant sa reconnaissance au sein d'un être mystérieux? Toute l'action se passe évidemment, dans ce cas, vers le cœur; les yeux sont les canaux par lesquels le rapport s'établit.

Il est une expression triviale bonne à rappeler, car elle rend avec justesse cette irritation de l'organe : si quelqu'un impatienté s'apprête à frapper du poing celui qui l'excite, on dit communément : la main lui démange.

Le pied présente identiquement les mêmes symptômes, si le désir invite d'une manière pressante à la recherche d'un bien; l'on trépigne, l'on saute, on ne peut rester en place un moment; on a, comme on l'exprime vulgairement, du vif-argent dans les jambes.

A certaines époques de la grossesse, les femmes

éprouvent souvent des goûts bizarres qu'elles ne peuvent maîtriser, et, par conséquent, faciles à observer dans leurs plus petits détails : celles, par exemple, qui sont tentées de pincer, montrent une grande agitation dans l'extrémité des doigts ; elles semblent les préparer, comme un moineau aiguise son bec avant de s'en servir.

L'envie de rire agit sur le diaphragme et la bouche, qui en sont les siéges principaux ; aussi, veut-on comprimer un élan de moquerie, on a soin de serrer fortement les côtes pour s'opposer aux contractions diaphragmatiques, et de presser les lèvres pour en arrêter l'éclat.

La pétulance et l'anxiété sont deux éléments du désir ; elles sont si bien écrites, que si l'on rencontre une personne dans cet état, l'on est, malgré soi, porté à lui demander ce qu'elle veut, ou ce qu'elle attend.

Ce caractère d'anxiété pris par le désir vient de son extrême violence ; il est le résultat de la concentration précédant tous les mouvements de l'âme vivement émue. De prime abord on ne sait, dans certains moments, si c'est la crainte ou le désir qui agite ; on sortira d'incertitude, à cet égard, en se reportant à la règle que nous avons donnée ; il suffira de constater l'état de sur-excitation ou de fai-

contre dans toute sa force sur le visage de l'homme possédé par la passion tyrannique du jeu.

Voyez l'expression si rapide, si changeante du joueur attendant son sort d'une carte ou d'un dé : l'expansion ou la contraction de ses traits mobiles vous dira positivement s'il espère ou s'il craint.

Dès que le malheureux est en proie à ses frénétiques désirs, ses facultés sont suspendues; son œil ne voit que les cartes ou l'or; son visage est pâle; le sang est retiré vers son cœur bondissant dans sa poitrine; ses doigts contractés déchirent son sein; il est dans une perplexité affreuse. Mais si ses yeux desséchés s'animent, si le sourire décolle ses lèvres et les remue, une convulsion subite fait tressaillir son corps; son front commence à se dérider, son regard impatient enveloppe le trésor que sa main béante croit déjà serrer; il pense toucher au but de ses insatiables désirs.

Les animaux tourmentés par cet aiguillon importun sont également inquiets, vaguant çà et là, opiniâtrément poursuivis par le besoin; c'est principalement à l'époque de leurs amours que cette turgescence et cette activité se font plus impérieusement sentir ; rien dans ces moments ne peut les retenir, étrangers à tout ce qui se passe autour d'eux, ils sont occupés exclusivement de la nécessité de répondre aux exigences de la nature, maîtresse absolue alors et possédant les moyens de se faire despotiquement obéir.

Nous ne terminerons pas sans rappeler que les Grecs, si fins observateurs, comparaient le désir au papillon qui jamais ne se pose; ils donnèrent les ailes de cet insecte à Psyché, ce gracieux emblème de l'âme immortelle; ils ont voulu sans doute faire entendre que c'était sur l'aile du désir que cette amante passionnée volait au-devant de l'amour.

Ce malaise insurmontable, causé par le désir, ne leur avait pas échappé non plus ; ils en ont fait le supplice de Tantale ; cette pénalité devait être bien grande à leurs yeux, car ils l'appliquaient à un impie.

Il nous reste encore à présenter des considérations importantes. Si le désir vient d'un besoin organique, l'artiste peut toujours, en laissant le plus de ressort et le plus d'activité au sens apte à le satisfaire, indiquer clairement le but du désir et donner à sa figure l'expression convenable, sans avoir besoin de recourir à des accessoires ; mais si le sujet

de percevoir. On reproduirait fidèlement ce qui a lieu dans ces circonstances; le jeu extérieur des sens étant non-seulement sans utilité, mais nuisible au penseur, il fait abstraction de tout ce dont il est entouré; il cesse toute fonction de relation pour ne pas être distrait; et, si l'on voulait préciser sur la toile l'objet de ses profondes méditations, il faudrait placer près de l'homme absorbé dans ses réflexions les attributs distinctifs de la science dont il s'occupe exclusivement.

Bien souvent aussi, nos organes ne peuvent suffire pour répondre aux désirs qui viennent nous émouvoir; dans ce cas notre attention se porte instantanément sur ce qui peut concourir à compléter l'action organique; ainsi, par exemple, les personnes dont la vue est trop faible pour distinguer nettement les causes extérieures, portent instinctivement la main à leurs lunettes, complément indispensable pour elles : cependant l'œil, inhabile par lui seul, n'en est pas moins stimulé alors, cela se voit dans la pression contractile du muscle palpébral; il se resserre pour diminuer l'ouverture oculaire, afin de donner plus de force aux rayons visuels en les rassemblant ; le myope sait fort bien que ce jeu musculaire est au moins inutile sans le secours des verres grossissants, et il les essuie avec d'autant plus de rapidité que son désir est plus vif.

Le désir est en général le mouvement de l'âme le plus difficile à retenir : veut-on connaître les penchants les plus habituels de quelqu'un, il faut faire passer successivement devant lui les objets qui sont comme la formule des goûts divers de l'homme, ou s'adresser seulement à son imagination pour reconnaître au feu de ses regards si l'on a frappé juste.

Cette expérience ne date pas d'aujourd'hui ; ce fut le moyen employé par Ulysse pour signaler Achille au milieu des filles de Lycomède, dont il avait pris le costume afin de se déguiser aux yeux des Grecs qui, sans lui, ne pouvaient réduire Troie. Ulysse, comme on sait, vint sous les habits d'un marchand offrir des bijoux parmi lesquels il avait placé une épée ; Achille s'en empara d'abord, et trahit ainsi son secret par cette exaltation de son courage et de ses dispositions guerrières.

Je dois encore insister sur un point ; une figure peinte ou modelée doit être conçue de telle sorte, que jamais le spectateur ne puisse demeurer indé-

faut, en thèse générale, donner à l'expression du désir la nuance la plus caractéristique de la passion qu'il précède et de celle qu'il est sur le point de déterminer comme le moyen le plus propre à se satisfaire.

Ainsi l'artiste doit tempérer l'ardeur du désir convoitant les plaisirs de l'amour par quelque chose de la langueur de cette passion consécutive.

L'œil animé du buveur à l'aspect du vin qui rougit sa coupe, doit être accompagné de ce demi-clignotement annonçant le mol abandon de l'ivresse.

La colère imprègnera de sa force le regard perçant de la vengeance, si cette dernière passion marche ouvertement à ses fins; il est adroit, au contraire, de le ternir par une teinte officieuse de ruse et d'hypocrisie, si son allure est fausse et préméditée. Dans ce dernier cas, et pour faire passer dans l'âme du spectateur le sentiment dont on veut le pénétrer à la vue de ce désir perfide, un peintre habile emploiera, pour bien formuler sa pensée, un moyen indiqué par la raison et présenté constamment du reste par les êtres assez dégradés pour agir clandestinement dans des vues honteuses ; il donnera à son personnage une physionomie repoussante, non-seulement afin de tenir en garde contre les actions présumables d'un tel homme, mais encore pour mettre assez positivement sur la voie de ses desseins cachés et de la nature de leur exécution prochaine.

Il est un fait généralement adopté comme vrai dans ses conséquences ; les élans généreux de l'âme développent et embellissent les traits du visage, les mouvements opposés les contractent et les enlaidissent : on dira d'un *facies* dans cette dernière condition, c'est un masque de crime : l'on sera, même involontairement, porté, par méfiance et pressentiment, à s'en tenir prudemment éloigné.

DE LA CRAINTE.

La crainte est une sentinelle vigilante placée chez l'homme et chez les animaux pour les avertir de l'approche du danger et les protéger contre toute surprise.

Elle agit en faisant retirer l'âme en elle-même et en communiquant la même impulsion rétrograde à toute l'économie animale. Ainsi, lorsque le cri d'alarme s'est fait entendre, l'avant-garde se replie sur le corps d'armée, et ne cherche pas d'abord à repousser le danger prévu.

Cette passion naît de l'âme à l'état de faiblesse; elle est donc concentrique, et doit, à son début, présenter pour type, dans son expression corporelle, le rapprochement des membres et des muscles vers la ligne médiane; je dis dès le principe, car plus tard la force de concentration primitive peut, ainsi que nous l'avons déjà démontré dans l'exposé général du caractère distinctif des passions, amener l'excentration qui les suit, lorsqu'elles sont arrivées à leur dernière période de violence.

La crainte est, sans contredit, pour l'animal, ce que la prudence est pour l'homme intelligent; elle le sollicite à s'éloigner du mal, lorsque le mal lui paraît supérieur à la résistance qu'il pourrait lui opposer; cependant, comme elle tire son origine de la faiblesse, et le propre de cet état étant une méfiance outrée des moyens dont on dispose, elle diffère de la prudence, en ce que, loin de faire voir juste, elle augmente au contraire l'idée du péril, et jette facilement l'émotion dans l'économie.

Examinons l'effet de la crainte chez l'homme. Il est saisi, il frissonne, il se retire en lui; son cœur palpite et sa main tremble en cherchant à le

découvre; la passion lui montre tout sous une forme gigantesque; un rien le remue; il croit le danger imminent; il pense avoir à peine le temps de s'y soustraire; il balbutie, se presse, se sauve; et n'ayant plus un jugement sain, il emploie les moyens les plus contradictoires et tombe souvent dans un embarras plus grand que celui dont il veut à tout prix sortir.

Un être sujet à la crainte est dans des transes continuelles; il tressaille au moindre signe; le bruissement de la feuille desséchée le met en émoi. Il évite de passer près des tombeaux pendant la nuit, et si, malgré ses précautions, il en rencontre en son chemin, il se tient roide et serré sans détourner la tête; ses yeux ne quittent pas le but où il pense pouvoir être en sûreté; ses regards l'y transportent d'avance. L'ombre d'un corps projetée sur son front par la lune produit sur son imagination l'effet de mains prêtes à le saisir; son ombre propre lui est une compagne importune.

Cet état vacillant de l'âme est facile à reconnaître chez les femmes. Rien de si craintif qu'une jeune fille; un rien l'intimide, un regard l'embarrasse, un mot la fait rougir; un sentiment inné de réserve la dirige; elle semble alors avoir à se défendre contre un atteinte dont elle ne se rend pas compte, mais qui pourrait la surprendre et l'envahir, et surtout à l'âge où l'amour arrive en son cœur ému déjà par cette inquiétude vague que la nature y jette.

C'est ce que le ciseau grec a si gracieusement et si finement exprimé dans ce marbre brillant de jeunesse et de vie, où les formes les plus pures et les plus ravissantes sont réunies sous les traits divins de Vénus naissante et souriant à ce monde nouveau qu'elle désire et appréhende.

La molle flexion de ce beau corps, le mouvement léger qui contourne en dedans ces genoux incertains se cherchant pour se prêter un mutuel appui; ces bras nus jetés comme un voile sur des charmes assaillis par les regards indiscrets des Amours; tout, dans cette admirable figure, est sous l'influence de cette crainte de jeune fille, de cette pudeur instinctive qui lui fait sentir qu'elle est faible et doit se tenir sur la défensive.

C'est une délicieuse image de la crainte arrêtant encore le désir, mais sur le point de céder à l'attrait plus puissant de la volupté; on est près d'aimer quand on craint.

lèvres tremblantes, cédant au besoin d'entendre, s'entr'ouvrent pour écouter ; ses paupières se dilatent, mais l'œil retient le regard ; la tête est immobile, et maintenue par les muscles du col, qui la tournent vers l'épaule légèrement élevée ; l'oreille semble aller au-devant du son et le recueillir avec peine. Si le danger lui paraît s'éloigner, ses mouvements s'assouplissent ; ses mains quittent peu à peu leur position forcée et s'écartent doucement ; ses paupières se détendent ; puis la pâleur de son front fait place à la teinte plus vive que l'espoir y rappelle.

La crainte est plus ingénieuse à tourmenter lorsqu'elle agit sur le système nerveux d'une femme que l'amour a rendue mère ; elle n'attend pas même les premiers symptômes du mal, son imagination, incessamment active, le lui représente comme s'emparant déjà de l'enfant dans lequel elle vit tout entière ; les idées les plus bizarres l'assiégent ; elle ne trouve pas de précautions assez sûres contre les maux exagérés que sa sollicitude lui montre toujours prêts à fondre sur lui.

Le caractère distinctif de la crainte est de resserrer autant que possible, afin de présenter moins de surface au danger; son action est la même sur les organes qu'elle rapetisse, et sur l'entendement qu'elle rétrécit. C'est la passion que les imposteurs de tous les temps ont le plus utilement exploitée aux dépens de la faiblesse humaine.

Cette propriété de la crainte est bien évidente chez les enfants habitués à recevoir des coups pour les moindres fautes; si l'on fait près d'eux un geste brusque de la main, leur premier mouvement est de retirer leurs extrémités vers le corps, comme le limaçon se replie dans sa coquille.

Examinez l'attitude d'un enfant que l'on va punir de cette manière : quand il sent l'orage sur le point d'éclater, il se ramasse sur lui-même, sa petite taille se raccourcit, ses extrémités supérieures s'arrangent de façon à couvrir le corps autant que leur exiguité le permet; ses coudes se serrent contre les flancs et les refoulent convulsivement; ses bras sont collés contre sa poitrine; ses mains sont à demi suppliantes, car ses doigts ne sont pas entrelacés; le tronc est plié; les extrémités inférieures sont fléchies et contournées en dedans par la forte pression des genoux.

Si dans ce moment difficile, il lui reste un peu

leur qui le menace et comprime ses moindres élans: ajoutez à cela un air d'embarras extrême impossible à déguiser, et résultant de l'attention partagée entre le calcul intérieur qu'il fait des chances probables de se soustraire au châtiment par une prompte fuite, et la crainte de changer une position même précaire contre une autre moins favorable encore à ses projets.

Quand il croit pouvoir s'échapper, il retient son souffle pour ne pas laisser percer son intention. Il commence par s'esquiver graduellement et sans secousse; il glisse le pied sur le sol en décrivant une courbe d'un pas d'autant plus assuré que le rayon grandit ; et lorsqu'enfin il juge l'intervalle, qu'il est parvenu à mettre entre ses épaules et le fouet, assez grand pour risquer l'aventure, il jette un cri, se sauve et fuit avec agilité.

Mais toutes les localités ne lui offrent pas cette ressource ; il se trouve souvent dans un endroit fermé; dans ce cas, son dernier moyen est d'aller se blottir dans un angle de mur contre lequel il s'applique comme s'il voulait ou pouvait le reculer:

dans ce retranchement ses gestes deviennent d'une vivacité extrême; ils changent autant de fois de position que la main implacable cherchant avec ruse un point vulnérable; le pauvre petit trépigne; il se démène, et n'ayant plus rien à ménager, il crie bien avant qu'on ne le touche et longtemps encore après avoir été frappé.

Dans ces diverses circonstances, l'enfant présente toujours le devant du corps; ce n'est pas de ce côté que les coups viennent ordinairement l'assaillir.

Il est, dans la manifestation de la crainte, une règle générale à consigner ici : le geste s'interpose toujours entre l'objet et les organes par lesquels il peut arriver plus intimement à nous.

Les mains se placent au devant des yeux s'il s'agit d'une action pénible à voir; elles ferment l'orifice des narines et l'ouverture de la bouche si nous craignons de respirer une odeur délétère; elles closent hermétiquement les oreilles si des cris déchirants se font entendre : celui qui craint pour sa vie porte sa main à sa tête; il en est de même pour les autres motifs de cette passion.

Mais lorsque le modificateur n'a pas, pour pénétrer en nous, de porte particulière; et qu'il s'adresse également à tout le corps, alors on donne une plus grande extension au geste, à l'aide d'agents secon-

opulent emprunte le secours d'un manteau assez vaste pour qu'il puisse s'envelopper complétement dans ses larges plis; il accélère même sa marche afin de contre-balancer la sensation concentrique par un salutaire exercice.

Le pauvre dénué de tout grelotte sous les haillons exigus dont les trous nombreux le laissent exposé à toute l'intempérie de la saison; il se tient accroupi sans remuer; ses mains et ses bras sont cachés soigneusement entre la poitrine qui se fléchit et les genoux qui s'élèvent. Le malheureux cherche à livrer moins de prise au vent qui tourbillonne et le glace.

La crainte a construit les épaisses murailles protégeant les cités contre l'invasion étrangère; elle a façonné le bouclier derrière lequel le combattant cherchait autrefois un abri. A défaut de moyens physiques, on se sert de moyens moraux; le soldat de nos jours se retrempe dans son propre courage pour suppléer aux armes défensives dont il est privé.

La crainte modérée est un guide toujours actif, appelant de suite l'attention sur ce qu'il est urgent d'exécuter dans l'intérêt de notre conservation; sa sollicitude est en raison du danger : au fort, elle conseille la réaction ; au faible, la fuite : à sa persuasion, l'un se fait un rempart de son éloquence et de sa puissance morale, l'autre ne se fie qu'à ses bras robustes et courageux.

Ce que nous avons dit des généralités de la crainte relativement à l'homme peut s'appliquer également aux animaux. Le chien, que son maître gronde et contraint à venir recevoir une punition méritée, présente un caractère identique à celui que nous venons de décrire chez l'enfant.

Les oreilles sont pendantes, la queue presse la croupe qui se rapproche de la partie antérieure ; ce mouvement concentrique refoule le tronc, fait courber la colonne vertébrale et saillir les côtes. Le chien se fait aussi bas, aussi ramassé que possible ; il est partagé entre la crainte d'aggraver sa faute en n'obéissant pas et le besoin de s'isoler : son œil est suppliant, il suit avec anxiété les oscillations de la baguette dirigée contre son échine.

L'angularité est le type des signes corporels de la crainte : cela tient à ce que cette passion agit principalement sur les muscles fléchisseurs ; elle les contracte d'autant plus quelle va davantage au delà du vrai.

de courage qui le retient; mais si la crainte devient incisive, il s'attache indistinctement à tout ce qui peut raffermir ses esprits. Si, par exemple, il appréhende l'explosion d'une arme à feu, il s'appuiera fortement contre un arbre, se collera contre un mur, ou bien s'accrochera aux vêtements du premier inconnu, et ne lâchera prise que lorsqu'il croira n'avoir plus rien à redouter.

Cet effet devient très sensible chez un individu qui se noie; il cherche à s'emparer de tout ce qu'il touche, avec une rage avide; il saisit, partout où il peut, l'homme généreux qui se dévoue pour lui, sans s'occuper aucunement si la manière dont il l'étreint ne compromet pas également le salut de tous deux.

Mais de toutes les conditions de la vie humaine, la plus sujette à cette infirmité morale, quand elle est poussée à l'extrême, est la vieillesse, qui, ne pouvant plus rien par elle-même, voit avec chagrin s'approcher l'avenir.

C'est aussi chez les vieillards que se rencontre plus communément ce dérivé de la crainte, l'avarice, qui dégrade l'homme et le ravale au-dessous des animaux; car, pour ces derniers, posséder c'est jouir.

Tout est hideux et repoussant chez l'avare; son œil est inquiet; son regard est faux et perçant; son visage et ses mains sont sales; ses vêtements sont étroits, usés avec art, et protégés, dans les endroits saillants, par la crasse luisante qui les enduit; ses cheveux sont longs, plats, gras et incultes; ses traits sont amoindris par l'abstinence et affaissés sur les os dont la forme prédomine; ses lèvres sont amincies par la convoitise.

Ses gestes sont concentriques; sa main ne s'ouvre que pour recevoir.

Ses meubles et ses ustensiles sont d'un autre siècle, objets non pas de rareté, mais de parcimonie et de ridicule.

Quand vous parlez à un tel homme, vous le faites trembler; il se méfie de vous et de lui; il épie tous vos mouvements et veille sur les siens.

L'avare n'a jamais épanché son cœur; il renferme tout en lui, et lui en lui-même.

Son allure est basse et servile; sa parole est brève; ses gestes sont lents et incertains.

Mais si l'on veut lui ravir ses trésors, c'est une lionne défendant ses petits; on lui arracherait l'existence plutôt qu'une obole.

la crainte, un moment que nous devons indiquer, c'est celui qui vient après le premier saisissement et précède la réaction.

Lorsque l'on veut apprécier la cause de la crainte, le corps se dirige en avant; l'oreille se tourne du côté d'où vient le bruit; les paupières se rapprochent pour rendre le regard plus pénétrant; une main, élevée d'abord à la hauteur de la tête, s'avance comme pour tâter à mesure que l'on s'enhardit; et, pour ne rien changer à l'équilibre parfait, qui seul peut mettre à même d'agir avec promptitude, soit que l'on juge à propos de se porter en avant, soit que l'on prenne le parti de fuir, l'autre main se reporte d'autant en arrière; même jeu pour les extrémités inférieures légèrement écartées, et supportant également le poids, afin de seconder l'une de ces intentions opposées; dans cette alternative, elles sont demi-fléchies pour faciliter ce résultat.

Si la crainte est légère, l'attitude sera plus penchée en avant; le contraire aura lieu si la sensation est plus forte et plus prononcée.

Cette observation est très évidente lorsque, placés sur un édifice élevé, nous mesurons des yeux l'espace qui nous sépare du sol; si cette vue fait peu d'impression sur nous, nous osons nous incliner pour mieux voir; mais si la crainte nous domine, nous éprouvons l'effet d'une force supérieure à notre volonté; nous nous rejetons en arrière, malgré notre intention de résister; nous sommes contraints alors de quitter la place; le précipice nous attire, et nous cherchons à dissiper le vertige qui nous trouble, en revenant sur nos pas.

Cette hésitation de l'âme dans la crainte a été sentie d'une manière bien remarquable dans la Clytemnestre due au pinceau de Guérin.

Cette reine altière est sur le point de faire périr, dans le lit nuptial, Agamemnon, son maître et son époux; elle hésite un instant à la pensée du meurtre qu'elle médite; ce n'est point l'aspect des traits majestueux de sa victime qui l'arrête : le peintre a pensé judicieusement devoir disposer la scène de telle sorte que le roi ne pût apercevoir ses assassins, ni se trouver exposé à leurs regards au moment de l'exécution.

Cette belle figure prend son point d'appui sur elle-même; une jambe est libre sur la marche où elle pose, tandis que l'autre soutient seule le poids

bras droit, serrant moins fortement le poignard dont il est armé, montre que la résolution est moins ferme, et ferait place au repentir si l'instigateur du crime, Egisthe, ne la poussait obstinément à le commettre.

Lorsque la crainte s'empare des masses, elle présente dans l'ensemble le même caractère que dans l'individualité. Se fait-elle sentir, les hommes se rapprochent, se consultent; il y a concentration relative; la foule s'agite, se heurte, comme ses idées se combattent; c'est une mer dont les flots s'entre-choquent.

Dans la seconde période, c'est-à-dire quand la foule a le sentiment de sa faiblesse, l'isolement en est aussi le caractère; les acteurs se dispersent, s'enfuient, sans but, sans ordre; chacun ne pense qu'à soi, il tend à s'éloigner du péril à tout prix, dût-il y plonger ses adhérents.

Lorsque l'hiver, ramenant les veillées, réunit autour du foyer domestique de jeunes habitants du village prêtant une oreille attentive aux contes d'autrefois qu'une bonne vieille leur redit, vous les voyez, la bouche demi-close, l'œil avide et le col tendu, s'abandonner insensiblement au récit qui les intéresse et frappe fortement leur imagination active.

A mesure que le dénoûment arrive, l'appréhension augmente; le vent qui siffle en serpentant, la porte qui bat et ses gonds rouillés qui crient, servent encore à la développer de plus en plus.

Peu à peu les doigts deviennent moins agiles à tourner le fuseau, qui s'arrête enfin : le cercle se rétrécit; les coudes se touchent; le cœur palpite; on respire à peine.

Si tout à coup la porte s'ouvre, l'essaim s'envole, et la crainte le suit.

Si nous voulons un exemple plus saillant, reportons-nous à ces moments de crise politique où le peuple est ému par l'attente de grands événements; il sort de sa demeure, poussé par l'inquiétude; il se répand sur la place publique, apportant en communauté les sentiments dont il ne peut plus contenir l'effervescence.

Là chacun accourt, s'observe, cherche à lire dans les traits de ceux qu'il rencontre; l'on s'aborde comme si l'on se connaissait; l'on s'informe avec anxiété des nouvelles à l'ordre du jour; des groupes se forment, grandissent, se touchent, se confondent; c'est un tout homogène; il se meut, se conduit, se

puis mutinée; elle se refoule, s'écarte et se reproduit sans cesse : c'est un spectacle imposant à voir; c'est un volcan prêt à déborder, ébranlant tout autour de lui.

Ces rapports, cette analogie, qui, chez l'homme, existent entre la partie et l'ensemble, se reconnaissent également chez tous les animaux.

Nous prendrons pour exemple les moutons; ils possèdent moins de moyens de réaction et sont aussi plus craintifs.

Lorsqu'ils entendent la voix menaçante du berger exciter contre eux l'exécuteur de ses arrêts, le chien commis à la garde du troupeau, ils se serrent tellement les uns contre les autres, que l'animal lancé à leur poursuite et ne pouvant retenir l'élan de sa course, saute au-delà, et fait un assez long trajet sur le dos des retardataires; ils le supportent absolument comme les anciens recevaient, sur leurs boucliers formant la tortue, les soldats montant à l'assaut.

Ces associations de facultés physiques ou morales se retrouvent constamment où il y a faiblesse individuelle réactive et pouvoir compressif supérieur à l'individu ; et soit que l'humanité se condense en associations morales pour la défense de ses principes, ou qu'elle se réunisse en troupe armée pour opposer la force à la violence de ses agresseurs, elle présente, dans ces diverses circonstances, le même mode de manifestation du sentiment mis en jeu.

Les animaux agissent de même quand, individuellement, ils ne sont pas capables de suffire aux exigences de leurs besoins.

La fourmi, si chétive, si restreinte dans ses propres moyens, vit en société et se grandit de la coopération de toute la famille; l'abeille intelligente joint ses efforts partiels à l'industrie de ses compagnes, pour édifier la ruche commune où elle doit déposer et conserver son miel; seule elle ne pourrait rien exécuter d'utile dans le peu d'instants de la saison des fleurs. Le castor associe également ses facultés. Les animaux assez largement organisés vivent par et pour eux-mêmes; et encore, lorsqu'ils ont affaire à un individu plus robuste qu'eux, la crainte les agglomère et les dispose de manière à faire une somme profitable de leurs unités de moyens.

Ainsi le cheval libre compose avec ses frères un

vaches présentent leurs cornes, tandis qu'elles se touchent par leurs extrémités postérieures réunies en un même point d'appui.

Jusqu'ici nous avons montré le côté physique de l'étude de la crainte; nous allons offrir maintenant celui dont le point de départ est dans les facultés intellectuelles réagissant sur l'économie animale, et nous retrouverons le même mode d'expression graphique.

Il est un sentiment intime qui ne procède pas d'un besoin seulement matériel, mais dont la source vient de plus haut, car elle dérive d'un principe moral juge inflexible des actions des hommes; c'est le remords pesant sans relâche sur l'âme qu'il attriste et agite; ce mouvement concentrique résulte d'une conscience timorée qui voudrait s'exonérer de toute investigation, et ne peut jamais se soustraire à elle-même.

C'est une peine continue infligée par un pouvoir suprême à l'individu doué de la faculté de réfléchir; elle est au moral ce que la douleur est au physique, un moyen d'appréciation.

La crainte qui veille au cœur du criminel prend un caractère particulier que nous devons indiquer comme l'un des mouvements les plus poétiques et les plus pittoresques.

Le malheureux en proie à cette furie se tient constamment en garde contre toute émotion imprévue qui pourrait le trahir ; et toujours il applique involontairement à sa position précaire l'accident le plus futile.

Ce qu'il entend ou ce qu'il voit lui semble dirigé contre lui seul : un mot indifférent le consterne ; des pas résonnant derrière lui sont peut-être ceux de gens à sa poursuite ; dans cette perplexité urgente, il est violemment tenté de fuir ; il retient sa marche pour ne point se faire remarquer ; une sueur froide découle de son front soucieux ; son cœur se resserre ; il calcule avec l'anxiété la plus vive l'instant où il sera dépassé par ceux dont il redoute si vivement l'approche. Le marteau tombant sur le timbre de l'horloge semble le frapper également : il frémit, et croit que sa dernière heure vient de sonner.

Si l'on touche ses vêtements, si l'on examine un objet à son usage, il se figure que l'on y regarde une tache indélébile qui va rendre un témoignage terrible de ses actes les plus secrets ; et de suite il cherche à se rappeler s'il a fait disparaître com-

appartient plus. Il s'éloigne de ce qui, dans d'autres moments, serait propre à calmer ses sens agités; il s'attache à cesser toutes relations, même avec ses amis; il est dans l'appréhension continuelle de céder à un mouvement expansif qui pourrait le compromettre et signaler la voie de ce qu'il veut ensevelir avec lui dans le tombeau. En effet, à chaque minute, son secret est près de lui échapper, et, se croyant découvert, il est sur le point de se jeter à genoux pour demander merci : car il s'imagine que l'on entend, comme lui, une voix accusatrice dont le retentissement est partout, mais dont son propre cœur est l'écho le plus distinct et le plus redoutable.

En vain il s'efforce de s'abstenir de tout commerce avec le monde; moins il a de distraction, plus son imagination le ramène au sujet fatal dont il s'occupe exclusivement : une main de fer est là qui le comprime, le presse et le remue; elle ne lui laisse point de relâche, alors même que le corps, épuisé par tant de secousses et d'impressions fatigantes, a besoin de trouver dans le sommeil un repos réparateur.

Ses songes sont empreints de ce fiel empoisonnant sa vie; le remords implacable le suit sur le chevet où se cache sa tête appesantie : à peine a-t-il clos la paupière, après s'être bien assuré qu'il est seul, un rêve horrible vient continuer l'agitation d'un jour lentement écoulé, ou le réveiller en sursaut pour le laisser au milieu des ténèbres, attendre impatiemment le lever d'une nouvelle aurore, qui va le rendre à des tourments sans cesse renaissants et toujours nouveaux.

C'est sur cet état de l'âme constaté par l'observation et inexpliqué par la science que toutes les religions, continuant la vie au-delà de la tombe, ont basé cette idée répressive d'un enfer, où les actes criminels les plus secrets doivent être rigoureusement punis; crainte salutaire, considérée dans l'intérêt général de la société, si le coupable est à même de la ressentir, mais dont l'hypocrisie et le mensonge ont abusé trop souvent dans des vues d'égoïsme et d'exploitation.

La crainte se combine avec tous les mouvements de l'âme ayant pour but d'éviter le mal, et particulièrement avec la jalousie. Nous signalerons ces points de contact à mesure que l'occasion s'offrira de les traiter d'une manière spéciale.

DE LA COLÈRE.

La colère naît de cet instinct de notre conservation, de cet amour de nous-mêmes qui nous porte à repousser avec vigueur et promptitude un mal imminent; ce besoin, cette nécessité de nous isoler de ce qui pourrait nous être préjudiciable, se fait sentir à nous par la douleur qui nous aiguillonne, augmente nos forces et nous sollicite à réagir.

Cette sensation jette le désordre dans notre âme

par une sur-excitation instantanée. Elle peut venir d'une cause *morale* ou *physique* : morale, lorsqu'elle est causée par l'injure ; physique, quand elle est le résultat de l'action directe des agents extérieurs sur notre économie.

La colère, comme on le voit, offre dans sa progression deux caractères bien distincts : à sa naissance, celui de la douleur qui est la *concentration*, et celui de l'*excentration* lorsqu'elle éclate et réagit. Cette passion doit donc être classée parmi celles que nous avons nommées *concentrico-excentriques* ou *violentes*. Ses impulsions sont fortes, impétueuses, et ses effets en raison de l'âge, du tempérament, de la position sociale de l'individu qui les éprouve.

Nous étudierons la colère dans ces diverses conditions ; nous fixerons l'attention sur ses nuances dans les degrés qu'elle parcourt, dans ses rapports, dans ses combinaisons, points de vue également intéressants pour l'artiste. Nous commencerons par établir la physionomie générale de ce mouvement de l'âme ; puis nous en ferons successivement remarquer les différences en les opposant les unes aux autres, et en traçant la charpente anatomique, l'anatomie de l'expression qui les distingue dans leurs grandes divisions ; enfin nous jetterons un coup

le caractère de la concentration, parce qu'elle provenait de la sur-excitation produite en nous par la douleur, et, dans notre classification des passions, nous avons énoncé que les mouvements concentriques appartenaient à l'âme à l'état de faiblesse; au premier aspect, il semblerait un contresens de joindre à la colère, passion violente, une nuance semblable; mais il ne faut pas oublier ce point important; dans toutes les passions de ce genre, nous sommes premièrement maîtrisés par elles, et l'explosion qui les termine venant de leur force qui nous subjugue d'abord, nous sommes évidemment sans moyens contre leur première action, jusqu'à ce que nous réagissions subséquemment par l'excès même de la compression exercée sur nos organes.

Plus nous voulons rendre terribles les effets de la colère, plus nous cherchons encore à augmenter cet état primitif de concentration : nous accumulons l'injure, nous la refoulons en nous; nous comprimons l'élan qui nous porte à repousser le mal, pour donner plus de force à son impulsion; l'on rend plus foudroyante la détonation d'une arme à feu, lorsque la poudre qui doit la produire est plus fortement condensée.

Comment ses signes moraux se révèlent-ils à l'artiste ?

Dès que nous ressentons l'aiguillon de la colère, le sang se retire vers le cœur ; le visage devient pâle ; les lèvres sont livides et tremblantes ; la voix, si l'on peut s'exprimer ainsi, s'arrête dans le larynx ; le système musculaire se contracte ; la main se ferme ; le pied presse le terrain ; tous les muscles de la face se portent vers la ligne médiane pour y prendre un point d'appui et réagir avec plus de violence ; les mâchoires sont fortement serrées ; les lèvres se pressent ; les ailes du nez sont pincées à leur partie supérieure ; le surcilier s'abaisse sur l'œil, qui seul est dilaté, et dont la forme angulaire disparaît par la contraction de l'orbiculaire qui l'entoure. L'homme, dans cette attitude, semble s'asseoir sur lui-même et prendre position pour se préparer au combat ; ses bras serrés contre sa poitrine haletante paraissent retenir son âme prête à s'élancer ; tout exprime en lui la concentration, l'action de se contenir ; et remarquez bien comme tout se lie, ce sont les muscles fléchisseurs qui fonctionnent dans cet instant ; les extenseurs joueront le plus grand rôle dans celui qui va suivre, lorsque la passion déborde et

se tuméfie par l'afflux du sang, elle est rouge, animée; les veines du col, des tempes et du front saillissent sous la peau; l'œil semble sortir de son orbite, il brille, il étincelle, et ses vaisseaux sont injectés de sang. Les muscles de la face s'excentrent de la ligne médiane; les surciliers s'élèvent et rident le frontal; les narines se dilatent; la bouche est tiraillée par le labial et laisse apercevoir les dents; les membres supérieurs et inférieurs participent de cette impulsion générale et s'écartent du centre des mouvements.

Le Gladiateur combattant est précisément dans cet état excentrique de réaction; ses membres robustes se déploient avec vigueur et souplesse; sa tête s'avance avec un sentiment prononcé de colère; son corps s'élance autant que le permet la jambe droite qui le supporte; il favorise le mouvement continu d'extension du bras gauche se présentant fièrement aux coups : cette extrémité, postée en avant-garde, est protégée par le poing droit, qui, fermé et reporté en arrière, s'apprête à la seconder avec une force accrue par un jet impétueux. Cette situation du bras droit concourt momentanément, avec la jambe gauche étendue, à balancer le grave de la poitrine gonflée par une ardeur entraînante et un noble courroux. Il est impossible de figurer l'excentration de l'âme par une disposition corporelle plus habile et plus vraie.

Lorsque la colère vient d'une cause morale, l'idée qu'elle rappelle devient fixe; nous ne voyons plus; nous n'entendons plus; nos sens sont soumis à cette seule pensée, elle nous dirige aveuglément; le plus ordinairement le mépris que l'on semble faire de nous la fait naître; notre amour-propre est blessé profondément de l'opinion que peut avoir de notre faiblesse un être que nous haïssons. Cela est tellement vrai, que, dans ce cas, notre premier mouvement est de protester énergiquement contre cette injure; et, comme pour prouver le contraire, nous élevons la voix; nous nous répandons en menaces; nous provoquons l'adversaire; nous voulons laver dans son sang un pareil outrage; nous nous promettons de montrer d'une manière éclatante notre supériorité sur lui; aussi l'offre de secours étrangers nous paraît déplacée; elle est inutile, elle nous offense; et nos paroles, nos actions tendent à nous faire absoudre de l'accusation insolente d'une honteuse incapacité.

ner; il voudrait donner à tout son être l'extension la plus large, afin de manifester sa puissance; il s'élève sur ses pieds pour donner à sa taille une dimension plus imposante; son poing fermé menace, ou seulement, l'indicateur dénote un sentiment plus impérieux; son bras est étendu, ferme comme sa volonté, fixe comme l'idée qui le préoccupe. Le geste indique le moyen de repousser l'injure par celui qui l'a reçue; le poing, si c'est un homme du peuple, l'épée si c'est un militaire, le mépris s'il est au dessus de l'agresseur; ce signe est franc chez les hommes vifs et généreux, concentré chez les lâches habiles à dissimuler leurs desseins. En général chacun s'efforce de paraître redoutable afin d'inspirer plus d'effroi; ce sentiment est commun à tous les peuples : tous les hommes cherchent à tromper sur leur valeur positive; la crainte excitée par cette jactance, fondée ou non, paralyse les forces ennemies en augmentant d'autant les leurs.

Si l'*impatience* se joint à la colère, l'homme trépigne des pieds comme si, par avance, il foulait dans la poussière l'objet de son courroux; il renverse ce qui se trouve sur son passage; il brise, il fait voler en éclats ce qu'il saisit, et chacune de ses actions est accompagnée d'une comparaison désavantageuse à celui qui est le but de son aversion.

La colère réagit quand l'homme a l'espoir de vaincre; dans le doute il appelle à son secours la vengeance; il ne lui suffit point de repousser momentanément le mal qui le presse, il faut mettre encore celui qui le cause dans l'impossibilité de le vexer plus longtemps; il vise à terminer une lutte fatigante et qui finirait par l'accabler. Cette disposition se remarque très-bien chez les gens mous et sans énergie; ils sont sollicités, par la peine que leur fait éprouver l'injure, à sortir de cet état de gêne dans lequel ils se trouvent, et ils n'ont pas le pouvoir de satisfaire seuls à cette impulsion; leur colère n'éclate que lorsque leurs moyens auxiliaires leur paraissent bien supérieurs à ceux de l'ennemi : tout, dans leurs mains, devient une arme meurtrière; car ils sont naturellement lâches et ne se font point de scrupule de blesser à l'improviste un adversaire désarmé.

Mais l'être faible a-t-il le sentiment profond de sa nullité, l'espoir de se venger l'abandonne-t-il, il tourne contre lui-même cette passion stérile; il s'accuse, il frappe sa poitrine pour s'animer au combat,

curer ne produit aucun effet, et que ces derniers efforts ont épuisé le reste de ses forces, alors il se livre au désespoir, il fléchit sous l'humiliation, il se roule dans la poussière.

Si l'homme, au contraire, a la conscience de sa supériorité imposante, il semble ne pas vouloir profiter de sa position; il dédaigne celui qui lui fait injure; il ne s'abaisse point à lui répondre; il n'a pas besoin de se mettre en colère : cependant sa main, légèrement fermée et reportée en arrière, indique l'aversion; son attitude est calme comme la puissance; sa tête est négligemment penchée vers son épaule qui s'élève pour faire comprendre la hauteur à laquelle il est placé et dont il ne lui convient pas de descendre; il affecte de ne point paraître ému, il veut éloigner tout soupçon semblable; il contracte si peu les muscles de la face, que la paupière supérieure glisse par son propre poids sur l'œil et le recouvre à demi; la bouche seule laisse apercevoir une contraction légère; ses coins sont à peine tirés en bas, la lèvre d'en haut se retire, et rend encore plus saillante l'inférieure, qui se dirige en avant et remonte. Ces signes appartiennent presque entièrement au *mépris*; dans ce cas il s'unit à la colère; cette fusion est facile à concevoir, le mépris pour un antagoniste naît de notre confiance en nos propres moyens.

La colère n'est pas toujours produite par une cause directe; elle peut venir d'un motif qui nous touche subsidiairement, par *association*, si je puis m'exprimer ainsi : souvent, à la vue d'un mal fait à autrui, nous ressentons pour lui de la colère : comme un femme célèbre écrivait à sa fille : « Mon enfant, j'ai mal à ta poitrine. » Nous sommes portés à défendre un vieillard, un enfant, une femme; nous les jugeons sans forces pour repousser l'injure; ils acceptent notre appui et s'enhardissent de notre protection.

La vieillesse, pourtant, n'ôte pas toujours à l'âme 'énergie dont elle prive le corps; ainsi la colère de ceux qui sont parvenus à cet âge s'exhale encore, mais en vaines paroles; et l'on reconnaît facilement au désaccord de leurs gestes l'impossibilité d'agir efficacement. Les enfants s'adressent d'abord à leurs mères, et c'est dans leur sein qu'ils vont chercher un abri protecteur. Les femmes tiennent le milieu entre ces deux natures, elles ont dans la colère des alternatives de crainte et d'espoir donnant à leur

les outrage; leurs mains s'entrelacent et s'appuient l'une sur l'autre, ce qui tend le bras, fait remonter l'épaule et simule le *dédain;* mais comme on le voit chez tous les êtres faibles, la nature, en leur donnant la colère pour repousser le mal ou l'injure, leur communique, par cela même, une surabondance de force; cette exaltation vitale augmente d'une manière étonnante le peu d'énergie de leur constitution. Dans cet état d'effervescence elles ne se contiennent plus; leurs habitudes modestes font place à la rage, à la cruauté; elles ont soif de vengeance; elles mordent; elles déchirent avec les ongles le visage de leur ennemi; tout en elles exprime le désordre de leur âme; elles négligent ce qui leur est personnel pour s'occuper uniquement de l'objet de leur courroux; elles oublient souvent le soin de retenir leurs ajustements, qui, moins solidement fixés que ceux des hommes, se défont, se dérangent et laissent à nu la tête dont les cheveux s'échappent et viennent ajouter encore à leur aspect furieux; leur sein se découvre, et montre la palpitation violente qui l'agite. Chez les femmes, les muscles de la respiration, les pectoraux principalement jouent un rôle extraordinaire par leur action successive produite par l'entrée et la sortie rapide de l'air dans les poumons; la circulation du sang est plus rapide et le pousse à la périphérie ou le refoule vers le centre avec véhémence; aussi les femmes pâlissent ou rougissent avec une extrême facilité.

La colère a fait commettre à ce sexe, si faible en apparence, des actions imputables à une organisation bien supérieure.

Les enfants, plus frêles encore, sont plus irascibles : la colère les secoue à un tel point que leur système nerveux en est totalement ébranlé; ils sont sujets à éprouver des convulsions terribles dont les suites ont souvent de très dangereux résultats.

Dans le premier accès, leur tête se renverse; la face est livide; les lèvres sont violettes; le gosier est gonflé par la voix arrêtée au passage; l'air ne circule plus dans les poumons. Les enfants sont momentanément asphyxiés; leurs membres se roidissent et se contractent; les paupières sont fermées, et dessinent, par leur pression, le globe oculaire en saillie. Enfin la réaction a lieu : des larmes s'échappent; des sons mal articulés se font entendre; les lèvres palpitent; la salive tombe en écume; les

Le siége de la colère morale est plus particulièrement placé vers l'œil et les muscles ses annexes.

Dans le tableau de l'Héliodore chassé du temple, Raphael a peint ce mouvement de l'âme dans les deux conditions que nous avons décrites ; elle se manifeste concentriquement dans l'action des muscles orbiculaires et surciliers de l'ange lançant son cheval contre le profanateur ; elle prend le caractère d'excentration dans la belle figure du second ange dont la main est armée de verges ; dans cette pose, toutes les extrémités s'écartent de la ligne médiane et portent le corps au devant de l'objet de cette sainte colère ; dans les deux têtes, le front et la partie inférieure du visage indiquent le calme, la certitude de vaincre, qui appartiennent aux envoyés de Dieu : et cela devait être ainsi. L'action forcée des muscles de la bouche et des mâchoires est plutôt le signe de la colère physique ; on le remarque fort bien chez les animaux éprouvant également cette passion violente ; nous ne devons leur accorder d'autre motif qu'une cause matérielle ; il faudrait les croire moralement sensibles à l'injure ; ils sont excités par la douleur de ne pouvoir satisfaire un besoin, et par la nécessité de repousser ce qui s'oppose à ce résultat.

Chez les animaux, et je parlerai de préférence des chiens que leur état de domesticité met plus souvent sous nos yeux, ce caractère de concentration et d'excentration existe comme dans l'homme ; il est d'autant plus évident en eux qu'ils ne sont point retenus par les considérations morales, couvrant chez nous d'un voile officieux les passions que les convenances de la société réprouvent.

Leur expression a une grande analogie avec celle de l'espèce humaine ; sont-ils sur-excités, ils commencent d'abord par prendre un point d'appui solide, et se portent en arrière pour donner plus de force à leur élan au devant de l'ennemi. Quand l'animal reçoit la sensation, il se ramasse sur lui-même ; sa queue se cache entre ses pattes de derrière ; ses oreilles sont pendantes ; son œil est inquiet, son poil est abattu et serré sur la peau. Dès que la colère réagit, son poil se hérisse ; le chien montre les dents, ce sont ses armes ; son œil est rouge du sang qui le gonfle ; ses oreilles élevées et ses yeux suivent les vibrations de la voix et les mouvements de celui qui l'agace : sa queue se redresse ; son oscillation fait connaître le degré de sa passion,

raison plus frappante, ceux de la plus petite et de la plus frêle constitution se mettent plus facilement en colère; les plus forts éprouvent rarement l'obligation de compléter leur vigueur matérielle par cet état de sur-excitation.

Il est un autre point de ressemblance entre les hommes et les animaux; lorsque leur colère est arrivée à son *summum*, et est montée de la fureur à la rage, ils sont possédés d'un tel acharnement, qu'insensibles aux moyens violents employés pour les séparer, ils ne semblent touchés que des morsures de leur ennemi. Leur action musculaire acquiert une puissance prodigieuse; ils secouent avec violence; ils déchirent avec fureur l'être vivant que la victoire livre à leurs coups.

Cette force développée par la nature dans les animaux, en raison de leur faiblesse relative, atteste sa prévoyance et sa sagesse; sans quoi l'être privé de moyens de réaction eût été constamment la proie du plus robuste. C'est à cette adjonction de vitalité qu'il faut attribuer l'afflux du sang dans les vaisseaux, la surabondance de la salive écumante, et la progression toujours croissante de la résistance en raison de l'imminence du danger.

Il est une sorte de colère honteuse, plus concentrique que réactive, et plus particulière à la faiblesse de l'enfance comprimée aisément par la supériorité morale ou physique de la personne qui en est la cause et l'objet; c'est la *bouderie*, état de l'âme attristée et contrainte par l'impuissance sentie où elle se trouve de réagir convenablement selon son caprice ou sa volonté.

Un enfant reçoit de ses parents, ou de tout autre au-dessus de lui, une atteinte blessant profondément ses désirs ou son amour-propre; il cesse tout à coup ses démonstrations enjouées, comme si toutes ses facultés étaient instantanément et simultanément arrêtées : sa voix bruyante ne se fait plus entendre; son visage se rembrunit; son regard se voile et se détourne avec amertume; ses narines se resserrent; ses lèvres dédaigneuses se collent et s'allongent en moue : les extrémités se rapprochent du corps, qui perd de sa grâce et de sa souplesse.

L'une des mains va lentement et gauchement se placer vers le menton, qui, par le mouvement du front incliné, tend à s'appuyer sur la partie antérieure et supérieure de la poitrine; il paraît chercher à s'y cacher; mais le hochement imprimé à la tête

encore davantage dans son action calculée de s'éloigner en élevant et en secouant ses épaules, pour aller s'appliquer méchamment contre le mur le plus reculé; il veut montrer, par cette position et par ses gestes aversifs, qu'il se croit encore trop près de celui contre lequel toutes ces petites manœuvres sont hostilement dirigées. Cependant, malgré son affectation à montrer sa mutinerie, on découvre son embarras de savoir comment il pourra se tirer avec honneur du ridicule qu'il se donne.

Chez les enfants dont la complexion répulsive ne s'imprègne pas aisément des impressions qu'elle peut recevoir, cette petite colère ne dure pas bien longtemps, elle s'évanouit bientôt devant le sentiment de leur nullité ou de leur faute; mais chez ceux dont le tempérament prédispose aux passions concentriques et fortes, elle persiste souvent avec une inconcevable tenacité. Lorsque le petit boudeur a pris le parti de n'en point démordre, il aimera mieux se priver de nourriture et du plaisir de jouer que de reculer devant une détermination formellement énoncée, malgré les avances de réconciliation que l'impatience ou la faiblesse font faire à sa partie adverse.

Les mères surtout fléchissent souvent devant cette opiniâtreté soutenue; trop heureuses, selon leur cœur, de pouvoir saisir le plus léger prétexte de mettre fin à une lutte où toute la peine est assez ordinairement de leur côté.

Étudiée individuellement, la colère présente des nuances que nous signalerons ici. Chez les jeunes gens, elle se mêle avec la témérité, l'ardeur; dans les tempéraments sanguins, elle se combine avec la vivacité, l'audace, l'impatience; dans les bilieux, avec l'aigreur : dans les lymphatiques, avec la vengeance : elle est terrible chez les bilieux sanguins, doués d'une force réactive beaucoup plus grande. Quant au caractère que lui impriment ces diverses combinaisons, nous nous en occuperons dans la suite, en décrivant les passions dominant dans la fusion.

La colère agissant sur des masses, comme dans les émeutes populaires, est toujours excentrique; elle est d'autant plus impétueuse que la multitude se confie dans ses mille bras; chacun se laisse aller avec abandon au mouvement général, dans la ferme persuasion de n'être point remarqué dans la foule, et de ne pas se voir imputer les actions qu'il

actes dont la pensée seule arrêterait les plus intrépides, s'ils étaient isolés.

Cette exaspération spontanée d'un peuple qui se lève comme un seul homme, c'est l'*indignation*; elle associe les individus à une commune impulsion : elle les fait mouvoir comme les membres d'un même corps soumis à la même puissance morale, et rendre à la masse l'appui que chacun en reçoit : une seule pensée est en eux, un seul but les dirige, le désir de dominer la situation.

Examinons comment cette agitation morale devient sensible dans ces scènes tumultueuses, et ce qu'elle offre à l'imitation. Tous les acteurs, bien que modifiés par des conditions physiques et morales personnelles, participent néanmoins du caractère d'exaltation régnant dans l'ensemble; ils s'excitent mutuellement au combat; ils s'entr'aident, se protégent, s'appuient les uns sur les autres; ils ajoutent à la force qui manque à leurs voisins en leur prêtant un secours instantané : ils s'attachent sans opposition aux vêtements, aux extrémités de ceux qui marchent en avant; ils se poussent, se soutiennent, s'arment indistinctement de tout ce qu'ils rencontrent, et se livrent sans réserve aux dangers à vaincre; il y a unité de mouvement comme il y a unité de pensée; tout est commun, parce qu'un intérêt commun les anime.

Nous devons au développement de cette passion le plus beau poëme que nous ait légué l'antiquité, l'*Iliade,* dont le sujet est la colère d'Achille.

Il ne sera point sans intérêt ici d'examiner comment le divin Homère a compris et a peint ce mouvement de l'âme, si impétueux, si violent dans le fils de Thétis. Nous trouverons dans la conduite de cet immortel ouvrage une analogie frappante avec les caractères indiqués comme étant les principes constituants de la colère. Ce rapprochement avec la description du poëte qui a fourni tant de beaux motifs de composition à la peinture, rendra plus évidente notre opinion sur le type général des passions premières; elles sont modifiées par les temps et les lieux et n'en règnent pas moins chez tous les hommes.

D'ailleurs cet exposé succinct sera le résumé de nos observations et viendra les fortifier de toute la puissance de ce beau génie.

A la suite d'une altercation très vive au sujet de la reddition de Chryséis redemandée par son père,

l'esclave qu'un dieu le contraint à rendre, la belle Bryseis que, pour prix de ses travaux, Achille reçut en partage des dépouilles conquises sur les Thébains.

Pénétré de douleur et de rage, en recevant cette injure d'Agamemnon, Achille délibère en lui s'il tuera l'insolent qui l'outrage ou s'il contiendra sa colère ; Minerve lui fait suivre ce dernier parti.

Que fait alors Achille ne pouvant se venger du roi des rois ? il s'isole de l'armée, se retire dans sa tente, ne veut prendre aucune part aux combats que vont livrer les Grecs et qui devaient lui rapporter tant de gloire ; ces bataillons armés, ces armures étincelantes, le bruit des chevaux hennissants, sont sans attrait pour son cœur abattu.

Les objets extérieurs ne font plus d'impression sur lui ; tout ce qui peut l'occuper est au dedans de lui-même ; il concentre tout dans son âme ; *elle est triste,* elle a perdu son énergie.

Il jouit tacitement de la défaite imminente de ses compagnons pour lesquels il a quitté son père et sa patrie ; il ne forme qu'un souhait, celui de les voir bientôt anéantis.

En vain, pour le fléchir, Agamemnon envoie des députés lui offrir des présents considérables, ni l'adresse d'Ulysse, ni les larmes du vieux Phénix ne peuvent émouvoir ce caractère inflexible ; ces instances ne font qu'aigrir sa douleur.

L'airain a donné le signal du combat ; Hector fait un horrible carnage des Grecs, Achille est impassible ; son plus grand ennemi, c'est Agamemnon, c'est de lui qu'il doit se venger en laissant massacrer les soldats placés sous les ordres du chef de l'expédition dirigée contre le ravisseur d'Hélène.

Le caractère de la concentration se reproduit d'une manière sublime dans ces grandes pensées ; elles se pressent et se refoulent dans le cœur du héros indigné ; c'est à grands traits qu'Homère les dessine.

Comment le poëte fera-t-il sortir Achille de cet état léthargique ? comment la colère passera-t-elle de cette condition à la fureur, à la rage ? quels moyens emploiera-t-il pour la faire déborder, et produire ces grandes actions indispensables pour renverser l'empire troyen ? C'est en suivant la nature ; c'est en sur-excitant le guerrier ; c'est en rompant brusquement les liens qui l'attachent à Patrocle ; c'est en lui faisant éprouver l'émotion la plus vive, en le poussant au désespoir, qu'il atteindra ce but.

temps contenue, va se répandre sur les Troyens.

Il se revêt de ses armes divines; la fureur le pousse; la rage anime son bras; il détruit, il renverse tout ce qui s'offre à ses coups; il n'en veut qu'à Hector, c'est lui seul qu'il cherche dans la mêlée : il s'égare, il poursuit un fantôme, Apollon, sous les traits de son mortel ennemi.

Enfin il joint Hector : son œil est farouche; aucun accommodement, aucun traité ne peut avoir lieu pour régler les suites de leur combat singulier; Achille a soif de sang, le sang seul lavera son injure; il est implacable. Il cherche l'endroit où il pourra frapper : son fer trouve bientôt un passage; Hector est à ses pieds : en vain le prince troyen élève ses mains mourantes vers son vainqueur, en vain il implore sa clémence; l'impitoyable Achille augmente l'horreur de la mort de sa victime par le détail des cruautés qu'il exercera sur son cadavre.

Mais ce n'est point encore assez pour le fils de Thétis de traîner sanglant, autour des murs de Troie, Hector, attaché par les pieds à son char; cette ville superbe qui fut son berceau sera détruite de fond en comble, et d'autres membres de la famille de Priam iront sur le bûcher de Patrocle compléter sa vengeance.

Cette analyse rapide suffira pour montrer le parti que l'artiste-poète et le philosophe-physiologiste peuvent tirer de la science du cœur humain, soit pour satisfaire aux besoins de l'intelligence, soit dans l'intérêt bien compris de la morale universelle. En ce qui touche le premier point, il faut se reporter au texte original pour aprécier à sa valeur la richesse d'ornementation, les développements ingénieux et la magnificence de la mise en scène d'Homère dans l'histoire de cette dramatique passion, la colère, dont la philosophie doit s'appliquer à neutraliser les effets si désastreux quand ils n'ont pas une cause naturelle, la nécessité d'une légitime défense.

DE LA HAINE.

La haine est un sentiment pénible résultant d'un état soutenu d'irritabilité qui nous tient en réserve hostile contre ce qui nous déplaît, quelle que soit sa nature. C'est une sorte de colère morale permanente; elle nous porte instinctivement à nous placer dans un éloignement complet de ce qui ne sympathise pas avec nous.

La haine paraît avoir de grands rapports avec la

colère ; elle en diffère cependant d'une manière tellement sensible, qu'après un examen attentif, on ne peut guère se tromper sur leurs attributions respectives.

La colère est un mouvement plus spontané ; elle a toujours pour but un objet présent et apprécié, ou paraissant tel à l'imagination ; ce mouvement irréfléchi s'apaise et s'éteint dès que le sujet qui l'a déterminé n'oppose plus de résistance ; c'est un secours momentané. La haine, en général, est moins subite ; elle se développe, le plus communément, d'une manière progressive quand elle a lieu relativement à des causes morales : de là, plus de mobilité dans le jeu musculaire graphique de la colère, tandis qu'il y a plus de persistance et de profondeur dans la manifestation corporelle de la haine.

Cette dernière est innée et constante en nous par rapport aux causes dont notre organisation personnelle ne peut attendre que du mal.

Elle ne perd jamais de vue ce qu'elle s'est proposé d'atteindre ; elle sommeille souvent, mais toujours elle se réveille plus acérée et plus active, à la première stimulation.

La colère peut composer le fond du caractère d'un individu ; elle se répand indifféremment, dans ce

thropie ou la haine du genre humain.

La colère marche avec franchise et frappe ostensiblement : la haine prend souvent une allure tortueuse, appelant à son aide les passions les plus propres à la seconder, pour se déguiser sous leur manteau : elle creuse et envenime la plaie qu'elle a faite.

La haine prend aisément racine dans le cœur d'un homme doué d'un tempérament concentrique ; elle y rencontre les éléments les plus favorables à son développement, la persévérance et la ténacité ; aussi affecte-t-elle principalement ce caractère. Nous allons présenter l'exposé de ses signes constitutifs.

La haine agit d'abord en rapprochant les diverses parties de l'organisme vers le centre ; elle concentre les fluides, afin d'établir une distance entre le *moi* qui la ressent et l'objet qui la fait naître : les extrémités prennent aussitôt une position aversive ; le pied semble prêt à quitter le terrain ; la main se ferme, ou froisse involontairement ce qu'elle saisit, en suivant une direction opposée à celle du sujet qui l'impressionne; elle entraîne ainsi l'épaule, et fait exécuter un léger mouvement de torsion au corps : le front se plisse; les sourcils viennent protéger l'œil dont le regard est méfiant et dédaigneux; la mâchoire inférieure s'avance; elle chasse, par la partie moyenne, la lèvre qui, conséquemment à ce mouvement, se roule sur elle-même de dedans en dehors, et force la lèvre supérieure à remonter et à refouler en haut la portion postérieure de l'aile des narines, dont la constriction indique également l'action de rejeter.

Il est une observation applicable à tous les organes en général; chacun, dans la manifestation complète d'une passion quelconque, agit en assimilant à sa nature et au propre de ses fonctions la sensation perçue par l'économie entière : ainsi, dans la haine, dont le but est de faire éviter le contact du mal, le jeu des diverses parties de l'organisme vient confirmer cette règle. Les poumons et les narines repoussent l'air comme s'il était imprégné d'un gaz impur; la bouche, aidée de la langue, fait jaillir à terre la salive, comme elle se débarrasserait d'un aliment malsain : le sens de l'ouïe est péniblement affecté du son de la voix de l'individu qui nous inspire de l'aversion; la main particulièrement, et le corps en totalité, sensibles au toucher, font le

compte de leur action, secouer avec des marques de dégoût la partie de leurs vêtements qu'ils n'ont pu soustraire au contact de l'objet de leur éloignement.

La haine est le produit persistant d'une impression violente; elle appartient à la catégorie des passions de l'âme à l'état de sur-excitation; elle présente les deux périodes qui se rencontrent dans cette condition.

Le premier effet concentrique s'observe à la pâleur de la face, à la lividité des lèvres, au saisissement général communiquant à toute la personne un tremblement convulsif avec horripilation : l'on éprouve un malaise interne; il se reproduit extérieurement par un air décontenancé, laissant voir la gêne et l'embarras des mouvements corporels : c'est une sorte d'émotion fébrile involontaire; l'on chercherait en vain à la maîtriser. L'estomac est contrarié dans ses fonctions digestives; les poumons ne jouent plus avec élasticité; le cœur est comprimé; les entrailles s'émeuvent; les facultés morales sont sous l'influence du froid de plomb qui glace et fait fléchir les articulations des membres immobilisés ; puis il semble que l'on respire une odeur nauséabonde invitant à se retirer ; et si des considérations particulières ne nous permettent pas d'agir ainsi, notre geste en trahit toujours l'intention ; tous les traits sont empreints du caractère dominant de la concentration primitive.

Lorsque enfin la passion parvient à sa crise de réaction, la face s'agite ; l'œil a repris sa vigueur et son éclat ; le regard va frapper l'adversaire et déverser le mépris sur toute sa personne, en la parcourant avec une hauteur insultante ; l'air contenu dans les poumons s'ouvre un passage vers la partie moyenne des lèvres et les décolle en faisant éclat à sa sortie ; le geste prend un caractère demi-excentrique ; les extrémités inférieures s'écartent pour donner au corps la facilité de s'éloigner, tandis que les bras prennent une direction contraire à la position de l'être odieux ; l'un d'eux est étendu, le poing fermé, et s'écartant un peu de la cuisse contre laquelle il est parallèlement situé ; l'autre est croisé devant la poitrine : il la protége en présentant la face palmaire contre toute entreprise hostile : si la situation se prolonge, la parole vient soutenir la haine, et lui donner les moyens de s'exhaler avec plus de furie. La voix est forte, brève et sèche ; les

La haine qui marche ouvertement, et dont la cause est toute physique, emprunte à la colère ce qui peut lui manquer par elle-même pour se manifester avec avantage : et c'est ainsi combinée que l'artiste doit la reproduire pour être vrai ; mais il est un signe indiqué précédemment, et qu'il ne faut pas omettre : c'est le mouvement avancé de la mâchoire inférieure ; il appartient essentiellement à la haine : tandis que la colère seule a le serrement simple des mâchoires, sans cette particularité très-remarquable des dents inférieures venant se placer au devant des supérieures qui leur servent de point d'appui ; en outre, le regard de la haine semble empoisonné ; celui de la colère est plus noble ; il paraît plutôt lancer la foudre.

Les gens sans éducation témoignent la haine de la manière la plus expressive et la plus énergique.

A la vue d'une personne détestée, ils se rejettent en arrière, de façon à porter le grave du corps sur la jambe la plus éloignée de l'endroit occupé par leur adversaire ; leur coude s'écarte de la poitrine ; il laisse la main élevée à la hauteur du menton, et de sorte que la face palmaire semble prête à repousser, tout en paraissant craindre le contact de celui contre lequel elle est sur le point d'agir ; leur visage se contracte ; la mâchoire inférieure se dirige en avant, avec un grincement accompagné de sons entrecoupés ; ils sortent inarticulés du creux de la poitrine, comme si ces hommes broyaient avec voracité quelque chose entre leurs dents ; ce mouvement favorise la sécrétion de la salive ; elle vient ordinairement seconder la mastication ; dans ce cas, elle se répand sur la lèvre, dessinée en arc, descend en la longeant et la quitte vers les coins abaissés.

Le pied paraît impatient d'écraser l'ennemi ; cette extrémité s'emploie de préférence dans la haine ; le pied est considéré comme l'arme la moins noble ; et dans cette circonstance, on se conduit comme si l'on voulait faire disparaître ou déplacer une ordure qui nous répugne et pourrait salir notre main.

Dans la plus grande excentration de la haine, la tête s'élève par secousses comme celle du bélier frappant l'air ; le regard même a, dans son mouvement de bas en haut, quelque chose de forcé ; comme s'il soulevait, ainsi qu'un lévier, celui qu'il repousse avec une sorte de mépris et d'horreur. Le regard semble exprimer alors ce que rend encore mieux le geste de la main qui s'agite en tendant le

leurs discours ; ils les accompagnent en outre de gestes où respire toute la force de leur ressentiment. Ils ont l'air de pirouetter sur la jambe qui porte le corps, comme toujours prêts à détourner leur face de celui qu'ils ne peuvent voir sans une extrême répugnance.

L'action principale de la haine morale se passe dans le regard, plus ou moins vif, plus ou moins oblique et haut, selon que la sensation est plus ou moins aiguë; les lèvres et les narines secondent cet effet. Pour les autres parties du corps, c'est sans contredit l'épaule qui a le plus d'expression; la force compressive de la passion agit aussi vers l'épigastre.

La haine est singulièrement active; elle perce même à travers le voile des bienséances dont la société cherche toujours à la couvrir, parce qu'elle est presque toujours prise en mauvaise part; cependant, en général, on ne voit pas indifféremment les traits acérés qu'elle décoche.

Suivez attentivement la conversation d'un individu où la haine s'est incarnée; il a l'air de parler sans conséquence de telle ou telle personne; mais il fait en sorte de la rappeler à la mémoire des auditeurs, en la désignant par ses défauts les plus familiers; s'il décrit un mouvement corporel, il l'outrera pour le contrefaire du côté le plus ridicule et le plus propre à soulever ce rire flétrissant du sarcasme qui tue; le motif le plus futile, le rien le plus insignifiant, sont ses thèmes favoris; il les arrange à plaisir, en grossissant tout pour faire paraître tout odieux; c'est une harpie qui dénature et flétrit ce qu'elle touche.

La haine, il faut le dire, a un tact admirable pour trouver tout de suite l'endroit faible de celui qu'elle poursuit, et choisir l'arme la plus sûre pour blesser profondément et avec succès. Cela se voit avec les moindres détails, dans le sentiment le plus léger de la haine et pour les raisons les plus frivoles. J'ai toujours été frappé de la perspicacité avec laquelle certaines femmes savent faire ressortir les moindres imperfections de la toilette, de la conformation ou du moral d'une personne contre laquelle elle n'ont souvent d'autre grief que celui d'une simple rivalité de coquetterie. Aussi, lorsque cette passion féminine, si ingénieuse dans ces petits combats où l'esprit a plus de part que le cœur, vient répondre en elles au désir de venger leurs affections

de raffinement dans sa cruauté. Ce fait, qui, je le crois, n'est pas sans exemple, m'a été fourni par une jeune femme d'une vivacité d'imagination peu commune, d'un tempérament sec et nerveux, et portant sur son visage bruni l'empreinte des passions fortes et impétueuses. Un regard pénétrant, une prunelle laissant jaillir l'éclair de son fond noir et brûlant, des sourcils et des cheveux semblables au jais, des narines mobiles comme celles du cheval qui hennit, des lèvres avivées par la coloration du sang petillant sous la pellicule transparente dont elles étaient revêtues, formaient ses traits principaux; ces indices réunis disaient assez la nature des mouvements les plus habituels de cette âme ardente et douée d'une volonté que rien n'était capable de faire fléchir. Elle avait appris qu'une jeune personne, d'un certain mérite, allait être incessamment présentée dans un cercle qu'elle-même fréquentait assidûment; elle y rencontrait un jeune homme pour qui, depuis longtemps, elle éprouvait un penchant irrésistible et secret pour tous, même pour celui qui en était la cause involontaire.

Le but de cette présentation était d'établir des rapports entre la jeune personne et l'homme préféré; on voulait en un mot faire un mariage de convenance.

Cette nouvelle jeta la jeune femme dans une agitation extrême; et la crainte d'avoir à soutenir une concurrence dangereuse lui fit prendre la résolution de s'opposer par tous les moyens imaginables à un résultat qui viendrait renverser l'échafaudage de bonheur sur lequel reposaient ses plus douces et ses plus chères espérances. Dès lors la haine la plus violente pour une jeune fille qu'elle ne connaissait point encore s'empara de son cœur; et pour juger et prévenir le péril dont son amour était menacé, elle pensa devoir aller au-devant, malgré sa répugnance à se trouver en présence de ce qu'elle détestait le plus au monde : elle fit donc en sorte de voir l'objet de ses amères préoccupations. Cette occasion vivement épiée se présenta ; elle la saisit; son premier coup d'œil fut rapide et fixa nettement dans sa mémoire l'analyse des qualités bonnes et mauvaises qu'elle découvrit.

Trop adroite pour suivre une marche vulgaire, elle sut diriger sa conduite de manière à être à même, non-seulement d'empêcher l'effet que pourrait produire la vue de sa rivale, mais encore de

pompeux, des marques outrées d'admiration qu'elle parla de celle qu'elle voulait perdre, et que chacun, sur ces données avantageuses, attendit avec une grande impatience.

Enfin cette jeune fille si désirée apparut : l'enthousiasme tomba devant la réalité : au lieu de l'empressement promis elle trouva de la froideur ; désappointée étrangement, la nouvelle venue prit pour sa confidente la seule personne qui lui eût fait entendre un langage prévenant et amical : la femme passionnée et haineuse savourait ces aveux naïfs de sa victime ; elle en jouissait doublement ; selon ses propres expressions, elle pouvait sonder à loisir la profondeur de la plaie que sa main avait faite, et la laisser refermer, pour avoir le plaisir vindicatif de déchirer de nouveau la cicatrice nouvelle, sans lui laisser jamais le temps de se consolider.

J'ai à dessein fait précéder cette histoire de la haine *machiavélique*, de l'exposé de l'état constitutif de celle qui l'a si vivement ressentie, afin de montrer l'influence du tempérament dans la manifestation des mouvements de l'âme. Car les femmes ne se dépouillent de leur plus beau caractère, la douceur, que lorsqu'elles se trouvent, contre nature, formées d'éléments plus propres à l'organisation du sexe masculin : alors elles vont toujours au delà de ce qui est convenable ; elles se trouvent involontairement entraînées par des principes trop au-dessus de la résistance possible à leur constitution.

Il est une autre sorte de haine civilisée, haine méticuleuse ; elle frappe à petits coups, mais continuellement ; haine de dévote ayant une idée fixe, celle de blâmer et de poursuivre ce qui ne peut plus se faire remarquer en elle ; haine acariâtre exploitant la médisance pour se produire ; elle prend sa source dans un vice du cœur et d'une intelligence étroite dérangée par les habitudes d'une vie toute concentrique. Cette haine toujours acerbe perce dans un regard hargneux, dans la brusquerie de la voix, la sécheresse des mouvements corporels et l'affectation d'une conduite entièrement opposée à celle qu'elles sont dans la triste nécessité de reprocher aux autres. Ici l'influence de l'âge et du tempérament prédomine ; mais c'est plus encore le regret du passé qui l'entretient ; on en peut juger par les phrases éternelles des femmes trop tôt vieilles, et cédant avec amertume le rang qu'elles occupaient naguère dans la procession de la vie.

femme d'autrefois déprécie celle du jour, parce que cette dernière est un point de comparaison qui la gêne et la mortifie ; mais le type fondamental existe. Celui de l'enfant contrarié est mieux écrit ; il sait moins se contraindre ; la sensation ressentie est momentanée, et non soutenue comme dans l'exemple précédent ; tout se résout en lui dans un effet physique, et il ne s'applique pas à le dissimuler ; aussi, au moment de la sur-excitation, il imprime à tout son corps une saccade brusque et rapide comme s'il voulait lancer loin de lui des matières hétérogènes placées sur ses vêtements ; ce mouvement, retraduit par le mot de rechignement, se communique à toutes les parties de l'économie ; la voix est comme jetée en éclats par les lèvres contractées convulsivement ; elles se tiraillent de telle façon, que si l'une se porte vers la gauche, l'autre est plus fortement rétractée vers la droite ; le menton s'élève comme dans l'expression de l'envie de vomir ; l'œil est chagrin ; les ailes du nez sont déprimées d'une manière très sensible ; le pied se détachant impatiemment du sol, y retombe avec rage ; les mains fermées s'agitent et s'excentrent consécutivement à la secousse générale, comme si elles repoussaient ou déchiraient quelques objets; puis le geste de la tête qui s'abat sur la poitrine, fait comprendre que l'enfant prononce intérieurement un *non* formel.

Si le motif de cette agitation était l'aversion marquée pour un objet dont un sens seul pourrait avoir à se défendre, ce serait vers l'organe intermédiaire que se passerait la plus grande action de la haine; ainsi, pour donner un exemple facile à vérifier, j'indiquerai seulement le signe corporel d'un enfant refusant de boire une tisane amère et désagréable au goût; les gestes décrits plus haut sont soumis au jeu de la bouche; elle s'agite comme si déjà le breuvage l'affectait vivement; et si l'odeur présumée est une des causes de l'aversion, les narines se ferment avec sifflement de l'air; il en sort comme pour chasser et annuler tout ce qui pourrait agir sur l'odorat; puis le bras de l'enfant s'allonge en opposant la face palmaire à la coupe qu'il voudrait éloigner; son imagination frappée la lui fait sentir déjà près de sa personne.

Si l'on veut bien se convaincre de la vérité de la physionomie assignée particulièrement à la haine, il faut voir comment elle se comporte et se manifeste chez les animaux; car toute passion procédant

tivement ce qui se passe alors dans ces deux êtres constamment en guerre entre eux. Dès que le chien voit son mortel ennemi, son corps se reporte aversivement sur ses extrémités postérieures; ce mouvement est facilité par la tension répulsive de l'une des pattes antérieures, tandis que l'autre est levée comme pour se préparer à une impulsion rétrograde; la croupe se recourbe, poussant sous elle la queue qui la presse et la continue; elle forme, par sa constriction forcée, une opposition remarquable avec le poitrail roidi et supportant angulairement le col tendu pour donner à la tête une sorte de fixité; mais de telle façon que le museau se détourne comme pour déterminer le départ; les narines soufflent; et les muscles de la mâchoire font grincer les dents qui se desserrent à peine pour laisser sortir un grognement sourd et murmurant; voici le premier moment de la passion.

Bientôt le poil se hérisse; les extrémités postérieures se redressent en dirigeant le corps sur la patte antérieure dont le mouvement s'assouplit; l'autre patte va se poser sur le sol; les aboiements commencent; l'œil s'anime; enfin l'animal sauterait sur sa proie, s'il ne redoutait des griffes dangereuses par leur traîtreuse agilité.

Comment le chat s'est-il conduit pendant ce temps? D'abord il s'est arrêté court, inquiet, et le ventre serré contre terre, le regard immobile et fixé sur le chien; puis, au premier mouvement de son adversaire, il s'est levé et il a tellement rapproché la partie antérieure et postérieure du tronc, qu'il lui a fait décrire une courbe presque parabolique; il a fait le gros dos, selon l'expression consacrée; sa longue queue, d'abord basse et contractée, s'est érigée menaçante et frappant l'air par ses torsions réitérées; les pattes se sont roidies et collées sur le terrain que les griffes écartées ont égratigné avec force; la gueule s'est ouverte par intervalle pour laisser échapper le souffle par bouffées sifflantes et répulsives; l'œil est devenu étincelant, même série de transitions, même analogie dans les mouvements corporels des deux antagonitses.

Dans le chien, l'action la plus vive est dans les muscles de la mâchoire; chez le chat, elle se passe principalement vers la griffe qui lui sert de moyen préventif de défense. Il est un fait extrêmement remarquable dans cette pantomime, le chien, en quittant sa place, rejette bien loin derrière lui la terre

car la fuite fait présumer la faiblesse, et par conséquent enhardit celui qui reste maître du terrain.

Tant que la haine se renferme dans les limites tracées par la nature, elle est un avis salutaire, un conseil intéressé donné à l'individu d'éviter ce qui peut lui devenir nuisible; ce pressentiment trompe rarement, il procède d'une nécessité de l'organisme.

Dans la vie animale, les espèces antagonistes ressentent les unes contre les autres une haine instinctive : elle les porte à se fuir comme des causes certaines de destruction; mais cette antipathie est plus forte, dans ces races, chez celles qui ont le moins de chances de se mettre à l'abri des atteintes de leur ennemi naturel.

Cette disposition protectrice prévient l'animal de l'approche des maux qui peuvent l'atteindre, en le jetant d'abord dans un état concentrique qui lui fait sentir l'urgence de s'éloigner ou de s'apprêter à défendre chèrement sa vie.

On est frappé d'admiration en considérant la simplicité des moyens employés par la nature pour équilibrer les chances de conservation entre tous les êtres vivants, afin de neutraliser avec profit la loi condamnant une espèce à devenir la pâture d'une autre, soumise également à cette exigence fatale. Le même procédé fait manœuvrer chaque individu de façon à mettre en évidence ses ressources spéciales et à les rendre utilisables, quelles que soient sa force ou sa faiblesse, son courage ou sa pusillanimité.

En effet, la première impression facilite le jeu des organes chargés de veiller à la sûreté de l'animal. L'ouïe et l'odorat se développent particulièrement chez celui qui doit chercher son salut dans la fuite, et a besoin d'être prévenu d'avance par la voix et les émanations corporelles de son ennemi. Par le fait seul de la concentration, le bœuf présente naturellement ses cornes; le lièvre et le cerf resserrent davantage les ressorts dont l'élasticité doit favoriser leur course en se détendant. Cette rétraction musculaire fait rentrer la tortue sous sa carapace, saillir les piquants du hérisson qui se réduit en boule et produit chez certains paresseux une odeur fétide et repoussante.

Les bases des sociétés ont dû nécessairement contribuer à parquer la haine ainsi que les hommes, dans certaines délimitations. Ces états divers se sont

peuple, un sujet permanent de querelles, source première de ces haines nationales héréditaires : elles ont posé des barrières là où l'on devrait voir des communications faciles entre des êtres que la nature a faits frères et que l'égoïsme seul a pu rendre ennemis.

Si, de ces hautes questions, nous redescendons dans la vie privée, nous apercevons encore la haine animer des gens d'une même profession; ils voient dans la concurrence un empêchement à une fortune dont leur ambition leur a fait un besoin. Il est plus déplorable encore de voir souvent, dans les positions élevées où le savoir a placé l'homme, la haine secouer son venin parmi ceux-là même qui ne devraient connaître entre eux que le sentiment d'une noble émulation. Certes, dans ceux dont la conduite est aussi blâmable, on ne reconnaît pas le véritable génie; ce feu sacré montre, comme tout produit de la nature, de l'affinité pour ce qui est de sa propre substance; ce sont des éléments à part que le froid égoïsme ne rapporte qu'à soi, au lieu de les étendre aux bases d'une grande et large unité.

Il est une sorte de haine qui doit sa naissance à l'envie ; elle imprime sur les traits de celui qu'elle ronge un caractère antipathique, indice de ce vice ignoble : habile dans sa marche, basse et hypocrite dans ses moyens, elle sait prendre les allures les plus convenables pour arriver à ses fins perfides.

Étudiez ces gens au cœur faux ; ils flattent pour s'insinuer et flétrir de leurs sales morsures ce qui leur fait obstacle ; reconnaissez-les à ces formes patelines, à ce langage doucereux arrachant une confidence pour en abuser, à cet œil caché sous un orbite creux, de peur de se compromettre en laissant deviner un regard dévorant ; enfin, à ces louanges mensongères qui enorgueillissent, et qui perdent en fermant tout chemin à la vérité.

Détaillez les traits d'un être de cette espèce, ils sont empreints de ce fiel sécrété par son âme ; son œil est terne ; son visage est maigre et jauni ; son front est sillonné de rides tortueuses ; son sourcil épais semble écrasé sous le poids du souvenir des succès de ses émules ; sa narine étroite n'a jamais donné passage à un souffle généreux. Examinez sa lèvre violacée par la meurtrissure de sa dent venimeuse, sa peau desséchée et parcourue de lignes anguleuses semblables à celles du papier froissé sous la main, et ses ongles à demi rongés. Remar-

offre à vos regards

La haine invétérée dans le cœur de l'homme se repaît continuellement de l'espoir de pouvoir un jour s'assouvir : ce désir s'accroît avec le temps et les difficultés ; il devient de plus en plus exclusif ; l'être en proie à cette passion terrible n'a plus de relâche qu'il n'ait accompli ses projets de vengeance ; toutes les routes lui paraissent bonnes pour y arriver ; car la vengeance lui promet un plaisir barbare : il en a soif et il est impatient de le goûter.

J'ai eu l'occasion, heureusement très rare, de voir à quel point d'exaspération aveugle peut aller l'homme emporté par la haine ; voici en quelles circonstances. J'étais allé me promener sur les boulevards extérieurs, près de l'un de ces endroits renommés où la partie la moins éclairée du peuple va, le dimanche, dépenser l'argent gagné pendant la semaine.

Je regardais attentivement la figure épanouie d'un buveur entouré de joyeux amis ; il oubliait, dans le vin, tous les soucis d'une position peu fortunée. Tout à coup j'aperçois ses traits se décomposer et pâlir ; ses yeux étaient fixés sur un homme inoffensif s'avançant de ce côté sans avoir l'air de se douter aucunement qu'il pût être la cause de cette attention extraordinaire : lorsqu'il fut près de l'homme assis, ce dernier s'écria aussitôt : C'est lui ! et brisant convulsivement le verre serré par sa main, il s'élance à la rencontre de cet individu, lui rappelant en peu de mots une vieille rancune à vider ; il en désirait depuis longtemps l'occasion ; elle se présentait ; il allait l'exterminer pour se venger selon son cœur ; et sans plus tarder il se mit en devoir de donner suite à sa provocation. Des scènes semblables se renouvellent fréquemment. Comme elles sont la plupart du temps sans résultat bien dangereux, les spectateurs se rangent gravement en cercle ; ils se font une loi de ne point gêner les combattants ; et si quelqu'un voulait séparer les lutteurs, il en serait empêché par la galerie, juge absolu de l'opportunité d'une intervention officieuse. J'eus donc, malgré l'impression pénible que j'en ressentais, la possibilité de suivre tous les détails de cette dispute acharnée. Enfin l'homme qu'animait au plus haut degré l'ardeur de la vengeance fit tomber à ses pieds le malheureux objet de ses emportements effrénés.

bilisé par l'enivrement du succès ; les surciliers étaient fixés à leur conjonction par la colère qui siégeait encore vers cette partie ; ils se trouvaient élevés à leur portion moyenne de manière à rider le front, et tiraient après eux l'orbiculaire : les narines étaient fortement déprimées supérieurement ; inférieurement elles se trouvaient largement dilatées par l'action des muscles des joues, contractant, par tiraillement nerveux, la bouche écumante et déformée par un rire atroce ; les dents, à découvert par cette disposition, semblaient s'aiguiser par le frottement ; elles se dessinaient entre la lèvre d'en haut qui se pressait sur elles, et la lèvre inférieure qui s'en détachait palpitante de fureur ; tout le corps, penché sur l'homme terrassé, était dans une agitation fébrile ; il y avait, dans toute la personne victorieuse, une expression bien vive de ce qui se passait au dedans de cette âme aveuglée par la passion ; c'était un combat entre le désir d'assurer sa vengeance et la crainte de ne pas la savourer assez longtemps ; les doigts, crispés par la tension forcée des fléchisseurs, reproduisaient complétement, par leur mouvement suspensif, cette alternative de sentiments divers. Enfin, les assistants, satisfaits de la conduite courageuse des deux champions, se précipitèrent sur le vainqueur pour le retenir; sa rage alors n'eut plus de bornes; il mordait, ne pouvant faire plus, ceux qui le privaient ainsi d'un plaisir inhumain rêvé depuis longtemps.

Je fis en sorte de revoir ce forcené quand il fut plus calme; rendu à lui-même, il témoignait hautement combien il était heureux d'avoir été arraché à sa proie; on lui avait évité un crime dont sa famille, qu'il aimait beaucoup, aurait été la première victime; il disait avoir eu l'envie de déchirer en lambeaux le cadavre de son ennemi; ajoutant que s'il en avait retardé un instant l'exécution, c'était uniquement pour jouir de la terreur de son adversaire abattu; et bien qu'il blâmât sa propre conduite, ses yeux étincelaient encore d'un certain contentement en se rappelant l'état humiliant de son adversaire, et son triomphe personnel.

Quand le but de la haine que j'appellerai simple, est d'avertir l'âme de la présence d'un modificateur nuisible, elle est seulement aversive alors; mais lorsqu'elle provient d'un motif grave, ou jugé tel, comme dans l'histoire précédente, il ne lui suffit

nos yeux, la *haine en action* ; elle est à la haine ce que le plaisir est à l'amour, la conséquence du mouvement primitif satisfait; aussi le plaisir et la vengeance font cesser ordinairement les deux passions résumées en eux.

La haine a, de tout temps, joué un rôle immense dans l'histoire de l'humanité; la preuve en est dans ces formules de malédictions où le langage de chaque peuple a consigné les imprécations les plus terribles et les plus redoutables pour la victime vouée à la haine et à l'exécration publique; et, chose remarquable, les hommes prétendus religieux par excellence ont exhalé leur haine de la manière la plus véhémente contre ceux qui n'avaient d'autres torts que de ne point penser comme eux.

En quelques endroits de l'Italie, la haine a vulgarisé le poignard; là, elle est diligente et active comme toutes les passions de ce pays brûlant. Les Italiens ont un signe conventionnel pour faire connaître leur haine contre un individu et le vœu qu'ils font d'en tirer satisfaction ; ce signe leur est propre : il consiste à mettre l'index entre les dents qui font mine de le presser. Malheur à l'objet de cette démonstration funeste ! s'il ne se tient pas sur ses gardes, il devient inévitablement la victime de son imprudente sécurité.

La Corse est le pays où la haine exerce l'empire le plus absolu ; dans cette contrée, où le fanatisme est poussé à l'extrême, la haine reçoit un culte tout particulier : il la rend héréditaire dans chaque famille dont l'un des membres a succombé sous les coups d'un ennemi : ce sentiment, transmis de générations en générations, est tellement en honneur chez eux, qu'ils en font la principale affaire de leur existence ; dans certaines maisons l'on conserve l'un des vêtements de celui dont la mort prématurée demande vengeance, et c'est par les serments les plus solennels que les pères font promettre à leurs fils d'obtenir une réparation éclatante dès que l'occasion viendra s'en présenter.

La haine offre plusieurs modifications ; elles sont des degrés plus ou moins élevés de cette passion, et rentrent, aux mêmes conditions, dans les symptômes fondamentaux que nous avons successivement décrits. Pour ne laisser aucun doute à cet égard, nous nous contenterons de mentionner deux exemples puisés, l'un dans la vie physique, et l'autre dans l'exercice des facultés morales.

ressé. L'œil se voile de sa paupière à l'aspect d'un objet repoussant par l'idée pénible que sa vue fait naître. L'oreille du musicien évite avec soin des sons discordants pour lesquels elle ressent un éloignement invincible. Une odeur fétide fait détourner l'organe de l'odorat et clore les narines qui en sont les portes; elles se dépriment par leur contraction seule, ou bien à l'aide des doigts ou du refoulement des lèvres qui se portent en haut et les bouchent en se serrant au-dessous. L'estomac se soulève à la pensée seule d'un mets qui lui répugne. Il en est ainsi de toutes les causes de dégoût sur les diverses parties de l'organisme; partout on retrouve le caractère d'isolement cherché dans la haine dont elles dérivent. Ces symptômes constitutifs sont aussi bien écrits dans le mouvement moral et dans les moyens indiqués par la nature pour se soustraire à l'impression produite.

L'ENNUI est une sorte de dégoût moral, provenant de l'inappétence de l'esprit pour une occupation fatigante et sans aucun intérêt; il fait sentir son action directe sur le cerveau, siége de l'intelligence : si la sensation est assez stimulante pour amener une réaction, l'on y échappe bien vite en se retirant : les baillements, les spasmes nerveux invitant à combattre la rétraction des membres par l'extension, sont les signes graphiques des efforts résultant de la lutte interne entre l'effet et la cause.

Mais si la sensation pèse de tout son poids sur l'organe cérébral sans le stimuler assez pour le contraindre à réagir, elle devient seulement concentrique; l'excès même de la congestion procure un moyen de soustraire l'âme intelligente à la pesanteur insurmontable. Bientôt l'afflux du sang vers la région encéphalique détermine un engourdissement général; le sommeil vient fermer toute entrée aux idées dont l'esprit ne veut pas, comme l'estomac se resserre pour ne point recevoir des aliments répulsifs.

Nous ne pousserons pas plus loin ces démonstrations : ces divers aperçus peuvent suffire pour indiquer le caractère propre de la haine et son mode de manifestation.

DE L'AMOUR.

En développant, chez les êtres sensibles, des moyens puissants de conservation, la nature en a fait une loi d'autant plus impérieuse que son exécution était une condition plus expresse de son économie et de sa perpétuité. De toutes les passions, la plus absolue, parce qu'elle est la plus nécessaire à ces vues, est certainement l'amour; son but principal est la reproduction continue des diverses espèces que détruiraient, sans retour, les modificateurs nombreux agissant sur elles, sans ce renouvellement successif de la matière organisée. Aussi, la nature n'a-t-elle jamais autant intéressé le *moi* que dans la manifestation de cette passion mère, sur laquelle elle a répandu tout le luxe de ses prestiges, tout l'attrait du plaisir sous les formes les plus séduisantes et les plus variées.

L'amour, pris dans son acception générique, naît du désir de rechercher ce qui nous paraît agréable et propre à devenir un élément favorable de notre existence.

Son but est de posséder : il peut être physique ou moral; physique, s'il tend à satisfaire un besoin inhérent à notre constitution organique; moral, quand il répond à un besoin intellectuel.

Nous étudierons cette passion dans ces deux conditions; la première va nous occuper, dans sa signification la plus généralement adoptée.

A cet âge appelé le printemps de la vie, lorsque, n'étant plus dans l'adolescence, l'homme n'a pas pris encore la robe virile, une révolution remarquable a lieu dans son économie tout entière; une chaleur inconnue la parcourt; ses organes frémissent de désirs; tout tend à s'exhaler hors de lui : il est inquiet, il cherche, il a besoin, il aime. Il est

aller vers quelque chose de plus que ce dont elle a joui, et dont elle voudrait s'enivrer à loisir; les diverses phases de son existence antérieure se reproduisent à la mémoire, vides et incomplètes; c'est une attraction passionnée vers un bien supérieur et indéfinissable : on s'essaie à formuler cette pensée d'amour absorbant en elle toutes les facultés : on se crée un être fantastique ; on le compose des qualités que l'on préfère; on le revêt des couleurs les plus en harmonie avec l'imagination exaltée et dont le travail complaisant se résume dans l'idée de ce besoin nouveau : *être deux.*

Jusqu'alors, en effet, l'homme a vécu seulement de la vie individuelle; maintenant il sent la nécessité d'une vie relative; il éprouve le besoin de se rapprocher d'un être sympathique et de se compléter la somme d'éléments qui lui manque.

A son origine, cette sensation est vague et indéterminée, surtout chez les jeunes filles, dont la complexion molle et délicate est moins propre à retenir longtemps une même impression : elles sont, à cette époque, dans un état de gêne qui les sollicite à s'épancher ; ces symptômes d'excentration apparaissent dans le mouvement des fluides poussés à la périphérie, comme la sève dans la jeune plante annonçant des fleurs et n'ayant pas encore porté de fruits : de là cette promptitude avec laquelle un vif incarnat vient colorer leur front au sentiment léger d'une émotion subite et fugitive. C'est un involontaire aveu surpris à la timide innocence, et qu'à défaut de la parole embarrassée, la nature a dû rendre ostensible, afin de le faire comprendre à celui qui en est l'objet. C'est un signal rapide de faiblesse et d'amour.

Cette vierge candide dont le front ingénu s'anime au baiser nouveau de l'amour, mais dont le corps et les membres délicats se resserrent timidement, comme au premier frisson d'une fièvre à venir, cette Psyché pudique et rêveuse créée sous le pinceau de Gérard, retrace poétiquement et avec finesse cette incertitude de l'âme inhabile à exprimer une émotion extraordinaire, et s'arrêtant étonnée, prête à franchir l'espace incertain qui s'ouvre devant elle et l'attire.

Quand l'homme a rencontré cet autre *moi* désigné par la nature, il se l'approprie ; il en fait le dépositaire de ses affections ; il modèle ses goûts

Lorsqu'il connaît pour la première fois le besoin d'aimer, son âme, entièrement soumise à l'empire de cette passion, se trouve par conséquent dans un état intermédiaire entre l'excitation et la faiblesse : ses mouvements participent de ces deux nuances entre lesquelles il est flottant; d'un côté il voudrait obéir au penchant de son cœur ; de l'autre son peu d'énergie devant l'objet qui le subjugue, lui fait comprimer ses élans, et sa voix s'exhale en soupirs. Cette fluctuation se reproduit, à l'extérieur, par la gaucherie et la timidité des gestes, par un alanguissement général, par la fréquence et l'indécision des signes corporels.

Cet effet s'observe, d'une manière bien visible, chez les adolescents villageois; moins éloignés de l'état de nature, ils ne sont pas instruits de bonne heure, comme on le fait dans nos villes, à cacher leurs émotions. Ils sont embarrassés d'eux-mêmes, ils ne savent comment se poser ni que faire de leurs bras; ils abordent vingt positions sans en trouver une qui les mette à leur aise et seconde leurs intentions : leur principale ressource, pour s'exciter à parler, est d'attaquer par des coups légers, des tiraillements, des pincements, la femme aimée; ces gestes excentriques amènent nécessairement alors une excentration morale; elle leur permet d'émettre, tant bien que mal, leur pensée. Ce moyen est le plus en usage chez eux; il est très-ordinaire d'entendre donner, par une villageoise, comme preuve sans réplique d'un véritable abandon, que son prétendu ne la frappe plus comme autrefois; elle ajoute que telle personne désignée toujours avec un sentiment prononcé d'aversion, reçoit de lui maintenant de ces espèces de caresses, et d'une manière bien plus vive, qu'il ne lui en a jamais été appliqué par l'infidèle; du reste elle le méprise et ne veut plus le revoir.

Il y a effectivement une sorte d'hébétement particulier à la manifestation primitive de l'amour dans un cœur surpris et ingénu; il ne sait comment exprimer une sensation nouvelle; il est comprimé par la supériorité que son esprit accorde toujours à l'objet de ses soins empressés : ce caractère est en raison du développement des facultés de l'individu; il paraît moins chez les jeunes filles du village; elles ont plus de finesse et de tact que leurs amoureux, d'une conception moins vive; le contraire a lieu dans nos villes, où les jeunes gens sont façonnés de

sentiment de préférence marquée à ses innocentes espiègleries vis-à-vis de celui qui la recherche; la jeune personne du monde ne sera folâtre et à son aise qu'auprès d'un indifférent.

Le propre de l'amour est de nous porter à nous identifier avec l'objet désiré. Voyez un homme épris devant celle qui l'attire et l'enchaîne; ses yeux, constamment fixés sur ceux de sa compagne, dénotent la fixité des pensées qui l'occupent; ils semblent interroger ces miroirs vivants d'une âme à laquelle il voudrait réunir la sienne. Ce désir se montre surtout dans le mouvement de la tête; elle s'incline un peu, se porte en avant, prête, au moindre signe d'encouragement, à s'approcher du bien convoité. Dans cette situation, le cou est allongé; la face se colore; l'œil est pétillant et avide; la bouche est entr'ouverte, elle est altérée, elle a soif du souffle s'échappant du sein aimé. L'âme amoureuse est comme attirée par l'âme avec laquelle elle voudrait se confondre; elle est absorbée dans une seule idée, *n'être qu'une*, volonté si bien manifestée dans le geste que fait quelqu'un au souvenir d'un bien attendu, en serrant ses mains sur son cœur, comme s'il y faisait entrer avec force l'objet de son affection pour le recueillir et le contenir tout entier. En effet, on voudrait pouvoir réduire à son plus petit volume ce que l'on veut assimiler à soi, parce que, dans cette condition, le contact est plus facile et plus complet. On retrouve cette intention exprimée d'une manière naïve et gracieuse dans le mouvement onctueux et caressant de la petite fille entourant de ses bras et pressant contre sa joue et sa poitrine rapprochées, ce jouet aimé de l'enfance, cette poupée insensible sur qui elle semble faire un doux apprentissage des soins de la maternité qu'elle doit connaître un jour.

Dans l'absence, et nous restons encore dans l'hypothèse d'une passion non déclarée, l'homme, pour se livrer tout entier au sentiment qui le domine, ne se complaît que dans la solitude; la présence de ses meilleurs amis le fatigue et l'importune; il craint de laisser apercevoir ce qu'il ressent; il ne s'appartient plus; il s'applique à ne point laisser surprendre son secret; il est absorbé; le nom seul de sa maîtresse le fait tressaillir : ce nom mystérieux qu'il répète à tous les êtres inanimés, il ne l'a jamais prononcé devant personne. Suivez-le, il ne vous verra pas; sa marche lente ou précipitée vous dira

dirigent ses extrémités supérieures. Il s'arrête; sa main droite presse son sein gonflé, la gauche soutient sa tête pesante, ses yeux sont attachés à la terre, il rêve à sa situation présente; sa tête change de position, son front soucieux regarde le ciel, et ses yeux semblent y chercher quelque chose; ce pauvre jeune homme songe certainement à l'avenir : maintenant, sa tête retombe, ses bras s'échappent et ses mains se joignent; il se décourage, il pense à ce qu'il deviendra; interrogez-le si vous n'appréhendez pas de lui faire mal, il va confirmer cette explication.

Souvent l'amour agit sur nous, comme la fièvre sur un malade; tantôt, cette passion porte au plus haut degré d'exaltation nos facultés physiques et morales, et nous rend capables d'exécuter les plus grandes actions; tantôt, elle nous fait tomber à l'état le plus complet de faiblesse et d'inertie; dans le premier cas, les gestes sont vifs, pressés, extravagants; dans le second, ils sont langoureux : c'est un combat continuel entre l'espoir et la crainte, entre la hardiesse et la pusillanimité.

Mais si l'amour se partage, si l'amant aimé a la conscience de son bonheur, le spectacle change; la confiance renaît dans son âme; elle le fait sortir peu à peu de l'état de concentration où l'avait plongé l'excès de sa passion : une timidité excessive fait place à des mouvements plus expansifs; il devient plus entreprenant; il y a moins d'assiduité dans ses manières et plus d'aisance, moins de respect et plus de réciprocité. Ses gestes, en ce moment, reproduisent au dehors ce qu'il ressent intérieurement; ils respirent le bonheur, le contentement de l'amour; son œil est humide, son visage rayonne; sa poitrine s'épanouit de plaisir; et quand ce bien après lequel il soupirait lui est livré, comme s'il pouvait en douter encore, il a besoin de s'assurer par tous ses sens qu'il en est enfin l'heureux possesseur.

Mais nous ne rencontrons pas toujours une âme qui réponde à la nôtre : souvent l'être de notre choix est lui-même engagé dans des liens aussi solides que ceux qui nous attachent à son existence : alors l'amour se transforme en un feu qui détruit et consume au lieu de vivifier et de produire; il devient la passion la plus violente, la plus terrible dont l'homme puisse être agité. Sans espoir de retour, privé de ces doux échanges du cœur et concentrant

L'homme en proie à ce sentiment tyrannique n'a plus un instant de repos; il se replie constamment sur lui-même sans pouvoir jamais éloigner l'idée fixe qui le poursuit; en vain, pour s'en détacher, il cherche des défauts à la femme qu'il aime, cette image se reproduit sans cesse à son imagination ardente sous des traits toujours plus séduisants : le soin mis à la chasser de sa pensée ne fait au contraire que l'y graver davantage; les plaisirs du monde ne le touchent plus; la lumière lui fait mal, et la joie de ses amis l'offense et l'irrite. Dans cette situation d'esprit, son œil est hagard et rouge; sa face est décolorée : ses lèvres sont livides; et si parfois un léger sourire vient les effleurer, c'est l'expression d'un rire sardonique arraché par l'injustice du sort et la comparaison de son infortune avec le bonheur d'autrui; sa poitrine est grosse de soupirs; ses muscles ont la roideur de son silence obstiné; son poing se ferme convulsivement; ses bras sont serrés contre le corps; le bouleversement de ses facultés intellectuelles se retrouve jusque dans le désordre de ses vêtements.

S'il marche, son agitation redouble; le soupçon affreux qu'un autre peut être la cause du refus qu'il essuie vient de réveiller en lui les mouvements les plus impétueux; il veut se venger de l'amant préféré; l'ingrate elle-même, qui sans doute se rit des tourments qui le déchirent, ne jouira pas longtemps de son triomphe; elle périra; et lorsqu'elle aura le pied dans la tombe elle saura qui l'a frappée. Peu à peu il s'attendrit et sur elle et sur lui, puis il retombe dans cet état de torpeur qui caractérise cette période de l'amour. C'est ainsi que la lassitude succédant à cette crise terrible, amène un repos aussi fatigant que la lutte devenue insoutenable.

Ses gestes furieux se sont apaisés; il est abattu, mais ses membres conservent encore des signes de l'agitation extraordinaire qui les a secoués; une pâleur livide a remplacé la couleur de sang qui enflammait son visage; son œil seul est rouge; il est effaré; il regarde avec inquiétude autour de lui pour s'assurer s'il n'a eu aucun témoin de ses frénétiques accès; ses lèvres sont encore palpitantes des imprécations qu'elles ont lancées; elles sont décolorées et arides, car le feu qui le consume a tari la source du fluide qui les lubréfiait; ses cheveux sont épars, et ses mains se contractent comme s'il cherchait un appui.

sa honte, il lui demande pardon ; il l'accable de caresses suppliantes ; il sanglote, il gémit, et trouve du soulagement à ses maux cuisants en les partageant avec un autre : cette idée de partage se retrace graphiquement par l'attitude de l'ami soutenant l'amant accablé et supportant réellement, de cette façon corporelle, une partie du poids des chagrins sous lesquels l'infortuné succombe.

Racine a largement conçu ce caractère dans sa *Phèdre* ; rien de mieux conduit et de plus vrai que sa sublime peinture.

De nos jours, l'un des chefs de notre école, Guérin, a reproduit sur la toile ce que le génie du poète a exprimé si noblement, et sa composition n'est ni moins belle ni moins poétique : cependant le peintre a osé ce que le poète a cru ne point devoir admettre ; dans le tableau dont nous parlons, Phèdre accuse Hippolyte devant Hippolyte : cette situation, nécessaire à l'entente du sujet, est habilement motivée par les instances d'OEnone soufflant son venin à l'oreille de la reine. La vieille confidente fait tous ses efforts pour empêcher son élève de céder aux remords ; elle ne la laisse pas écouter la défense du héros innocent repoussant avec indignation le crime odieux dont il est lâchement accusé par l'épouse de son père.

L'amour, comme toutes les passions violentes, a pour point de départ la concentration ou la douleur, ce qui pour nous a la même signification : cela se voit particulièrement dans la progression avec laquelle cette passion se déploie à la vue d'une injustice ou d'un malheur survenus à un être faible. La Fontaine a dit : Une belle, dès lors qu'elle est en larmes, en est plus belle de moitié. Le *bonhomme* avait grandement raison, car nous souffrons alors, et cet état est le plus propice au progrès de l'amour : aussi les armes les plus puissantes contre nous sont les pleurs coulant des yeux d'une femme intéressante. Disposition admirable de la nature, qui fournit à l'excès même de la faiblesse des moyens énergiques de réaction contre la force toujours prête à opprimer.

L'amour est plus vif, plus soutenu chez les femmes; cette passion compose la plus grande partie de leur existence; cette faculté tient à leur organisation plus impressionnable et plus nerveuse que la nôtre. L'amour répand sur toute leur personne un certain air d'embarras et de timidité; il résulte de a lutte continuelle qu'elles ont à soutenir pour

joindre un autre *moi* : en effet tout est mis en communauté dans l'amour; il n'est point de passion aussi prédisposante à la libéralité : rien de si empressé que les soins prodigués, lorsque l'on est mutuellement épris.

Ces caractères généraux tiennent évidemment de l'état de l'âme ou du *moi*, lorsque la sensation est perçue : chez les femmes du Nord, les Anglaises par exemple, dont le tempérament lymphatique indique une âme plutôt faible que sur-excitée, l'amour s'empreint de cette teinte de mélancolie qui les distingue; les Italiennes et les Espagnoles, constamment exaltées par un climat plus pur et plus chaud, ont aussi plus de vivacité dans leurs passions; le geste de la fille de l'Angleterre est plus lent et plus concentrique que celui des secondes, dont la pétulance répond à la trempe de leur âme ardente. Chez les Asiatiques, la température du climat donne à l'âme une mollesse qui assouplit et énerve tous les mouvements; plus expansives que les femmes citées plus haut, elles se livrent plus facilement au charme qui les attire.

Ainsi, dans son tableau, Guérin nous a montré Didon abandonnant ses membres paresseux aux coussins moelleux qui la soutiennent, et se laissant aller au plaisir d'écouter Enée racontant ses malheurs : la tête de Didon est légèrement inclinée ; ses yeux, languissamment tournés vers l'homme qui doit influer sur sa vie entière, suffiraient pour nous faire comprendre ses pensées intimes, si le peintre ingénieux n'avait encore trouvé le moyen de rendre l'idée plus frappante et plus complète : il a placé près de la reine le dieu des amours, sous les traits d'Ascagne ; il enlève doucement l'anneau nuptial donné par Sichée à son épouse, et fait disparaître, avec le gage, le souvenir de la foi promise à l'époux.

Je cite cette œuvre avec complaisance ; elle nous fournit en outre une preuve corroborative de notre principe fondamental : il n'est point de mouvement de l'âme que le peintre ne puisse traduire par un mouvement corporel analogue ; les lecteurs de Virgile jugeront impossible de mieux rendre la pensée du poëte latin, disant que l'amour se glisse furtivement dans le cœur de Didon, éloignant peu à peu le souvenir de Sichée.

Bien que cette passion appartienne au jeune âge, il est d'autres époques de la vie où l'homme peut la ressentir. Anacréon, le front ombragé de cheveux

autrefois. Le chantre de Théos se faisait un appui de Bacchus auprès de l'amour qui le lutinait sans cesse : et c'était entre Cérès et le dieu du vin que Vénus l'admettait près d'elle.

Les liqueurs spiritueuses, chassant les fluides à la périphérie, prédisposent aux passions excentriques et surtout à l'amour ayant éminemment ce caractère.

Dans les fêtes consacrées au dieu des vendanges, et dont les Athéniens furent les premiers instituteurs, les libations souvent répétées des bacchantes célébrant les orgies, c'est-à-dire les mystères de cette divinité, agitaient au plus haut point ces prêtresses; elles couraient furieuses çà et là dans les montagnes, faisant retentir l'air de hurlements et de cris; elles secouaient avec frénésie le thyrse placé dans leurs mains; elles abandonnaient au vent leurs vêtements composés en partie de peaux de tigres et de panthères.

Il est une chose bien digne de remarque, dans les bas-reliefs antiques représentant ces scènes tumultueuses : les sculpteurs, pour exprimer le caractère d'excentration morale de ces figures, leur ont donné des gestes tellement excentriques que les poses en sont presque forcées. Des cheveux épars retenus à peine par la couronne de lierre dont elles ceignaient leur front; l'œil étincelant de désirs; les narines agitées par une respiration rapide; la poitrine haletante; le sein palpitant; une bouche vermeille, dont les coins tirés en dehors et en haut laissaient apercevoir les dents blanches qui l'ornaient et semblaient provoquer le baiser; la figure rayonnante d'ivresse et d'amour, et comme colorée par le jus du nectar coulant de leurs mains avides dans une coupe; des draperies en désordre et découvrant leur corps à demi : telle est l'image que les peintres et les poëtes nous ont transmise des bacchantes livrées à tous les emportements de la fureur.

L'artiste doit étudier avec soin ces nuances de l'amour; elles doivent être lisiblement écrites dans ses ouvrages; il faut établir une grande différence entre l'épouse de Putiphar et l'amante d'Énée.

Cependant il faut, de préférence, dans un art s'adressant exclusivement aux yeux, se rapprocher de cette réserve si naturelle aux femmes alors même qu'elles se livrent avec entraînement à tout le délire de la passion. Car ce n'est pas l'éducation, qui vien des hommes, c'est la nature qui a placé dans le

résistance à ses lois, l'obligation de céder à la fatigue, jetant dans l'économie entière une mollesse langoureuse favorable à l'attaque en préparant la défaite.

Bientôt, en effet, le trouble se met dans tous les sens enivrés d'amour ; le regard s'alanguit sous la vitre humide interposée entre le monde extérieur et lui ; les mouvements s'assouplissent ; l'œil se voile de sa paupière affaissée ; le corps s'abandonne ; et l'âme transportée témoigne à peine qu'elle réside encore dans le souffle brûlant qui s'exhale, dans la voix qui s'éteint et murmure.

Les Grecs, si vrais dans leurs allégories, reconnaissaient deux natures dans l'amour : l'une composée de l'union de l'âme et du corps, symbole consacré dans plusieurs de leurs chefs-d'œuvre, sous les traits de Psyché et de l'Amour déifiés, nature où l'âme avait néanmoins plus de part que les sens ; l'autre, toute terrestre, toute sensuelle, figurée dans la personne du dieu des jardins, et dont les Faunes et les Satyres étaient les divinités secondaires. La grâce, la finesse, caractérisaient le premier type, le second s'adjoignait la force et la rudesse. L'amant de Psyché habitait l'Olympe et régnait sur les dieux et les mortels; son frère avait les bois pour demeure et ne s'élevait jamais aux voûtes éthérées.

Ces marques distinctives ont été tracées d'une manière admirable dans les statues épargnées par le temps. Les formes de l'Amour sont toutes divines, celles des Faunes et des Satyres appartiennent aux humains vivant dans la campagne.

A l'exemple des poëtes leurs devanciers, les sculpteurs et les peintres donnèrent pour attributs à l'Amour un arc et des flèches; ils voulaient faire comprendre par là, sans doute, comment ce Dieu s'annonçait dans le cœur des hommes et des animaux, sur lesquels il étendait son souverain empire : cette figure symbolique était évidente ; c'était par une blessure, par une sur-excitation en un mot, que l'amour se frayait un passage; et plus la blessure était vive, c'est-à-dire plus la sur-excitation était forte, plus la passion était violente : cette observation corrobore pleinement ce que nous avons dit des passions de cette espèce, dont l'origine est toujours la concentration ou la douleur. Peut-être aussi l'amour a-t-il en main des armes pour montrer qu'il n'est jamais plus fort que lorsqu'il rencontre

Un des caractères généraux les plus remarquables dans la manifestation de cette passion, c'est l'*obliquité* : on dit communément avoir de l'inclination, du penchant pour quelqu'un ; cette expression figurée est tirée vraisemblablement de la constatation de ces faits.

Des gestes obliques témoignent le désir de s'insinuer, comme on l'observe très-bien dans l'hypocrisie, ayant cela de commun avec l'amour, qu'ils veulent également persuader tous deux ; et la persuasion est, selon Ovide, dont on ne récusera pas la compétence, le plus grand point pour réussir auprès des belles ; aussi met-il l'éloquence au premier rang des qualités que doit posséder un amant.

Examinez attentivement ce qui a lieu chez un homme voulant gagner les bonnes grâces d'une femme qu'il aime et dont il veut être aimé. Pour éloigner toute idée de la force dont il est doué, et pour montrer combien il met l'objet de ses affections au-dessus de lui, il s'ingénie à donner à toute sa personne une attitude de soumission et de respect : il évite avec soin de montrer de la brusquerie dans ses manières; il s'applique à leur communiquer de la souplesse; il les brise pour ainsi dire au moyen de cette obliquité : le serpent se glisse ainsi près des fleurs.

On peut traduire, d'après ses mouvements, les sons qu'il bégaye pour obtenir la faveur sollicitée avec instance : s'il devient plus pressant dans ses demandes, son geste devient plus vif; s'il craint d'avoir commis une offense, cette crainte se reproduit dans la cessation de ses mouvements. Ses mains intercèdent aussi vivement que ses paroles, si un regard l'enhardit; sa tête est toujours placée au-dessous de celle dont il suit les plus légères oscillations. Dans d'autres moments, sa voix expire sur ses lèvres; il est immobile et comme en suspens; ses yeux seuls expriment son violent amour; souvent il embrasse les genoux de son amie; il se fait petit, et demande à la pitié ce qu'il se croit refusé par l'amour; en un mot il prend toutes les formes oratoires et toutes les situations qu'il croit propres à le faire écouter favorablement.

Vous avez sans doute aperçu, dans l'intérieur d'un ménage, une jeune et jolie petite main caressant un chat et cherchant à captiver l'attention de cet animal constamment en garde contre des attaques imprévues; si vous avez suivi le mouvement cadencé

caractère d'obliquité de ses gestes.

Il en est de même de la démarche du tourtereau roucoulant auprès de sa compagne : l'oiseau de Vénus ne s'avance pas directement ; il approche par circonvolution ; il décrit des demi-cercles dont le centre est la femelle, et dont le rayon diminue graduellement en raison de la vivacité de ses désirs.

Un signe harmonique se rencontre constamment dans un groupe d'êtres épris tous deux d'un même amour ; c'est l'accord de tous leurs mouvements, offrant un ensemble sympathique parfait. On distingue sans peine deux personnes dans cet état heureux d'épanchements mutuels ; s'ils marchent ou s'ils sont assis, leurs bras semblent communs ; leurs gestes se lient entre eux, et dérivent les uns des autres ; il y a pondération relative et non individuelle ; leurs cœurs s'entendent, leurs gestes se répondent.

Ce qui prouve toute l'importance attachée aux conséquences de cette passion par la nature, c'est le soin qu'elle a pris pour la faire goûter et la fixer dans le cœur de la créature dont elle a doublé l'existence, afin d'en pouvoir reporter l'excès sur un autre être; la forçant ainsi, par besoin, à concourir à des vues déguisées en outre, sous l'attrait puissant du plaisir : aussi voit-on, dans cet état surabondant d'expansibilité, le derme acquérir une sensibilité extrême ; les papilles sont érigées, absorbantes et cherchant la vie au dehors; les organes ont une finesse et une intelligence extraordinaires; l'œil distingue entre mille l'objet aimé; l'oreille est vivement frappée du moindre son d'une voix chérie; le bruit lointain du pas et le frôlement des vêtements ont une harmonie qui en fait pressentir et reconnaître la cause : la main a un langage aussi suivi qu'expressif, suppléant à la voix inhabile, et d'autant plus usité qu'il est moins timide et plus éloquent, alors que l'âme sent et ne pense plus. Le toucher produit un frémissement électrique; il se prolonge et se répercute dans toute l'économie : partout on ressent l'impression du souffle le plus léger; les régions mêmes les moins sensibles en sont affectées; des doigts qui passent et se jouent dans les cheveux font éprouver une sensation inexprimable, une sorte d'horripilation délicieuse et jusqu'alors inconnue.

Les facultés morales participent de cette exaltation physique; l'imagination activée rapproche les

recueillir cette impression négative qu'elle y a laissée : c'est une fraction indélébile d'elle-même, palpitante encore et animée de sa vie : cet effet si profondément senti se grave intimement dans la mémoire, et, longtemps après, la puissance seule du souvenir vient raviver cette sensation interrompue, et la reproduire fraîche comme au premier jour, pure et sans mélange des émotions ultérieures. Pour celui qui retourne aux lieux où, pour la première fois, son âme vierge s'est épanouie à ces molles rêveries de la passion naissante, tout est présent encore : là il s'est assis pensif et solitaire; là il a fait entendre à une femme un langage nouveau pour lui-même et qui fut compris : l'arbre sur lequel il a jadis inscrit un nom qu'il n'osait dire, en a, pour des regards étrangers, caché les caractères sous ses écailles ligneuses; son œil avide les relit sans peine; son âme rajeunie voit tout jeune et brillant comme au temps heureux où elle est reportée; tout ce qui s'est passé depuis disparaît comme un songe; il oublie que des rides ont aussi voilé d'autres traits bien doux naguère et maintenant flétris.

L'amour de deux époux l'un pour l'autre est moins vif et moins senti, par cela même qu'ils ont la certitude de s'appartenir ; le but de l'amour étant de posséder, il doit nécessairement s'afffaiblir par une possession assurée ; en effet, l'amour est plus violent quand il ne peut plus espérer que lorsqu'il n'appréhende plus.

Il est une autre cause encore ; cette union donne le jour à une famille réclamant aussi de l'amour, et l'amour partagé n'est plus, à proprement parler, lui-même, s'il cesse d'être absolu.

L'attachement des mères pour leurs enfants est un sentiment aussi fort et moins passager. Il ne suffisait point de produire, il fallait conserver, et de frêles créatures avaient besoin de vivre de la vie de leur mère avant d'être à même de satisfaire seules aux exigences de leur condition ; la nature y a largement pourvu : le cœur maternel est son chef-d'œuvre ; rien de plus tendre, de si empressé que les soins prodigués par la femme à l'être formé dans son sein, tant qu'il ne peut se passer d'elle.

Une prévoyance admirable a voulu que la sécrétion du lait chez la mère vînt exciter encore sa sensibilité, afin de lui faire aimer davantage le fruit de ses amours.

Quelle tendre sollicitude l'agite à l'heure où tout

ments, elle les prévient, les dirige ou les protége; elle fait abnégation d'elle-même, pour ne s'occuper que de lui : elle épie son réveil pour lui présenter un sein gonflé de lait, et tout entière au soins de la maternité, cette nourrice heureuse ne songe pas même à voiler les charmes que sa pudeur cachait naguère au jour.

Sa famille vient-elle à s'augmenter, son amour croît en proportion du nombre; tous ses enfants sont à ses yeux un être collectif dont elle chérit également tous les membres; et pour tant de soins, tant de veilles, quelle est sa récompense? Un sourire, une carresse naïve.

Greuse a retracé avec une grâce enchanteresse ces tableaux si touchants de l'amour maternel. Raphaël, sur un ton plus élevé, mais non moins vrai ni moins gracieux, a souvent répété, sous des formes variées et toujours pures, ces doux rapports de soins et d'affections, sous les traits de la Vierge et de son divin fils; compositions charmantes, où brille la sublimité de son suave et beau génie.

Les femelles des animaux témoignent dans les

mêmes conditions le même instinct, la même vigilance pour leurs petits : la poule en est un exemple bien connu.

Il existe cependant une différence bien notable chez elles; l'attachement qu'elles ont pour leur progéniture ne dure que l'intervalle qui les sépare du temps marqué pour voler à de nouvelles amours; cette durée est toujours aussi celle du développement complet de l'individu. La nature va droit à ses fins, elle a tout disposé pour que son vœu le plus impérieux fût accompli. L'amour est exclusif, et la distraction apportée par les devoirs maternels aurait été nuisible à ces vues prédominantes.

L'amour, dans son interprétation morale, suit, comme manifestation extérieure, le mode qu'il revêt physiquement, nous en indiquerons donc sommairement les généralités; les détails qui en sont les conséquences en découleront naturellement.

La *passion de l'étude* est concentrique en venant stimuler vivement les facultés intellectuelles : exclusive ainsi que l'amour physique, elle absorbe tout en elle et assujétit ses adeptes à ses exigences, en leur promettant des plaisirs proportionnés. Celui qui s'adonne avec ardeur à une étude nouvelle aime, ainsi que l'amant à son début, la retraite et

analogie, plus l'étude est facile, moins elle est cultivée; et moins elle se livre, plus le travail de l'ami de la science devient opiniâtre pour la posséder.

Enfin, l'amour de la science, parvenu à son plus haut point, prend un caractère consécutif de réaction. Il faut que cette passion se répande et se transmette pour se reproduire; autant dans les premiers moments on vivait retiré, autant alors on cherche un échange de relations pour se conformer au besoin nouveau de communiquer ce qui surabonde dans l'intelligence.

A mesure que l'esprit humain a poussé plus loin son essor, des passions nouvelles se sont fait jour pour répondre au besoin de conserver et de propager les conquêtes successives des sciences, des lettres et des arts. Le corps social a dû trouver en lui des agents spéciaux, ayant mission de concourir à l'accomplissement de cette loi suprême de perpétuation. Des hommes ont consacré leur vie à la recherche de tous les objets intéressant l'intelligence à différents points de vue. Ces dévots du culte intellectuel éprouvent toutes les sensations de l'amour dans la poursuite de ces biens dont ils sont si jaloux, amour insatiable, que n'arrêtent ni les difficultés, ni les privations matérielles.

Voyez-vous ce bibliophile marchant radieux et léger sous le poids de ces vieux livres qu'il vient d'arracher à l'oubli? Il va déposer son trésor dans un local tellement encombré déjà, qu'à peine pourrait-on trouver assez d'espace pour y poser le pied. Il ne lira jamais ces monceaux d'écrits; mais il en augmente incessamment le nombre, il en jouit avec délices. Il en connaît la valeur : il l'a constatée par un signe certain, même par une faute typographique.

L'amateur de tableaux, le numismate, en un mot tous les collectionneurs offrent les mêmes symptômes, fièvre de posséder, abnégation corporelle, estimation excessive des objets acquis. Ces explorateurs jouent dans l'économie sociale le rôle des vaisseaux absorbants dans le système organique individuel. Le produit de leur activité va sans cesse alimenter les grands réceptacles de l'intelligence, bibliothèques ou musées, pour entretenir le feu sacré du génie et le féconder encore sous l'incubation du temps.

L'amour de la gloire est un sentiment non moins impérieux à sa naissance : il commande en maître

ques.

Il n'y a pas quarante ans encore, un homme, grand comme la mission qu'il venait remplir dans le monde, sut, avec un *ruban*, attacher la gloire à son char, et en faire le prix le plus élevé des fatigues sans nombre, des privations les plus dures, et jusque du sang humain répandu pour servir ses gigantesques projets : cet homme, c'est Napoléon.

Il est un autre amour, un lien bien fort ; il nous attache aux lieux où nous avons reçu le jour, au sol qui a fourni de quoi satisfaire à nos besoins physiques et moraux : c'est l'amour de la patrie. Cet amour est fondé sur des lois de relations entre les hommes et les choses ; ces lois sont aux masses ce que l'amour filial est aux individus ; ces rapports sont analogues à ceux qui, dans une échelle inférieure, existent entre le végétal et le terrain où il est né : l'homme, il est vrai, jouit de la locomotion, faculté refusée aux plantes ; cependant il ne se trouve jamais dans une condition meilleure qu'aux lieux de sa naissance. Les biens recueillis sur la terre étrangère ne valent jamais à ses yeux les produits de sa patrie, biens appropriés à sa constitution organique et à ses facultés.

Aussi, de tous les châtiments inventés par la société, le plus cruel est l'exil. Je rappellerai seulement ici la réponse de ce sauvage, sollicité de quitter sa cabane pour une position plus brillante, et s'écriant, dans son énergique langage : Dirai-je aux ossements de mes pères : Levez-vous et suivez-nous dans la terre d'exil? Tout est résumé dans ce peu de paroles.

Ce sentiment résiste à tout; le temps ne peut l'altérer ni le détruire; il est commun à tous les hommes, quel que soit l'état plus ou moins avancé de la civilisation, quel que soit le climat qu'ils habitent; il est l'un des plus beaux et des plus féconds en grandes actions : il est écrit à chaque page de l'histoire des actes de l'espèce humaine, sans acception des époques ni des lieux, car il est inhérent à la nature et impérissable comme elle.

DE LA DOULEUR PHYSIQUE.

Dans son acception physique, la douleur est le résultat de l'action immédiate d'un modificateur nuisible sur l'économie animale; sous le point de vue moral, c'est une sensation pénible produite en nous par l'idée d'un mal passé, présent ou à venir.

Dans le premier cas, elle réagit sur les facultés intellectuelles; dans le second, le corps ne fait que reproduire la secousse morale.

L'étude des différences présentées dans leurs développements par ces deux natures de la douleur, exige une grande attention de la part de l'artiste pour les rendre par leurs signes caractéristiques; ces signes, toujours corporels à ses yeux, ont néanmoins une physionomie particulière dans leur mode d'expression graphique. Nous indiquerons successivement en quoi ces nuances consistent; nous traiterons d'abord le côté physique seulement.

La douleur, ainsi que toutes les passions premières, se rapporte à l'instinct de notre conservation; c'est un avertissement donné par la nature de nous isoler de ce qui peut nous nuire. La douleur est au mal ce que le plaisir est au bien, un moyen d'apprécier ce que nous devons fuir, comme l'autre ce que nous devons rechercher.

Ce but de la douleur ne laisse aucun doute; quand nous sommes frappés à l'improviste, notre premier soin est de nous retrancher en nous-mêmes pour ne pas rester à découvert; la sensation douloureuse nous fait porter aussitôt la main à la partie atteinte afin d'arrêter le mal, ou de nous opposer à ce que son action ne devienne plus fortement aiguë; aussi, nous nous frictionnons dans l'intention de l'étendre, si je puis me servir de cette expression, et de le rendre ainsi moins intense. Lorsqu'au moment

détacher le principe igné qui nous fait souffrir. La vivacité si franche avec laquelle on retire cette extrémité du feu tient encore, il faut le dire, à deux considérations ; l'une, que nous ne craignons pas que cet agent nuisible tire avantage de cette démonstration expressive ; et la seconde, que n'étant en présence de personne, notre amour-propre, qu'il ne faut pas confondre avec l'amour de nous-mêmes, n'est pas assez intéressé pour nous raidir contre cette sensation ; elle est involontaire, et nous n'osons pas l'avouer, à cause de l'idée de poltronnerie qui s'y rattache : l'on sait combien ce mouvement orgueilleux de l'âme peut imposer à nos sens mutinés. Je citerai ce jeune enfant spartiate, ayant caché sous sa tunique un petit renard qu'il avait volé ; il préféra supporter les morsures cruelles de ce carnivore, à la honte de passer pour maladroit en le laissant échapper aux yeux de ses concitoyens railleurs.

La douleur étant un mouvement concentrique de l'âme, refoule par conséquent les fluides vitaux vers le centre dès l'instant qu'elle se fait sentir ; mais comme toutes les passions susceptibles de sur-excitation, elles devient réactive en raison de l'énergie développée dans cet état primitif. Nous allons la suivre dans ces diverses conditions.

La douleur, à son début, resserre fortement et rapproche nos extrémités pour s'en servir contre le mal qui s'annonce par elle ; ce mouvement agit d'une manière dépressive sur le tronc; ce qui produit les sons tantôt sourds et tantôt aigus, les plaintes, les gémissements et les cris jetés alors; car les muscles de la poitrine et de l'abdomen venant à se contracter convulsivement, pressent autant de fois les poumons comme un soufflet dont ils font sortir l'air par élancement ; de là cet intervalle entre chaque exclamation : l'artiste peut en donner une idée, dans ses nus, au moyen de cette dépression successive que nous venons de décrire.

Cette *tension* générale des muscles est le signe distinctif de la douleur physique nous sollicitant à opposer de la résistance au mal qui nous touche et nous irrite; elle se retrouve constamment dans tous les traits de la face ; ce qui la distingue de ce degré d'abattement dans lequel au contraire il y a du *relâchement*, et qui, nous le démontrerons par la suite, appartient essentiellement à la douleur morale.

Cette contraction musculaire provient de la lutte

traits principaux de cet état violent de réaction.

J'assistais un jour à une opération chirurgicale des plus douloureuses; il s'agissait de l'amputation du bras d'un vieux soldat, couvert déjà de nobles cicatrices, mais dont le sang-froid affecté trahissait cependant l'agitation intérieure à l'idée de la crise affreuse qu'il allait avoir à soutenir et à laquelle son âme courageuse semblait se préparer. Ne voulant pas laisser perdre cette occasion d'étudier un homme aux prises avec la douleur, je pus maîtriser assez l'émotion que faisait naître en moi la vue du patient et du couteau dont l'opérateur était armé, pour être en état de suivre attentivement tous les détails de cette scène pénible.

Lorsque le malade se présenta dans la salle où il devait être opéré, son pas était ferme et sa démarche assurée; mais quand, après avoir promené ses regards inquiets sur le cercle des nombreux élèves dont il devint le centre, il voulut se placer sur le siége qui lui était destiné, ses genoux tremblèrent; une pâleur subite se répandit sur son visage altéré; un frémissement convulsif vint agiter ses lèvres sans couleur ; sa vue fut un instant troublée ; sa main pesante se dirigea vers son front incliné, et, le parcourant avec lenteur, en exprimait l'eau froide qui en suintait ; peut-être aussi cet infortuné songeait-il que c'était le dernier office qu'il dût en recevoir ; car déjà l'extrémité saine était maintenue par l'un des aides, dans la crainte qu'involontairement elle ne nuisît au succès de l'opération. Bientôt la voix du chirurgien fit sortir de cet état torpide le vétéran de la grande armée ; et comme s'il eût été contrarié d'avoir montré trop de faiblesse, il témoigna énergiquement son refus de consentir à ce que l'on couvrît ses yeux ; il voulut, et ce sont ses propres paroles, assister lui-même à l'amputation. Ici je pus voir combien la force morale peut affermir le corps et lui communiquer d'énergie. Dès qu'il vit l'instrument s'approcher, ses muscles se tendirent ; ses sourcils fortement réunis s'élevèrent, pesant de leur pointe abaissée sur l'œil ; cet organe était recouvert à demi par les fibres de l'orbiculaire entraîné vers la ligne médiane ; le regard s'était fixé sur le bras et le couteau ; la partie supérieure de l'aile du nez déprimée, et les lèvres hermétiquement closes, retenaient le souffle dans sa poitrine ; le col était enflé et la face gorgée du sang amassé dans les vaisseaux dont la saillie se montrait visiblement

yeux se fermèrent par la pression opérée sur le cartilage tarse des paupières, pression encore augmentée par l'abaissement total du surcilier et le refoulement contractile des muscles inférieurs de la face sur l'orbiculaire; ses lèvres s'écartèrent à la partie moyenne, les coins en étant tirés en arrière et en bas. Ses narines s'ouvrirent enfin ; l'air, quelque temps retenu, trouvant un passage, sortit en long gémissement et laissa retomber le tronc qui se trouvait comme suspendu; mais les dents découvertes ne se desserrèrent point, la contraction du masseter et du crotaphite subsistant toujours. Après cette concession arrachée par l'acuité de la douleur, il reprit une contenance plus aisée; son expression devint plus calme; une pâleur livide régnait sur sa face, et la souffrance corporelle était empreinte sur son front moite et livide. Il suivit jusqu'à la fin tous les détails de l'amputation sans jeter aucun cri, et pas une larme ne s'échappa de sa paupière humide; mais lorsque tout fut terminé, la sueur froide reparut avec abondance; il éprouva un sentiment passager de faiblesse; elle s'effaça peu à peu, et laissa reparaître un air noble et résigné.

La réponse de ce brave, quand je lui témoignai combien j'avais été frappé de son courage, est fort remarquable; la voici dans son énergique simplicité : « Cet hôpital, pour un soldat, est encore un champ de bataille. »

Toutes les fois que les anciens ont eu à représenter la douleur d'un héros ou d'un homme historique, ils l'ont toujours tempérée par cette action puissante du moral sur le physique; cela tient à l'idée qu'ils se formaient du caractère que devait déployer une âme grande et fière, faite pour s'élever au-dessus d'un sentiment jugé par la philosophie, pusillanime et indigne d'un cœur de stoïcien : ils l'ont ainsi conçue dans le groupe admirable de Laocoon et de ses fils cherchant à se débarrasser de ces serpents affreux qui les enlacent dans leurs tortueux replis. Ce n'est point seulement une âme altière, ferme et courageuse, luttant avec effort contre la douleur dont le corps est la proie, c'est un cœur paternel blessé dans le cœur même de ses fils où il revit. Sa face soulevée en flots musculaires par la tourmente des passions, est l'image sublime du combat terrible qui se passe en lui, et dont la fin doit être la mort avec ce qu'elle a de plus désespérant pour un père, l'impossibilité sentie d'y sous-

peint sur ses lèvres dont les coins écartées et tirés en bas donnent passage aux soupirs exhalés de ses flancs déprimés par la contraction musculaire du tronc : l'abattement du surcilier, dont la pointe pèse sur l'angle externe de l'œil, est le signe du désespoir accablant qui lui fait diriger ses derniers regards vers le ciel qui pourrait encore le sauver. Que de poésie dans ces cheveux qui se dressent d'horreur; dans ce gosier où la parole s'arrête et s'éteint; dans cette poitrine qui remonte refoulée par la pression des muscles de l'abdomen sur les entrailles émues ! Que de vérité dans la convulsion de cette jambe que la dent du serpent meurtrit, dans l'expression de ces jeunes infortunés ! Ils se débattent impuissants sous ces liens vivants serrés par la main d'un dieu. Leur voix déchirante invoque en vain le secours de celui qui leur donna la vie : il est avec eux, et ne peut que détourner la tête d'un spectacle qu'il sent, et dont il n'a pas la force de soutenir l'aspect.

Si maintenant nous mettons en parallèle cette figure du possédé de la **Transfiguration**, où Raphaël a reproduit avec tant de verve la douleur corporelle à son plus haut degré d'exaspératiou, mais sans réaction morale, sans courage, et s'abandonnant à elle-même, nous verrons la sensation purement physique dans son effrayante nudité. Cette tension musculaire produite par la résistance morale chez le prêtre d'Apollon n'existe point dans les membres du possédé; il y a torsion chez ce dernier : ses os sont, par l'effet désordonné de la douleur, en dehors de leurs cavités articulaires; le col est ballonné; les yeux sortent de leur orbite; les narines chassent l'air avec rapidité; la bouche n'a pas d'anxiété, mais de la rage, elle écume; ce malheureux est tout entier sous l'empire du démon qui le repousse de la présence du Christ.

Les personnes qui ont de fortes attaques de nerfs présentent dans leurs accès les mêmes symptômes de violences; la nature leur prête alors des forces prodigieuses pour lutter contre le mal qui les torture.

J'ai vu, dans les circonstances les plus favorables pour l'observation, une femme, belle de jeunesse et de vie, sujette à cette affreuse infirmité. Elle servait de modèle aux artistes. Elle était sur le point de quitter une pose fatigante; son système nerveux était sur-excité. Tout à coup elle tomba dans des

jamais rencontré, dans le cours de mes études, un caractère plus beau sous le rapport de l'art comme grandiose d'expression : son corps étendu, roidi, se soulevait par bonds, faisant, en retombant, résonner le sol qu'il frappait de sa pesante masse; ses bras se tordaient et s'agitaient avec frénésie; ses poings étaient serrés; sa tête se secouait avec fureur, étalant ses longs cheveux noirs comme un voile de deuil; sa bouche était écumante; ses yeux semblaient retenus avec effort par l'enveloppe palpébrale qui les recouvrait; la première phalange du pouce du pied était crispée, bien que la seconde fût relevée par la contraction de l'extenseur de cet orteil : son col était tuméfié par la turgescence du mal, et sa face mobile colorée de sang : ses paupières violacées étaient fortement pressées l'une contre l'autre; cela donnait à leur cartilage quelque chose de michélangesque; les surciliers offraient une agitation extraordinaire; les narines aspiraient et rejetaient l'air avec un bruit crépitant; ses lèvres palpitaient frémissantes, comme lorsque l'on veut parler sans pouvoir articuler aucun son distinct; elles offraient un contraste frappant avec la contractilité du muscle releveur du menton, dont l'action était alors très-sensible; les zigomatiques et les canins se tiraillaient convulsivement; le crotaphite, dans sa contraction, faisait mouvoir les tempes, et concourait avec le masseter à serrer les mâchoires; les dents claquaient avec crépitation; les vaisseaux des tempes et du col étaient gorgés de sang; sa poitrine haletante semblait supporter impatiemment un poids trop lourd; ses mains, que l'on pouvait à peine contenir, se portaient avec rage vers son sein pour le déchirer : son geste ressemblait alors à celui d'une personne qui s'efforcerait d'arracher ses vêtements si elle étouffait; ajoutez à cela la compression convulsive des muscles du tronc, et cet ensemble que rien ne dérobait aux regards, et si rare à rencontrer; tel est le spectacle qui s'offrit à notre observation.

Il est des cas fréquents encore où cette maladie nerveuse arrive à un degré plus haut, comme dans l'épilepsie; alors la nature, ne pouvant plus combattre la grandeur du mal par une résistance utile, ôte toute sensibilité aux tissus et neutralise ainsi l'action trop vive et trop au-dessus des efforts humains : en effet, le caractère le plus saillant de l'épilepsie est une insensibilité complète; les blessures faites aux malheureux qui en sont atteints ne

elle ôte par cela même la faculté de réagir immédiatement ; on est comme étourdi, suffoqué, atonisé ; tout est suspendu dans l'économie ; l'on reste amorti dans l'attitude où l'on était en percevant la sensation ; la langue est muette ; les lèvres ne peuvent pas même bégayer un nom : le regard est arrêté : c'est ce que traduit si bien cette figure de la Niobé, dont le marbre immobile et silencieux est une personnification sublime de la douleur.

Si la douleur est moins intense que dans cet exemple, et si elle agit sur des êtres naturellement faibles, comme les enfants, les femmes, les vieillards, elle se déclare par des larmes, des cris et des gémissements ; c'est un langage éloquent, qu'à défaut de puissance physique ou morale, la nature leur a donné pour se faire comprendre et obtenir du secours. Rien ne nous touche autant que des pleurs et des sons plaintifs ; ces mouvements sont peut-être ceux pour lesquels l'âme a le plus de sympathie : aussi voit-on les fainéants faisant métier de mendier une existence qu'ils pourraient rendre honorable en travaillant, se composer une voix lamentable et un pleurer factice pour exploiter lucrativement la commisération publique.

Un enfant se débat impatiemment contre le mal qui le harcèle, comme si ses gestes multipliés pouvaient servir à l'écarter de sa personne ; il frappe l'air de ses mains et rejette loin de lui tout ce qui le gêne ; on ne peut lui parler sans le mettre en fureur : il méconnaît jusqu'à la voix de sa mère ; il la repousse ; il ne permet pas d'arranger le lit où il est couché ; il défait à chaque instant la couverture qu'une main officieuse étend sur lui pour le préserver du contact pernicieux du froid ; il ne peut garder un seul instant la même position et fait constamment des soubresauts pour en changer.

La douleur concentrique a lieu chez l'enfant surtout quand on le bat pour le punir, par la raison qu'étant toujours au-dessous du mal, il se hâte de s'y soustraire ; et l'unique moyen, s'il est pris, que l'intérêt de sa conservation lui fait choisir, est de se renfoncer en lui-même, ou de se tapir dans un coin, afin d'être autant à couvert que possible : si l'on poussait trop loin ce mode barbare de correction, l'enfant éprouverait nécessairement une crise convulsive, produit excentrique de cette sur-excitation.

Effectivement, après avoir épuisé toutes les ressources que leur esprit stimulé leur suggère, les

plice en excitant la commisération de l'exécuteur ; puis ils frappent à coups redoublés le terrain de leurs pieds, qui se succèdent alternativement avec une extrême agilité. Dans cette manifestation répulsive des élancements multiples que leur fait éprouver l'acuité redoublée du mal, leurs poings fermés s'agitent frémissants dans l'air et le déplacent avec fureur; leurs yeux sont inondés de larmes et presque fermés par la pression convulsive des paupières sur le globe; le visage est rouge et tuméfié par le sang, qui, repoussé au dehors par la violence de la réaction, vient également colorer les cartilages de l'oreille d'une teinte enflammée; les veines sont fortement saillantes sous leur peau fine et transparente. Dans les sanglots que les enfants font entendre, la langue est repoussée en avant, elle dépasse les dents et vient jusque entre les lèvres, où elle est comme collée par une salive glutineuse; l'air n'ayant point un passage libre dans la trachée, à cause de la constriction simultanée des narines et du larynx, les enfants ont de fréquents accès d'une toux passagère; elle les asphyxie momentanément et donne au *facies* cette teinte violette qui en est le plus frappant caractère. Alors, exaspérés par l'abus de la force qui meurtrit leurs membres délicats, ils réagissent souvent d'une manière aveugle contre la main barbare qui ne leur fait point de quartier; et, sans tenir aucun compte de la position supérieure de leur impitoyable adversaire, ils se ruent sur lui; ils visent à l'égratigner et à le mordre, ne pouvant le renverser pour éviter plus sûrement ses coups odieux.

Les femmes sont plus patientes dans la douleur; elles sont aussi plus aptes à la supporter avec résignation et longanimité. Cette affection se manifeste en elles par l'altération des traits; leur teint se flétrit; leurs yeux perdent leur éclat, et leurs lèvres se décolorent. La mobilité de leur physionomie prête à leur expression quelque chose de touchant et qui intéresse; une contraction légère des muscles de la face suffit pour indiquer la force de leurs tourments; la sécrétion des larmes est plus abondante; il y a plus de langueur et de laisser-aller dans leurs mouvements. L'homme perd toujours en grâce ce qu'il gagne en puissance; et la douleur, quand elle n'est pas trop vive, a une grâce qui lui est propre; lle sert à entourer le sexe le plus faible de tous les soins minutieux que son état réclame.

avec amertume ; ils n'ont plus de larmes pour se soulager, l'âge en a successivement tari la source ; ils cherchent plutôt à conjurer le mal qu'à le combattre ; ils sont ordinairement sans moyens personnels contre lui ; ils invoquent le ciel, ou déploient un courage passif, en recevant les coups que la douleur et la brutalité leur adressent.

Ce qui reste de la douleur, après sa plus grande action, est la souffrance, état plus calme, que la résignation accompagne ordinairement ; elle dénote le plus ou moins de violence des effets de la passion ; c'est la trace que, dans son passage, elle imprime sur l'économie animale ; en voici un bien triste exemple :

J'ai vu, dans un grenier hideux, une pauvre malade étendue sur quelques brins de paille clair-semés dans une excavation légère ; le fond de cette couche était le plâtre pilé ayant servi dans l'origine à soutenir et à lier entre eux les carreaux ; ils avaient été enlevés récemment, afin de rendre et moins dur et moins froid ce lit de douleur où la malheureuse gisait depuis longtemps.

Quel spectacle !

A peine assez d'espace pour se tenir courbé dans cette espèce de cage, composée des bois de construction formant la toiture, et posée sur les poutres intercalaires, comme un vieux nid aux embranchements d'un arbre dépouillé par le temps ; là, pas un seul meuble, et pour couverture de misérables haillons si exigus, que la pauvre femme, ne pouvant s'en couvrir entièrement, était contrainte de leur faire parcourir successivement chaque partie de son corps usé, pour y rappeler momentanément la chaleur éteinte.

Figurez-vous, dans ce pitoyable état, une femme d'environ trente ans, maigre et chétive, aux cheveux noirs et sortant pêle-mêle des trous d'un mouchoir en lambeaux et dont les coins détruits ne permettaient plus d'en envelopper sa tête.

J'examinai ces traits beaux autrefois, et immobilisés depuis par un atterrissement complet; tant d'émotions diverses les avaient parcourus et appauvris, qu'ils n'avaient plus assez de sensibilité pour refléter le peu d'existence restant encore dans cette frêle machine humaine. Son front, sillonné de brisures, était vers les angles orbitaires, dénué de ces masses charnues qui naguère y faisaient passer rapidement la pensée; son fin tissu ne montrait

s'exhalant comme une dernière particule vaporisable d'un vase dont l'atmosphère a successivement pompé la liqueur. Sa bouche avait perdu cette fraîcheur, cette mobilité que lui imprimait le sourire; une teinte violâtre remplaçait l'incarnat dont elles avaient dû briller quand l'amour les saturait de vie; son œil, terni par la souffrance et entouré d'un cercle noirâtre, avait l'éclat douteux de l'astre de la nuit par un temps brumeux.

Une teinte jaunâtre et cadavéreuse couvrait ses membres décharnés; leur repos inerte indiquait l'épuisement total et le peu d'activité d'une âme prête à s'éteindre.

Sa voix, dont à peine on pouvait suivre les faibles inflexions, était douce comme le murmure du ruisseau qui s'éloigne à regret de sa source; sa parole était empreinte de cette résignation, dernier terme de la douleur consumée en vains efforts, et devenant négative à mesure que les aliments qui l'entretenaient viennent à décroître pour lui manquer enfin. Ce n'était plus l'existence et pas encore le néant.

Il y a dans cette transition insensible de la vie à

un état inconnu, quelque chose qui navre le cœur et le brise à la pensée accablante qu'un jour il doit aussi cesser de battre au monde.

En quittant ce lieu si pénible, j'éprouvai une constriction telle, que j'aurais, je crois, passé facilement sous une porte plus étroite et plus basse ncore que celle qui m'y avait donné entrée; et je me disais, en descendant l'échelle vermoulue qui y conduisait : il est des gens embarrassés de l'emploi d'une fortune due au hasard de la naissance!

Quand la souffrance dérive d'une douleur qui n'est point, comme dans l'exemple précédent, le résultat d'une affection chronique, mais d'une stimulation aiguë et non consécutive, elle prend un caractère mixte qui lie le temps écoulé à souffrir et le moment présent où l'on éprouve la satisfaction de s'en trouver enfin delivré.

Rubens a rendu avec un rare bonheur cette situation de l'âme après une douleur bien vive, dans son tableau de l'Accouchement de Marie de Médicis : la tête de cette reine est un chef-d'œuvre de pensée et d'expression; ses yeux sont toujours humides de pleurs, et déjà le bonheur d'être mère répand une teinte de contentement sur ses traits fins et délicats, empreints encore des traces d'une émotion douloureuse.

nature. Je ne pense pas qu'il soit donné à l'art de produire rien de plus vrai que cette figure affaissée à laquelle le médecin égyptien prodigue ses soins; elle se ranime, avant de s'éteindre, à la vue du grand capitaine venant, dans ces lieux infectés, affronter la mort comme au champ de bataille. Et ces hommes, à demi nus, concentrés dans une sensation allant chez plusieurs jusqu'au désespoir; que d'âme! que d'énergie dans ces tortures du fléau qui les consume! Ces vieux soldats trompés dans leur espoir et que l'honneur attendait, me font souffrir; cette atmosphère pestilentielle me fait mal : quelle entente de lumière et d'ombres, pour laisser paraître ce qui console et voiler ce qui fait horreur! On se retire étrangement ému par cette belle page de notre histoire, où ressort si noblement le courage de Bonaparte pur de despotisme; à cette époque mémorable, il ne travaillait qu'à la gloire de son pays. Je me plais à citer cette œuvre si remarquable, non point comme étant de la main du maître qui dirigea mes premiers pas, et que je sois heureux de saisir une occasion de lui offrir un témoignage public de ma vive gratitude; mais j'ai tellement été frappé de cette composition, même avant d'avoir eu aucune relation avec son auteur, que c'est à titre de critique impartial et non comme disciple reconnaissant que j'en parle dans ce premier essai de ses chaleureuses leçons.

La douleur, chez les animaux, suit une marche semblable dans ses développements; ses résultats sont identiques à ceux que nous venons de décrire dans l'homme : chez tous les êtres vivants elle est un stimulant actif les portant à éviter ce qui leur nuit : le fouet qui pique et déchire ses flancs fait partir le cheval paresseux ou rétif; l'agneau s'agite sous le couteau du boucher; l'oiseau souffrant traîne languissamment ses impuissantes ailes si le mal est trop au-dessus de sa frêle organisation; l'huître, placée si bas dans l'échelle organique, se referme à l'approche d'un modificateur dangereux; elle s'épanouit sous l'action profitable d'un rayon solaire; la plante elle-même tend à s'éloigner de l'ombre qui la tue, pour diriger ses dociles rameaux vers le soleil qui vivifie.

Partout la douleur a le même but et le même moyen; elle a un langage à elle, reconnaissable dans chaque espèce; et depuis le rugissement farouche du lion jusqu'au bêlement plaintif de la

dre? Ses symptômes primitifs sont les cieux qui se voilent, les ténèbres qui couvrent l'hémisphère et font craindre aux mortels que le flambeau du jour ne s'éteigne à jamais ; ce caractère concentrique, précurseur des mouvements impétueux, ne se montre-t-il pas également dans ce silence effrayant annonçant l'orage et glaçant d'épouvante tout ce qui respire ? Elle réagit alors que les arbres s'agitent comme la chevelure du patient, que la tourmente soulève les flots de la mer, et que l'éclair sillonne et déchire les nues amoncelées ; sa voix, c'est l'aquilon qui gémit ; son cri c'est la tempête.

On a discuté longtemps pour savoir si les animaux pouvaient avoir des sensations morales ; certes l'on est induit à penser que l'irritation produite par le trop long séjour du lait dans les mamelles est la cause de la peine éprouvée par les femelles dont on enlève les petits ; mais dans quelle catégorie devons-nous ranger ces longs aboiements, ces hurlements sinistres du chien au lit de mort ou sur la tombe où son ami repose, et qui nous font tressaillir? de quel sentiment sympathique pénible est-on pénétré à la vue de cet animal fidèle, triste et abattu, suivant lentement le convoi funèbre de celui dont il partagea la misère? Ses oreilles sont basses; sa tête est appesantie; sa queue se perd entre ses pattes fléchies sous le poids de l'affliction. Son œil est morne; il ne gémit plus; il a perdu cette souplesse et cette fierté de mouvements qu'excitait en lui le regard électrique de son maître. Qui l'a plongé dans cet état d'accablement profond? Quelqu'un l'aurait-il frappé? Non, personne n'est venu troubler sa solitude depuis l'heure où la main qui le caressait s'est fermée, où les yeux qui le comprenaient se sont éteints. Est-ce le besoin de la faim qu'il ne peut satisfaire et qui l'affaiblit à ce point? Son écuelle est riche encore des restes que son compagnon lui a légués; il les a délaissés, comme un aliment inutile et sans goût, pour ne point se séparer du malheureux avec lequel il a vécu; et sa résotion est inébranlable, il ne quittera plus la fosse où vont s'enfouir ses affections les plus chères. C'est donc l'idée d'un mal et non le mal physique luimême qui le fait agir ainsi. Raison humaine! tu viens te briser devant ce fait reproduit et constaté par plus d'un exemple.

La société, en cherchant à faire tourner à son

pables au lieu de les corriger. Les supplices ont été en usage chez tous les peuples, et d'autant plus cruels que la civilisation était moins avancée chez eux. Nous allons en citer quelques-uns sans les décrire; la plume se refuse à tant de barbarie et de cruauté.

Les Perses étouffaient le criminel dans la cendre. Les Carthaginois employaient le supplice de l'auge. Les Grecs avaient, entre autres, le pentésiryngue, machine de bois à cinq trous dans lesquels on entravait les jambes, les bras et la tête, afin de mettre hors d'état de remuer. Quelquefois on liait le patient sur une roue que l'on faisait tourner avec une extrême rapidité. L'on précipitait dans le barathre, fosse profonde où des milliers de victimes allaient s'engloutir. La décollation était moins usitée dans les premiers temps; mais, singulière disposition, on ne pouvait faire mourir un jour de fête; et, quel que fût le genre de mort, on débarrassait le citoyen de sa chaîne dès l'instant que la sentence était prononcée, afin qu'il sortît libre de la vie comme il y était entré. La ciguë était le mode particulier des Athéniens. A Sparte, on jetait dans le Cayade. Les Romains fustigeaient, tranchaient la tête et appliquaient la peine du talion ; plus tard ils eurent les pinces, les tenailles, le feu, l'eau où l'on noyait les parricides renfermés dans des sacs avec des animaux immondes : souvent on exposait le criminel à la fureur des lions et des tigres, dans le cirque ; vers la fin de l'empire, ils avaient ajouté la croix, les étuves où l'on périssait par suffocation, les chaudières d'eau, d'huile, ou de poix bouillantes, où l'on plongeait le supplicié ; et, chose étrange, parmi eux les peines militaires n'étaient basées que sur l'honneur : travailler aux retranchements du camp sans ceinturon, manger debout, ou recevoir une remontrance de son chef, suffisait pour maintenir la discipline : ils voulaient faire des héros de leurs soldats : les autres étaient nés pour n'être jamais que des esclaves. Le système des cachots obscurs dont l'humidité pénétrait les membres des malheureux qui n'y respiraient qu'un air infect, était général et partout le même.

Lisez, si vous en avez la force, tout ce que la sainte inquisition a fait, a imaginé d'atrocement infernal, non pas dans l'intérêt de la société, mais comme ses infâmes suppôts ont osé le dire, pour le bien seul de celui qu'ils torturaient, et vous serez

lanières incisives, et plusieurs autres supplices plus épouvantables, étaient communs en Europe dans des temps plus rapprochés. Ces actes de la plus cruelle barbarie font horreur : et nos pères ont pu les voir exécuter! et la peine de mort est encore inscrite au livre admiré de nos lois! De nos jours le Turc empale, le Russe fait périr sous le knout, l'Anglais pend, et le Français guillotine ou fusille; espérons qu'une peine ne permettant point de réparer une injustice, disparaîtra bientôt de nos Codes, comme elle n'est déjà plus dans nos mœurs, qui la repoussent.

A ces aberrations de l'esprit humain dans le passé, nous nous plaisons à opposer les constants efforts de la philanthropie contemporaine pour adoucir la pénalité, sans la rendre moins efficace.

On commence à comprendre que la douleur n'est pas le meilleur moyen gouvernemental : l'inflexible histoire est là pour en accumuler les preuves. L'action des passions compressives sur une nation l'affaiblit en la démoralisant. L'excitation normale produite par le développement des mouvements généreux de l'âme grandit les populations et détruit graduellement le germe des mauvais sentiments. Le fouet a pour corollaire l'abrutissement. C'est sur l'intelligence qu'il faut agir pour améliorer l'espèce humaine. Si tout ce qui s'est dépensé d'ingéniosité à torturer nos ancêtres avait été mis en usage pour les éclairer, nous n'aurions pas à déplorer tant de calamités publiques.

Tournons nos regards vers l'avenir :

Le monde est en travail. Des faits récents dénotent une tendance à des voies plus rationnelles. L'émancipation des nègres et (nous n'avons pas à demander pardon de ce rapprochement) les mesures prises contre les traitements barbares exercés contre les animaux, sont un immense progrès. Qui n'a béni la science, s'armant de l'éther et du chloroforme, pour imposer son *veto* magique à la douleur, en suspendant les effets d'une sensibilité nuisible à l'opérateur comme au patient? L'humanité s'est affranchie d'un pesant tribut le jour où elle a pu dire à la douleur : tu n'iras pas plus loin.

DE LA DOULEUR MORALE.

La douleur morale diffère essentiellement, dans son mode d'expression, de la douleur corporelle, en ce que l'*abattement* est son caractère principal ; la *tension* ou la torsion des muscles est, au contraire, ce qui distingue la sensation physique : le malheur est la source de la première ; le mal est la cause de la seconde. La douleur morale est moins réactive ; la douleur corporelle l'est davantage ; l'une amène la *tristesse*, passion concentrique seulement ; et l'autre, la *souffrance*, état continuel d'irritation, qui nous aiguillonne constamment assez pour nous inviter à repousser le mal et nous prêter les moyens de lutter contre lui.

Les bases typiques de ces deux natures d'une passion qui, sans examen, peut paraître *une*, sont tellement positives, que bien qu'il existe entre le moral et le physique des rapports intimes, il n'est pas possible de les confondre, même à un point éloigné; et cependant, à la longue, la continuité de la douleur corporelle conduit nécessairement à la tristesse; et la douleur morale, influant sur nos organes, les prédispose sensiblement aux maladies, dont la souffrance est la compagne assidue. Ce caractère particulier de l'affection morale est si vrai, que lorsqu'une nouvelle fâcheuse vient porter à un haut degré d'excitation notre sensibilité, notre premier besoin est de nous jeter dans les bras de nos amis; or, cet appui physique que nous leur demandons est une traduction graphique fidèle du secours moral que notre accablement nous fait rechercher; et quand la douleur agit aussi pesamment sur nous, c'est que nous sommes sans force contre son intensité : nous chargeons du poids de notre affliction ceux qui nous entourent, parce que la peine partagée est plus légère.

soin, les nourrir et doter la dernière; cette jeune Grecque, abattue par la douleur, pose sa tête sur les genoux de son aïeule aux pieds de laquelle elle est assise; son bras droit tombe languissamment le long de la jambe qu'il embrasse; l'autre bras semble à peine pouvoir essuyer les pleurs que cette scène déchirante fait couler des yeux de Charixème. Les gestes plus concentriques de la vieille, appuyée sur le pied du lit de son fils expirant, dénotent moins d'expansibilité relative, mais un sensiment aussi profond : expression bien appropriée, comme on le voit, à la différence des âges.

Ce qui, dans la douleur corporelle, nous fait porter subitement la main à la partie lésée, est aussi la cause du geste exécuté dans la peine, en dirigeant cette extrémité vers le front; car c'est vers le cerveau, le siége des facultés intellectuelles, que la stimulation se fait particulièrement sentir; alors il y a congestion, et, par suite, pesanteur; nous sommes obligés de soutenir la tête; les muscles du col ne peuvent y suffire. Si nous voulons chasser de notre esprit une idée triste, nous passons à plusieurs reprises les doigts sur le front. Un enfant tourmenté par la pensée d'une punition toute physique gratte machinalement la partie latérale et postérieure de sa tête, en ayant soin de soulever sa coiffure pour agir plus directement; son corps et ses genoux se fléchissent comme s'il était accablé par un poids trop lourd.

La douleur morale, qui procède de la sur-excitation de l'âme, présente dans son développement les deux degrés qui se rencontrent constamment dans cet état : la concentration d'abord, et l'excentration quand elle parvient à son dernier période. La concentration se montre dans l'évanouissement qui suit une sensation trop vive dès son début; le sang se refoule vers le cœur, le visage pâlit; les yeux se ferment; la tête s'affaisse sur la poitrine; le corps, comme paralysé par cette compression générale, se laisse aller inerte et tombe sans mouvement : l'existence est momentanément suspendue. Enfin des larmes se forment et s'échappent; la poitrine rejette l'air qui la distend et la fait souffrir; la vie renaît, et la douleur avec elle : la douleur arrive bientôt à son plus haut point; l'on s'arrache les cheveux; l'on déchire ses vêtements; on se frappe, on se meurtrit, comme si l'on pouvait atteindre le mal et le contraindre à fuir; ou bien établir une dérivation salutaire. L'on jette des cris perçants; les san-

rouges, humides, et les doigts qui s'y portent viennent encore augmenter cet état. Dans l'action de pleurer, le muscle palpébral presse l'orbite et resserre ses hémicycles par l'effet du refoulement des muscles adjacents qui agissent alors sur lui pour seconder le jeu du sac lacrymal; il y a constriction supérieurement et dilatation à la partie inférieure des narines; la bouche, dont les angles sont écartés et tirés en bas, s'ouvre par bouffées comme une valvule, afin de suppléer au pincement des ailes du nez, qui ne laissent point assez d'espace pour l'aspiration et l'expiration. La lèvre supérieure se gonfle par le rapprochement des fibres du labial qui remonte, et la lèvre inférieure, très sensiblement agitée, se recourbe en avant par le jeu du muscle du menton qui la refoule en haut.

Quand les anciens ont eu à représenter un homme pleurant, ils ont toujours évité de trop faire sentir ces mouvements; ils craignaient sans doute de faire grimacer leurs figures en les forçant. C'est surtout sur le visage des femmes, dont ils ne voulaient en rien altérer la beauté, qu'ils ont le mieux observé cette règle, ainsi qu'on le voit dans la belle tête de la Niobé. L'expression n'est véritablement dans toute sa force que dans les masques formant les angles de leurs tombeaux; le col, ainsi que dans la sensation corporelle, est gros de soupirs, aspect qu'augmente encore son affaissement dans la douleur morale; car, dans cette dernière condition, les muscles qui supportent et font tourner la tête, les mastoïdes surtout, sont moins tendus que dans l'autre, où il y a plus de roideur et de tension.

Dans son tableau de la Descente de Croix, l'un des plus beaux chefs-d'œuvre de la peinture, Daniel de Volterre a rendu d'une manière bien naturelle et bien noble ce moment concentrique de la douleur, cet anéantissement des fonctions vitales. La mère du Christ y est représentée tombant à la renverse, et secourue par les autres femmes; sa tête s'abandonne; ses paupières sont fermées: sa respiration n'est plus sensible; le mouvement de sa poitrine est arrêté par sa plénitude.

Les degrés divers de la douleur dans sa progression sont très remarquables quand nous sommm en situation de voir un accident funeste sur le point d'arriver sans pouvoir être empêché par aucun moyen; les mains, dirigées dès le premier instant vers le malheureux qui va succomber, comme

trelacent et se pressent avec violence, entraînant les bras qu'elles étendent avec roideur, en leur servant de point d'appui pour soulever les épaules : il y a concentration; puis, lorsque tout est consommé, elles se séparent convulsivement en se portant en haut et en dehors, comme si elles rejetaient au loin le mal; et la tête, tournée d'abord vers l'objet, fait un geste aversif : l'*excentration* a lieu.

Les femmes, plus sensibles par le fait seul de leur constitution organique, sont très impressionnables à la douleur extrême; elles se livrent souvent à des excès participant en quelque sorte de la folie et de l'extravagance. J'ai vu une mère, à qui une mort subite venait d'enlever l'unique rejeton d'une nombreuse famille, se précipiter éperdue sur ce corps inanimé, lui parler avec feu, comme si sa voix pouvait être entendue; lui demander un cri, une parole, un signe de vie; lui présenter son sein gonflé de lait, et s'étonner de voir son enfant insensible à cette marque de sollicitude; puis, tout à coup, constatant de nouveau sa perte irréparable, courir échevelée dans sa maison, en poussant des hurlements lugubres ; tantôt elle se jetait la face contre terre et paraissait plongée dans la plus affreuse stupeur ; tantôt elle s'élançait dans les bras du premier inconnu pour implorer son aide et sa pitié. On fut obligé de retirer tous les instruments capables de lui procurer la mort qu'elle invoquait comme le seul remède à ses maux : ses yeux étaient hagards, enflammés ; son agitation croissait d'une manière effrayante ; ses lèvres balbutiaient des mots incompréhensibles ; enfin une crise terrible épuisa tout à fait ses forces ; elle tomba sans connaissance. Lorsqu'elle revint à elle, des larmes abondantes ruisselèrent ; ses soupirs s'exhalèrent librement ; elle devint plus calme, et fut un peu soulagée par la réaction qui put s'opérer, et vint l'arracher à son désespoir.

La douleur condensée sans pouvoir réagir devient toujours mortelle ; je puis en citer un bien triste exemple. J'accompagnais, avec un petit nombre d'amis, le convoi d'un jeune homme que l'hymen devait bientôt unir à une belle personne dont il était tendrement aimé : ce ne fut pas sans étonnement que je crus reconnaître cette infortunée dans une figure svelte et légère qui, dans le trajet au champ du repos, m'apparaissait comme une vision fantastique ; elle marchait, impassiblement entraî-

occupation, on l'eût dite étrangère à ce qui se passait autour d'elle. Arrivée à l'endroit où le corps devait être déposé, elle s'arrêta, en se tenant à l'écart, toujours autant absorbée : les chants d'adieu du prêtre ne parurent faire aucune impression sur ses sens engourdis. Poussée par la pelle du fossoyeur, la terre, en jaillissant sur le cercueil qu'elle allait recouvrir à jamais, fit retentir un bruit semblable à celui de la grêle qui abat les épis des champs; la jeune fille fit un mouvement aversif; la vie reparut sur son front rembruni, brillante comme l'étincelle sinueuse qui parcourt avant de s'éteindre, la feuille consumée; elle serra convulsivement ses mains; ses yeux se détournèrent avec horreur; son corps gracieux s'étendit comme celui de l'oiseau qui prend son vol; puis elle tomba.

Le surlendemain, le cœur tout rempli des émotions de l'avant-veille, j'errais sans savoir où : le jour était près de finir; mes pas me dirigèrent, rêvant, vers le lieu de la scène terrible présente encore à mon esprit; une fosse nouvelle était béante auprès de celle du jeune fiancé; mon âme se brisa. Je me retirai précipitamment; j'apercevais, dans le vague incertain de la route, un convoi lugubre s'avançant lentement vers moi; il laissait en arrière une trace blanchâtre comme celle du vaisseau noirci qui sillonne l'onde en s'approchant péniblement du port.

La douleur morale se manifeste le plus communément par le mutisme, la prostration des facultés physiques et intellectuelles, et une sorte de torpeur entravant tout mouvement; la douleur corporelle fait crier et gesticuler avec force; elle secoue violemment celui qui en reçoit les premières atteintes.

Cette propriété de la douleur morale nous frappe davantage dans la maison d'une famille affligée de la perte récente d'un chef sincèrement regretté. En entrant dans la salle où se trouvent les parents et les amis attendant le départ du convoi, on se sent involontairement sous l'influence du silence morne qui y règne, et n'est interrompu que par le frôlement sourd et monotone des pieds glissant avec précaution sur le plancher; là, pas un mot n'est prononcé: tout s'exprime en gestes simples; on n'exécute que ceux indispensables pour la locomotion, se lever ou s'asseoir; à peine ose-t-on se toucher la main pour témoigner que l'on se voit et ce que l'on éprouve; tout est concentrique, comme la pensée de mort planant dans ce lieu de tristesse et de deuil.

l'abaissement de ses paupières indique la direction de son regard vers le sol; sa lèvre supérieure s'applique, par son relâchement, sur l'inférieure, qui se soulève en arc dont les pointes sont tournées en bas. Un second soutient sa tête pensive à l'aide d'un bras que l'autre bras maintient. Un troisième est debout; son œil est fixe; ses extrémités supérieures sont collées contre la partie antérieure du tronc; elles viennent, ainsi que les deux côtés d'un angle aigu, se réunir au chapeau serré dans ses doigts de peur qu'il ne s'échappe; ses jambes écartées portent avec une égale demi-tension le corps courbé sur les hanches immobiles. Celui qui est près de cet homme promène sa main sur son front incliné se ouvrant d'ombres par l'effet de rides qui le plissent p ofondément, comme si, en s'opposant à leur rapprochement, il pouvait pareillement chasser les idées pénibles dont elles sont le produit multiple. Plus loin est assis un vieillard, les jambes verticalement parallèles, les poings fermés le pouce en dedans, et symétriquement posés sur chaque genou correspondant; il ressemble à ces figures éternelles que l'Egypte a placées près des pyramides tumulaires de ses Pharaons. Point de groupes dans cette assemblée ; le sentiment qui domine dans l'âme de chacun des acteurs de ce drame muet, les isole, comme le malheur détache de la vie commune. Tout ce qui n'est pas en harmonie avec cette situation paraît un contre-sens. Quelle sensation fait naître la vue de cet enfant qui, dans sa joyeuse insouciance, ne comprenant rien à ce qui se passe d'inaccoutumé, va demandant à chacun le sujet de son chagrin, et le caresse en le conviant à ses jeux? Il se glisse à travers ces personnages austères, comme un sourire sur les traits d'un mourant; il inspire une pitié passive qui fait mal; car la tristesse, en resserrant tous les cœurs, n'y laisse point de place pour des émotions douces et gracieuses; elles ne peuvent s'adapter à l'état de l'âme abattue. N'y cherchez point la veuve, elle est absente; ce grand nombre d'unités est à ses yeux un spectacle encore trop animé; il l'importune et la tue; son isolement est plus complet, son affliction est plus profonde. Oh! ne la détournez pas de ses méditations; elle est abîmée dans sa douleur amère ; votre présence serait pour elle un pesant fardeau ; et quelles consolations pourriez-vous lui offrir qui puissent la toucher? Laissez couler en paix ses pleurs, eux seuls

échapper des larmes brûlantes qui ternissent son regard, et marquent leur passage sur ses joues éteintes, ses lèvres épaissies et rouges du feu qui la consume, frémissent de sanglots suspendus par de longs gémissements. Le désordre de ses idées se reflète sur elle et dans les objets inanimés qui l'environnent; sa chevelure flotte sans soin et sans goût, sur son col qui penche; ses vêtements sont jetés au hasard; elle semble oublier qu'elle est femme, pour n'être plus qu'épouse et mère. Son ameublement est dérangé; aucune main domestique n'a pu s'occuper de le remettre en place. L'infortunée est là depuis longtemps; elle n'a pris aucune nourriture; son estomac, rétréci par la compression, ne pourrait rien recevoir; son seul aliment est le souvenir de l'homme aimé perdu pour elle, puis elle pense à l'orphelin n'ayant plus qu'elle sur cette terre.

Ces gestes concentriques de la douleur chez l'homme du monde sont bien plus expressifs encore dans ceux que l'éducation n'a point modifiés : voyez, dans la rue, ces femmes arrêtées devant un corbillard exposé sur le seuil de la porte qu'il va quitter : cette impression de refoulement interne va jusqu'à leur faire croiser les bras par-dessous leur tablier, pour y rappeler la chaleur retirée avec le sang vers le cœur ému : tous les assistants ont quelque chose de cette immobilité du cercueil ; leurs mouvements corporels sont d'une extrême débilité provenant de l'accablement moral que cette vue fait naître en eux.

La douleur morale des autres nous frappe moins que l'aspect de leurs maux corporels ; cette sensation est relative ; pour bien l'apprécier il faudrait connaître et comprendre le prix qu'ils attachent au motif de leur chagrin. Pelisson, prisonnier, seul dans son cachot et privé de communications avec ses semblables, avait apprivoisé une araignée au point de la voir accourir à sa voix. Il dut ressentir autant de peine et plus peut-être, quand son impitoyable geôlier écrasa méchamment cet insecte, que, dans des temps plus heureux, il n'en aurait éprouvé de la perte de son meilleur ami.

La douleur morale réagit toujours sur nos organes ; de là viennent la pâleur, la maigreur, le dépérissement des individus chez lesquels elle s'enracine et demeure ; cela explique ces maladies consécutives affectant certaines parties de l'organisme qui sont les points correspondants de telles ou telles facultés

L'*abattement*, qui est le propre de la douleur morale, affaiblit nécessairement l'âme à mesure qu'elle use et flétrit le corps; et nous avons démontré que l'âme, à l'état de faiblesse, n'éprouve que des passions tristes; or, comme les passions recherchent tous les éléments propres à les entretenir et à les augmenter, on préfère l'isolement et les lieux assombris; la lumière inspire des sentiments gais et excentriques : les couleurs les plus obscures sont employées dans ces circonstances pour se vêtir; le noir a été généralement choisi pour les habits de deuil; le blanc était plus particulier aux peuples qui voyaient dans la mort une transition à une vie plus heureuse; c'était pour le défunt, et non pour eux-mêmes, qu'ils revêtaient des ajustements dont l'éclat offrait un air de fête. L'histoire rapporte plusieurs faits de gens qui, pour nourrir constamment leur douleur, avaient tendu de noir l'appartement le plus reculé de leur habitation, afin de s'y livrer sans témoins à l'expansion de leurs regrets.

Il est un signe particulier qui distingue la douleur

chronique de la douleur récente : c'est l'affaissemen
et le ramollissement des parties charnues laissant
dominer le système osseux d'une manière effrayante :
le teint est jaunâtre ; l'œil a quelque chose de cada-
vérique, il est cave et entouré d'un cercle olivâtre
attestant de longues privations ; les narines perdent
leur élasticité, et les lèvres appauvries, leur sourire ; les gestes sont lents et mous ; on traîne une existence misérable, et cet état de l'âme l'abrége encore.

Dans l'expression de la douleur récente, il y a
décomposition des traits, mais pas un affaissement
aussi remarquable : et cependant elle agit souvent
avec une telle violence que l'on a vu des gens dont
les cheveux ont blanchi dans l'intervalle d'un jour,
à la suite d'une commotion trop vive. Cette passion
présente, sous le point de vue moral, des nuances
notables. Nous allons les exposer.

Il est une sorte de douleur qui démonte instantanément la machine, fait perdre toute contenance,
et décompose étrangement les traits ; je veux parler
du résultat de l'amour-propre humain profondément blessé, la HONTE. Ses coups sont rudes ; l'on
pardonne rarement à ceux qui les ont portés. Cette
sensation pique jusqu'au vif, et, par conséquent,
sur-excite à un haut degré le *moi*, elle a ses deux
périodes bien caractéristiques ; d'abord l'on est

comme si les dents les mordaient; l'on étouffe; puis la colère vient à notre aide; l'orgueil nous stimule; le front se couvre de rougeur; et si nous ne craignons point de laisser paraître notre émotion, nous réagissons avec pétulance; nous faisons tout notre possible pour ressaisir l'avantage pris sur nous.

Lorsque l'âme est douloureusement affectée à la vue, ou seulement au récit d'une infortune, son émotion la rend participante en quelque façon de la peine ressentie par la personne dont elle déplore le malheur; l'âme s'unit à cette souffrance étrangère par la COMPASSION; ce mouvement nous porte à nous identifier à la position pitoyable d'autrui, comme l'amour nous sollicite à nous confondre avec ce qui nous attire par un motif opposé. Cette propension à faire cause commune avec ce qui nous émeut d'une manière affective, provient d'une disposition sympathique résultant d'une certaine homogénéité de relations et de caractère; elle nous fait mettre au lieu et place de l'individu malheureux; ou bien elle reporte notre pensée sur des objets bien chers et dans le cas de se trouver un jour, par l'analogie que nous établissons entre ces deux termes, menacés d'une semblable calamité.

Cette sensation relative fait battre vivement le cœur d'une jeune mère pour le nourrisson qu'elle enveloppe, craintive, en un réseau d'amour. Suivez ses mouvements successifs; elle tient en ses bras caressants le petit être en qui sa propre existence réside entière; elle s'attendrit insensiblement en écoutant une pénible histoire n'offrant même que des points de comparaison bien vagues avec sa situation présente; son front soucieux se rembrunit à mesure qu'elle prend une part plus vive à la narration; ses regards tombent avec inquiétude sur l'objet exclusif de ses affections; ses bras le rapprochent de son sein agité; des pleurs viennent involontairement humecter sa paupière; et, ne pouvant plus contenir l'élan de sa sollicitude, on entend sa voix onctueuse prononcer ces mots où tout son cœur a passé : « Pauvre petit ! Dieu veuille que jamais il » ne t'arrive rien de pareil ! » Et des caresses redoublées et des baisers sans nombre semblent s'interposer entre l'enfant et le mal à venir.

La pitié est une douleur morale plus large que la compassion, s'appliquant de préférence aux rapports de l'humanité avec l'humanité; la pitié

voir des émotions de même nature. Les personnes qui n'ont point connu le malheur ne comprennent pas et ne ressentent pas, comme la victime de l'adversité, les tortures et les exigences du besoin ; aussi, dans la représentation d'une scène où plusieurs positions sociales sont mises en jeu, l'artiste doit-il donner aux personnages les plus pauvres l'expression la plus forte de compassion bienveillante pour celui dont l'accident sinistre fait le sujet de la composition traitée. Chez les femmes, exposées à de plus grandes privations, ce caractère de sympathie pour tout être qui pâtit se montre d'une manière plus généreuse et plus aimante : leur cœur, plus facile à impressionner, s'ouvre plus aisément à des émotions compatissantes.

C'est ce que le Poussin a si bien exprimé dans son tableau du Moïse sauvé des eaux ; les suivantes témoignent plus d'empressement pour l'enfant déposé par le flot sur la rive ; la princesse est plus frappée du fait que des risques courus par celui qui doit un jour diriger la nation des Juifs.

Lorsqu'un accident a réuni sur la voie publique

un groupe d'individus de toutes classes, formant un cercle étroit autour de la victime devenue le but de de la *commisération* des passants, le premier qui s'élance pour secourir l'infortuné succombant à l'épuisement de la faim est l'homme à la veste de bure, l'ouvrier, qui lui-même a souvent manqué du pain grossier nécessaire à sa subsistance; c'est la femme laborieuse, n'ayant point d'ajustements à gâter, qui se précipite pour offrir son zèle empressé; la curiosité l'a conduite en cet endroit, la pitié l'y retient; et ce que j'énonce est tellement dans les mœurs de ces braves femmes, qu'elles semblent avoir un droit acquis de préséance dans ces circonstances où brille toute la bonté de leur cœur; elles ont soin de faire valoir ce titre, en écartant sans gêne les incommodes pour arriver auprès de l'objet de leur sollicitude; elles agissent avec des gestes répulsifs, comme si elles voulaient faire entendre à cette foule inutile : « Laissez-nous; ce qui se passe ici n'est point du tout votre affaire. » Et si ces privilégiées font place à un habit noir, c'est que, sous ce costume, elles croient voir un médecin capable de rendre des services plus efficaces que les leurs.

Ce qui prouve combien l'on juge des autres par soi-même; c'est que l'idée de besoin de nourriture est celle dont se préoccupent le plus ces hommes si

là le remède à employer. Observez attentivement ces expressions diverses faisant entre elles de si vives oppositions; vous trouverez plus de compassion dans le regard, et plus d'obliquité bienveillante dans le geste du pauvre apportant son obole, que dans la physionomie défiante du riche, qui, toujours au-dessus de la nécessité, croit reconnaître un mendiant grimacier dans le malheureux qui l'implore.

Pour bien faire ressortir la différence notoire existant entre la pitié et la compassion, je dirai que la première est plus familière à l'homme aisé, et la seconde à celui qui a souffert : la pitié peut blesser celui qui en est l'objet, la compassion, toujours affectueuse, ne peut inspirer jamais que la reconnaissance. La compassion est, de tous les mouvements de l'âme, le plus sublime et le plus précieux : compatir, c'est assimiler, c'est rapporter à soi, après s'être mis en contact avec eux, tous les éléments exploitables de l'humanité : le cœur est le réceptacle où ils fermentent et se convertissent en un chyle intellectuel, pour se répandre et animer ce qui devient leur produit.

La compassion est certainement l'un des secrets du génie; elle se conserve en lui par le souvenir des maux endurés et des entraves qui se sont pressées sous ses pas; elle est la source de ce que l'on nomme le sentiment de la chose représentée; cette expression prouve que ce n'est point seulement l'esprit qui rend ce qu'il a vu, mais l'âme elle-même qui transmet ses propres sensations: la sensibilité fait le fond des ouvrages destinés à échapper à l'oubli; il faut être vivement ému pour communiquer énergiquement sa pensée, et faire partager et comprendre ce que soi-même on a ressenti.

La tristesse est à la douleur morale ce que la *souffrance* est à la douleur physique; cet état de faiblesse de l'âme la rend incapable d'action suivie, et la tient constamment dans une condition concentrique et négative; de là le découragement des personnes sur qui de longs malheurs ont pesé. La tristesse devenant à la longue un état habituel, est au-dessous de l'*affliction* et plus forte que la *mélancolie*. La tristesse aime à se repaître de tout ce qui peut servir à l'accroître; car la nature a mis le remède dans l'excès même des maux infligés à l'espèce humaine. La tristesse préfère la retraite, les lieux sombres et dont la destination lugubre est plus

rels, dans l'affaiblissement de la voix, qui devient rare et brève, à moins qu'elle ne se plaise à raconter les maux soufferts; car alors on éprouve une sorte de douceur bienfaisante à vider son cœur dans un sein compatissant, elle nous entraîne irrésistiblement à parler avec une affectation studieuse de nos infortunes; cette expansion soulage, et comme nous l'avons déjà dit, tout ce qui peut raviver le souvenir de ses misères est un thème favori sur lequel on ne se lasse point de revenir; aussi ne négligeons-nous aucune occasion de faire des rapprochements entre ce que nous voyons ou entendons, et le sujet rebattu de nos lamentations éternelles.

L'AFFLICTION est un état plus réactif de l'âme endolorie; elle se manifeste par les pleurs, les sanglots; les éclats de la voix et une animation toute particulière de la face; c'est un effort de l'âme qui réagit.

LA MÉLANCOLIE est plus goûtée, plus recueillie; elle se complaît, ainsi que la tristesse, auprès des tombeaux; elle dure plus longtemps que l'affliction; elle provient d'une certaine disposition nonchalante de l'âme préférant la vie contemplative à la réalité du mouvement nécessité par les exigences de nos organes physiques; cette disposition est particulière à cet âge de rêverie, où l'adolescence, faible et timide, aime à se chercher en elle et à méditer. La mélancolie est un sentiment vague, sans but et sans moyens précis; elle n'a point les bras défaillants de la tristesse; ils sont plus ordinairement, chez elle, croisés sur la poitrine, se soulevant avec mollesse au souffle qui la remplit et la quitte aisément; l'œil est ouvert, mais fixe, sans regard, et nageant dans le flot humide qui le voile, comme la pensée qui se berce dans le vide aérien de l'espace; la tête est dans cet assoupissement léger laissant douter si l'on veille ou si l'on dort; les extrémités inférieures sont rapprochées, et participent de ce repos silencieux environnant la personne qui se recueille : l'âme mélancolique semble avoir abandonné son enveloppe matérielle pour s'élancer au delà du monde terrestre, et s'exhaler à la pensée de l'infini.

Le chagrin est moins profond que la tristesse; il est plus passager et plus actif : le chagrin se manifeste bien plutôt dans l'humeur de l'indi-

creuse le front et le sillonne, comme le ver rongeur mine sourdement le bois où il se loge; le chagrin fait fléchir sous son poids le surcilier, qui cède et se resserre.

Le regret est une sorte de stimulation pénible, non éteinte, et qui subsiste en rappelant sans cesse un bien dont on n'a pas su profiter et fuyant, sans espoir probable de le récupérer ; bien dont le besoin se fait sentir en raison de la sur-excitation post-existante à sa déclaration primitive. C'est un retour vers le passé retraduit par le hochement négatif de la tête; par le regard paraissant fixé bien loin, par le geste expressif fait en élevant les poings pour les abaisser et les relever encore, comme si l'on repoussait une idée fatigante ; le regret s'exprime encore par le mouvement des mains jointes que l'on secoue comme si l'on pressait quelque objet pour le retenir, montrant par là combien on lui est attaché ; ce que paraît confirmer l'élévation des épaules et le renversement de la tête regardant le ciel, tandis que les lèvres sont mordues par les dents, comme si l'on voulait se punir de ne pas avoir su apprécier un bien facile à s'approprier et à conserver longtemps.

La *nostalgie*, ce regret permanent de la patrie absente, est une douleur morale que le retour au pays natal peut seul guérir. Il n'y a point de Léthé dans l'exil, où puiser l'oubli de la peine. Le nostalgique ne sourit pas au souvenir d'une particularité de sa position antérieure. La vue d'un arbre né près de son berceau, l'accent de la voix de ses compatriotes, le chant national, fait affluer des larmes sur sa paupière et l'amertume dans son cœur.

Lorsque la loi du recrutement jeta naguère dans nos armées une foule de jeunes gens arrachés aux habitudes de la famille, on vit les hôpitaux militaires s'encombrer de conscrits atteints d'une langueur continue, sans localisation corporelle du mal, avec dépérissement graduel et dégoût profond de toutes choses poussé jusqu'au mépris de l'existence. Ce n'était pas le *spleen* anglais, mais un état pathologique déterminé : le besoin de respirer l'air du pays.

Pour combattre cette épidémie on défendit expressément les récits et les lectures propres à entretenir ou à provoquer une réminiscence funeste. Dans les régiments où des Suisses avaient été incorporés, il ne fut plus permis d'exécuter le *Ranz des Vaches*, si

si quelques-uns vident d'un trait la coupe empoisonnée, au lieu de la tarir goutte à goutte ? Pourquoi ne fait-on pas plus de cas des lois de la physiologie humaine ? Il ne faudrait rien inscrire de perpétuel dans le dispositions législatives ; ne pourraient-elles pas, comme Dieu, laisser l'espérance auprès du condamné ? Le conçoit-on : chaque gouvernement fait de la proscription à son compte, et, par respect pour l'opinion publique universelle, il entoure de sa bienveillance les proscrits étrangers ?

L'homme a besoin de vivre dans son milieu normal ; le séquestrer, faire le vide autour de lui, en l'éloignant des objets dont les rapports avec son être constituent son existence propre, c'est le mettre dans la situation de l'oiseau placé sous la machine pneumatique : il s'éteint et meurt.

Ces caractères principaux de la douleur morale sont, à quelques exceptions près, provenant des divers usages de certaines nations, les types généraux des marques extérieures de cette passion chez tous les peuples ; nous allons passer très sommairement en revue ces modifications. En Grèce et à Rome, la plus grande marque de douleur consistait à se couper les cheveux lorsque l'on était dans l'usage de les laisser croître ; on s'abstenait de les tondre, ainsi que la barbe, à l'époque où on avait l'habitude de les tailler : dans le premier cas, on avait le soin de déposer la chevelure sur le tombeau du mort ; on y plaçait également des fleurs, des viandes, du miel, du pain, du vin, des étoffes ou des armes. Dans des temps plus rapprochés de nous, on alla jusqu'à y précipiter des esclaves et des prisonniers de guerre. Dans l'Inde, on voit des mères répandre sur la terre qui recouvre la dépouille mortelle de leurs enfants, le lait conservé par leurs mamelles ; cette touchante sollicitude lie la vie et le néant ; elle montre aux yeux de l'espérance un autre berceau dans la tombe sur qui le cœur maternel veille encore, attendant un autre réveil. Au Malabar, il y a peu d'années, les veuves se disputaient l'avantage de se brûler sur le bûcher de leurs époux.

Les signes les plus communs chez presque tous les peuples étaient de s'arracher les cheveux, de se meurtrir le sein ou de se faire quelques blessures. On conçoit la presque unanimité de ces coutumes, parce qu'il y a quelque chose de naturel et de rationnel en même temps dans cette manière d'agir ; ces actes étaient autant de moyens dérivatifs em-

Romains, particulièrement, recueillaient dans de petites fioles dites lacrymatoires, les larmes versées, comme un témoignage irrécusable de regrets qu'ils plaçaient religieusement à côté du mort.

Les Juifs se battaient la poitrine, mettaient leurs mains sur leur tête et la découvraient pour y jeter de la cendre ou de la poussière, au lieu des essences dont ils la parfumaient dans leurs fêtes. Tant que le deuil durait, les Juifs ne faisaient aucune ablution ; ils portaient des habits sales et déchirés, ou des espèces de sacs ou vêtements sans manches et sans plis ; ils marchaient pieds nus ; ils laissaient le visage découvert ; mais cependant quelques-uns, pour concentrer davantage en eux la douleur et se séparer plus complétement du monde extérieur, s'enveloppaient dans leurs manteaux. Ils ne sortaient point de chez eux alors ; ils s'y tenaient renfermés, assis à terre ou couchés sur la cendre.

Partout on retrouve cette manifestation d'isolement, de concentration, d'accablement et de négligence de soi-même, ou d'abstraction morale. Ainsi la couleur noire, absorbant la lumière, et par conséquent plus propre à développer la tristesse, a été presque généralement adoptée comme signe de deuil : le vulgaire dit qu'il a du noir dans l'âme quand il est triste. L'on a représenté les diables, instruments de la vengeance divine, sous une peau noire. Les personnes naturellement mélancoliques choisiront de préférence pour leurs vêtements des couleurs sombres. Un temps nébuleux attriste; l'obscurité fait naître des idées lugubres : tant il y a de corrélation entre les hommes et les choses.

Le cyprès, toujours vert, fut, chez les anciens, l'emblême de la douleur éternelle : mais combien j'aime mieux l'arbre mélancolique choisi de nos jours pour ombrager les tombeaux dépositaires des plus douces affections de l'humanité? Cet hôte modeste des lieux où règne la douleur, où l'âme abattue se recueille au souvenir d'un irréparable passé, ce symbole éloquent du sentiment qui survit à la destruction de l'objet aimé ; c'est le saule ami du rivage. Il laisse aller à terre ses inertes rameaux; il mêle ses pleurs à l'onde fugitive qui baigne mollement sa racine amoureuse, et passe et s'écoule sans cesse, pour aller, ainsi que la vie, dont elle est la sublime image, s'abîmer dans un immense et lointain océan.

DE LA JOIE.

La joie est le mouvement qui dilate l'âme en possession d'un bien ou qui en jouit d'avance, dans la persuasion que rien ne pourra le lui enlever. Elle s'enivre des plaisirs indiqués par le désir, et que l'amour a conquis. C'est un état de surabondance, un trop plein turgescent qui se répand en flots tumultueux.

Cette expansibilité de la joie se manifeste d'une

manière étonnante lorsqu'un bien désiré, subitement acquis, vient la déterminer en nous; il est impossible de la contenir longtemps ; l'âme débordée la laisse échapper par tous ses canaux distendus; il faut que nous l'épanchions dans le sein de nos amis, et qu'ils la recueillent pour nous la renvoyer plus grande en y joignant leur joie. S'ils ne ressentent pas assez vivement nos transports, nous employons les moyens les plus capables de les émouvoir, ou de les convaincre de notre félicité : nous leur serrons la main; nous les secouons violemment; nous les étreignons dans nos bras; nous les pressons fortement sur notre sein gonflé, comme pour les imprégner du sentiment délicieux que nous éprouvons dans sa plénitude; nous les assaillons de questions auxquelles nous répondons nous-mêmes; nous gesticulons avec feu pour les faire sortir de leur froideur et de leur indifférence.

La joie est la passion la plus excentrique et la plus babillarde; aussi cherche-t-elle à attirer les autres en dehors d'eux, pour s'augmenter de leur coopération active. Elle s'annonce par une douce chaleur, qui parcourt tout notre être, dilate les fluides vitaux et nous entraîne avec eux : l'œil humide étincelle; les joues se soulèvent animées; le front s'épanouit; les muscles s'étendent; le visage

borde à mesure qu'il se remplit; les objets environnants semblent, plus riants et plus beaux, se mettre en harmonie avec notre âme aspirant le bonheur.

L'excentricité de la joie est extrême; lorsqu'elle est dans sa force, aucune considération humaine n'est assez puissante pour la modérer; on ne peut rester où l'on est; on va, l'on vient, on tourne, on vire, sans paraître savoir ce que l'on fait; on se frotte les mains; la tête s'échauffe; on rit aux éclats, on chante, on saute, on fait les gestes les plus extravagants; l'économie entière est dans une agitation involontaire et irrésistible.[1]

Chez l'enfant, incapable de supporter la gêne parce que le développement est son premier besoin, la joie se déploie rapide et entraînante, renversant ou rejetant tout ce qui l'embarrasse dans sa marche. Remarquez l'effet produit sur de jeunes bambins par la voix du Mentor qui les conduit silencieusement en promenade et classiquement alignés deux à deux : au terme de leur petit voyage, le chef fait rompre les rangs; tout à coup, et sans savoir pourquoi, les étourneaux prennent leur volée; ils s'écartent d'abord du point dont le signal a été donné, pour y revenir aussi vite que l'eau, chassée circulairement par un souffle, rentre avec agitation dans le vide causé par son déplacement. Les jeux vont s'organiser : l'un jette en l'air le chapeau pesant sur sa tête; l'autre se dépouille précipitamment de son habit pour agir en liberté; les uns simulent une lutte pour s'exciter; la masse entière s'agite avec turbulence; elle se heurte, se provoque, s'élève irrégulière, puis retombe et se résoud en éclats bruyants; on dirait une matière en ébulition, qui s'élance par globules à la surface et s'échappe du vase rendu trop étroit par la dilatation du liquide. La voix impérieuse du maître a perdu son pouvoir; la troupe déchaînée ne comprend que les cris de la joie en délire; elle ne s'inquiète plus du regard de son surveillant; elle s'en affranchit en se livrant au tourbillon qui l'enveloppe et l'entraîne; elle se considère comme un chaos d'éléments dont l'agitation seule est incontestable, mais dont la confusion est si grande, qu'il n'est pas possible à l'investigation la plus sévère de constater le rôle de chaque partie dans l'ensemble.

Ce caractère éminemment excentrique éclate bien visiblement aussi dans la disposition d'esprit et de corps des jeunes gens du peuple, se livrant sans

pas toujours s'étaler de préférence sur le dessus de la voiture, afin d'être plus au large? C'est assurément faute de place à cet endroit plus propre à leurs joyeux ébats que les autres se résignent à s'entasser dans l'intérieur; et encore ces derniers, poussés par une force centrifuge irrésistible, sortent à demi par la portière.

La joie, prise dans son acception la plus vulgaire, offre cette particularité, elle arrive de suite à son extension la plus grande; c'est là son type caractéristique. Cette célérité d'impression et de réaction se fait sentir principalement quand un bonheur inespéré et imprévu nous survient inopinément. Cette passion prend alors la nuance de toutes celles qui proviennent de la sur-excitation, la violence; l'ex-centration n'est dans ce cas que le résultat de la concentration déterminante; on s'explique ainsi comment des personnes, trop faibles pour y résister, succombent à l'excès de la joie. La période concentrique se remarque dans la compression instantanée qui suspend tout mouvement et donne un air de stupéfaction annonçant l'impuissance d'user de ses facultés, jusqu'à ce que l'âme soit remise de la confusion où l'a jetée l'impétuosité du premier choc, et qu'elle réagisse enfin. Ses démonstrations deviennent alors si désordonnées, si extravagantes, que l'on serait tenté de les attribuer à la folie si le motif n'en était connu.

Je me trouvais présent un jour au moment où l'on vint annoncer à un jeune homme un changement de fortune auquel il était bien loin de s'attendre, et qui le faisait passer d'un état de misère à une position des plus avantageuses. Étourdi d'abord de cette nouvelle incroyable, il se la fit répéter dans ses moindres détails, comme s'il n'eût rien compris à tout ce qui venait de lui être dit; mais quand il ne put douter de la réalité, il se leva, ivre de joie, du tabouret où il était assis, et le renversa d'un coup pour aller se précipiter dans les bras de l'inconnu qui le rendait si heureux; il l'étouffait de caresses empressées, l'interrogeait encore et répondait lui-même à sa propre question; enfin il promettait une récompense proportionnée au bon office rendu. Après cette effusion de cœur, il commença les gambades les plus folles, comme s'il eût été seul; puis s'arrêtant tout à coup pour jeter un regard dédaigneux sur les objets avilis qu'il avait précieusement conservés jusque-là, il les mit sans

main. Sa physionomie présentait un singulier assemblage de mouvements irréguliers, de pleurs et de rires immodérés ; c'était une lutte où son âme était tour à tour en proie aux passions soulevées; sa voix était un mélange de sons inarticulés et bruyants, sans suite comme ses idées et ses gestes. Bientôt sa chambre devint trop étroite pour le contenir; il voulut changer de vêtements afin d'aller répandre sa joie dans le sein de ses amis; il s'en repaissait d'avance; il jouissait de leur étonnement; il désirait partir immédiatement. Mais il eut une peine infinie à trouver les effets dont il avait besoin, et plus encore à s'en vêtir : il passait, par exemple, la jambe droite dans le côté gauche de son pantalon, dont il ne pouvait rencontrer les bretelles, ni mettre les boutons d'accord avec leurs boutonnières ; il ôta et remit dix fois son habit, sans se rappeler chaque fois que c'était pour prendre auparavant son gilet qu'il oubliait toujours. Sa précipitation maladroite était distraite par crises et pour se frotter les mains, ou faire claquer ses doigts comme des castagnettes. Enfin, après avoir peu du beaucoup plus de temps que n'en exigeait habituellement sa toilette exiguë, il parvint à s'échapper de son logis; encore ce fut d'une façon plus que négligée.

Le Poussin, si judicieux observateur, a rendu le caractère excentrique de la joie d'une manière poétique et ingénieuse dans son allégorie de l'Image de la vie, tableau charmant où il a retracé les Heures fugitives dansant aux sons animés du luth que le Temps fait raisonner : ces figures sveltes et légères se tiennent toutes par la main, mais dos à dos et non face à face, comme dans les rondes ordinaires, pour mieux montrer, par la tendance que, dans cette situation, elles ont à s'excentrer, le caractère moral qui les distingue.

La joie présente deux modifications remarquables, le CONTENTEMENT ET LA GAITÉ.

Le contentement est un sentiment pur, il se révèle par la sérénité; il est plus recueilli et plus goûté; il vient de l'âme épanouie et tranquille. La gaieté, leste et sémillante, tient plus de l'esprit : c'est la joie civilisée; la joie proprement dite appartient davantage à la nature physique. Le contentement savoure, il est plus personnel; la gaieté réjouit et enlève, elle est plus communicative, mais moins que la joie qui transporte et enivre; les gestes du con-

ses amis, il indique de suite ce qu'il attend d'eux, et s'écrie avant tout : « C'est maintenant qu'il faut boire, c'est maintenant qu'il faut frapper la terre d'un pied dégagé! » Il ne prépare pas ses auditeurs, ils doivent partager ses sentiments avant de connaître ses motifs.

Tout est saillie dans la gaieté; aussi ce qui attire vivement l'âme au dehors et occupe agréablement l'esprit sert à la développer et à l'entretenir; des chants vifs, le scintillement des décors, une chère délicate, des vins fins et légers sont les moyens que la civilisation emploie pour égayer une société qui a souvent besoin d'émotions empruntées pour sentir qu'elle existe.

Dans un salon éblouissant de bougies que répètent par milliers ces glaces magiques où l'œil fasciné se perd dans l'espace douteux qu'elles augmentent sans cesse en le multipliant sans fin, voyez ces femmes brillantes de grâces et de parures; ces diamants à facettes rayonnantes lançant, en gerbes de feu, de pétillantes étincelles; ce contraste attachant d'étoffes variées dont chacune dispute d'éclat et de coloris, comme les fleurs nuancées qu'étale avec orgueil une séduisante corbeille : écoutez ce gazouillement confus, ces propos malins et jetés et compris, ces jolis riens dont l'esprit seul a fait les frais : là sont les piquantes agaceries de la danse. Suivez ces courbes gracieuses que décrivent avec souplesse des bras amoureux qui se cherchent, se quittent pour se rejoindre et se désunir encore; ces feintes ménagées avec art, excitant le désir en l'irritant toujours; ces regards significatifs qui se croisent et s'échangent comme les pas animés des danseurs. Essayez de mettre en défaut ces gazes capricieuses qui voltigent comme les ailes vacillantes du papillon léger, promettant des attraits épiés pour les voiler à l'instant même où l'œil invité va les saisir. Que de coquetterie dans ces poses fugitives! que de volupté dans ce balancement qui retient en suspens le plaisir pour le goûter avec délices! Et ce pied furtif glissant, en l'effleurant à peine, sur un parquet uni faisant ressortir son élégance et son agilité! Puis on respire un air parfumé, qui, déplacé mollement, dessine, en se jouant, de suaves contours, et vient caresser, sous l'évential mouvant qui l'attire et le chasse, des chairs satinées que l'animation colore. Une musique vive et enjouée ravit l'oreille surprise en aiguillonnant

res, et ces gais refrains redits en chœur par les anciens du hameau? puis ces pas cadencés qui résonnent au bruit ronflant du violon que parcourt en criant un frénétique archet, accentuant la mesure, soulevant et dirigeant les villageois entraînés? Leur salon, à eux, c'est la vaste campagne que borne l'horizon; leurs flambeaux, le ciel pur et resplendissant, versant des flots de lumières sur des groupes épars que rien n'entrave et ne gêne. Remarquez cette agitation continue; cet oubli complet des chagrins de la vie; ces bras indolents suivant le laisser-aller du corps auquel ils sont appendus; ces jambes qui se fléchissent, se redressent, s'écartent, se croisent, se choquent, et souvent s'embarrassent: c'est un ballottement général et non pas une danse réglée; on se heurte, on se pousse, on chante, on rit, on babille, on se pince, on se tiraille; le cœur se dégourdit; on aime. Apercevez plus loin ces rondes qui se forment, ces mains s'enlaçant en festons mobiles dont le balancement plus vivement répété va décider l'élan de la troupe folâtre pour se détacher du sol et tournoyer sur elle-même, emportée par un mouvement rapide, au son stimulant des chants et des ris? Plus l'allégresse augmente, plus le cercle s'agrandit; tantôt il se replie, s'allonge, s'étend, se défait et se rattache plus empressé pour tourbillonner encore. Cet emblème de l'unité dans le tout est aussi le symbole de l'égalité parfaite entre eux : là point de places réservées, le hasard seul en dispose; quoique parfois on puisse entendre le bruit incertain d'un baiser surpris ou peut-être rendu : c'est un concert du cœur, c'est l'expression franche et naïve de la joie dans toute sa pureté native.

Le contentement est dans l'exercice aisé des facultés vitales; il s'assied à la table du sage; il préside au sommeil de l'homme heureux qui s'endort loin des soucis du lendemain. Il épanouit les traits d'une mère à l'aspect de l'enfant chéri qui répond à ses soins; il respire sur le front calme et serein du vieillard dont l'âme, à l'abri des passions violentes, se berce au souvenir du bien qu'il a fait; c'est un reflet du bonheur qu'il a su répandre autour de lui. Le contentement n'exista jamais dans ces lieux où le fanatisme, entassant ses victimes, osa penser qu'on pouvait émonder et restreindre la vie; comme si le germe comprimé, sans vouloir absolument le détruire, ne s'en développait pas moins, seulement

rire; le sourire appartient davantage au contentement et à la gaieté; il naît de l'expansion simple des muscles de la face; le rire provient de leur extension; leur mode d'agir est le même, seulement à des degrés différents. Dans le rire, les paupières sont rapprochées latéralement par l'expansion des fibres ascendantes de l'orbiculaire; supérieurement par celle du frontal laissant aller librement le surcilier; inférieurement, par le refoulement que produit l'excentration des zygomatiques qui, en gonflant les joues, les élèvent au-dessus du bord de l'orbite et leur donnent ce vernis brillant résultant de leur tension et de l'afflux du sang qui vient les colorer; ce mouvement fait rider plus ou moins la peau, et surtout vers l'angle externe de l'œil, où il forme chez les vieillards qui ont joyeusement vécu, ce que l'on nomme vulgairement la patte d'oie : les yeux paraissent ainsi plus petits; ils sont à demi fermés; ils brillent; ils étincellent; le regard est vif et perçant comme un éclair; le globe est souvent humide des larmes que la pression sur le sac lacrymal fait répandre; cet effet a lieu lorsque le rire est devenu convulsif par un excès d'excentricité.

Le nez se fronce à sa partie supérieure, à cause du raccourcissement des fibres de l'élévateur commun de la lèvre et de l'aile du nez qui les entraîne dans sa contraction; l'action verticale de ce muscle est alors modifiée, relativement à la commissure labiale, par celle des grands et petits zygomatiques; ils portent les coins de la bouche en dehors et en haut; ils agrandissent ainsi son ouverture, et laissent apercevoir les dents, dont la blancheur et la régularité ajoutent au charme de l'expression. Les deux zygomatiques concourent également, par ce mouvement, à former ces fossettes remarquables sur des joues fraîches et rebondies, petites cavités dont les poëtes ont fait le siége des ris et de la grâce; elles donnent aux chairs une apparence de fermeté qui les embellit encore.

Un artiste inexpérimenté fait souvent grimacer ses visages en voulant leur donner une toute autre expression. J'ai vu des élèves faire rire le Laocoon et pleurer le Faune dansant, malgré leur application à copier ces chefs-d'œuvre de l'antiquité : cela tient à ce qu'il existe entre le rire et le pleurer des nuances délicates, propres à égarer quand elles ne sont point senties avec intelligence. Nous allons indiquer en quoi elles consistent. Dans le *pleurer* et le *rire* il y

ques; dans le second, par l'abaissement simple du sourcilier, que le frontal abandonne à son propre poids : l'action des fibres inférieures de l'orbiculaire est à peu près la même dans les deux; seulement, dans le rire ce sont les fibres ascendantes externes qui agissent le plus, ce qui fait cligner l'œil; et les ascendantes internes dans le pleurer, ce qui produit la sécrétion des larmes. Dans le rire tout est expansif; tout est forcé dans le pleurer. Le nez présente presque la même conformité dans le jeu des muscles agissant sur les narines plus déprimées à leur partie supérieure dans le pleurer, et libres et flottantes dans le rire; mais la forme pointue du nez provenant de l'élévation des narines postérieurement est la même dans les deux. Les coins de la bouche sont tiraillés dans les deux physionomies, mais en sens inverse : dans le pleurer les muscles inférieurs de la face l'emportent sur les supérieurs; le contraire a lieu dans le rire, où les muscles inférieurs, comme le triangulaire des lèvres et la houppe du menton, sont épanouis et cèdent à leurs antagonistes.

Cette indication est suffisante pour mettre à même d'éviter le défaut signalé plus haut. Il reste à examiner le jeu musculaire du tronc dans le rire : le diaphragme en est le premier agent; il agit par secousses sur les parois de la poitrine, qui, venant à leur tour, et de la même façon, comprimer les poumons, font sortir l'air et la voix par éclats bruyants : de là ce geste si naturel de maintenir ses côtes lorsque la sensation se prolonge trop, afin de la modérer ; elle peut devenir funeste si elle est poussée à l'extrême, à cause la pamoison qui vient ordinairement la terminer. En effet, si l'on chatouille quelqu'un vers cette région, on fait naître en lui le rire, malgré sa volonté; on le force à crier merci en faisant durer un état aussi violent. Le chatouillement opéré sur les nerfs de la plante des pieds produit à peu près le même résultat ; mais dans ce cas il est convulsif, comme toutes les fois que l'on irrite le système nerveux; aussi peut-on causer la mort par un titillement longtemps répété sans interruption. Témoin cet homme dont les journaux de l'époque nous ont raconté les infâmes pratiques : ce misérable, pour se défaire des femmes qu'il épousait afin d'accaparer leur héritage, les emmaillotait par pur caprice, disait-il, et leur faisait endurer une mort affreuse en leur chatouillant les nerfs plan-

tractions diaphragmatiques.

La joie est de toutes les passions la plus franche et la plus difficile à cacher ou à feindre; il est aisé de s'apercevoir si elle est vraie à la seule inspection des muscles de la face; ils doivent offrir un ensemble harmonique que l'on ne rencontre pas lorsque, selon l'expression consacrée, on rit du bout des lèvres; alors la joie ne vient pas de l'intérieur au dehors.

Dans le *rire de la folie*, il se mêle une sorte d'étonnement et de contrainte; chez les malheureux qui en sont atteints, il s'opère par une convulsion de réminiscence des muscles en désaccord ainsi que leurs idées, et non par leur excentration naturelle.

Le *rire sardonique* est un composé de mépris pour les autres et de confiance en soi-même, il fait croire que l'on est fort au-dessus de celui qui l'excite : c'est ordinairement la pensée d'un ridicule qui le fait apparaître; ce signe extérieur est plus fin et plus pénétrant, mais moins communicatif que le rire de la joie.

Les animaux ressentent et expriment la joie d'une

manière bien sensible ; ils ne sont point doués de la faculté de rire, différence remarquable et due à leur organisation : ils ont cependant une physionomie particulière dans cette condition ; elle n'est pas aussi fortement écrite que dans le grognement de la colère ; mais l'œil est chez eux une face dans une autre face où se reflètent fidèlement leurs sensations ; du reste, leurs autres signes extérieurs sont tout à fait analogues à ceux de l'espèce humaine. Le chien bondit joyeux sur ses pattes assouplies ; il s'élance, se tenant comme suspendu par les contorsions qu'il fait à chaque saut ; son œil est pétillant ; sa langue sort de sa gueule, et il la fait mouvoir, comme s'il goûtait un mets savoureux ; ses narines semblent s'ouvrir à des émanations excitantes ; ses oreilles sont dressées sur sa tête mobile ; sa queue frétille ; il jappe avec force ; il court, va, vient, revient, pour s'enfuir et revenir encore : ses caresses, plus vives et plus empressées, ne suffisent point à la vivacité de ses transports ; il mordille, en les secouant, les objets que sa dent rencontre. Il est inutile de chercher à modérer ses accès ; il s'attache, en jouant, au bras qui s'agite pour comprimer ses élans, et voit dans cette démonstration hostile un nouvel aliment offert au sentiment joyeux qui le domine.

lopper dans les bilieux concentriques. Aussi l'artiste doit-il toujours avoir soin, lorsqu'il veut représenter la joie, de choisir un modèle d'une nature où cette passion soit native; sans quoi, se présente la difficulté, même en copiant exactement, de reproduire d'une manière satisfaisante un mouvement quelconque, si la personne que l'on a sous les yeux n'y est point propre par sa constitution particulière. Les anciens attachaient beaucoup d'importance à ce choix; aussi, lorsqu'un sculpteur était chargé par une ville d'exécuter une statue pour son embellissement, les habitants s'empressaient de mettre à sa disposition leurs plus beaux sujets.

La nature des Faunes et du Silène était le type consacré chez les Grecs; on retrouve dans un auteur du temps cette épithète : *le dieu joufflu des vendanges,* pour indiquer sa complexion sanguine. Le vieux compagnon de Bacchus est de ce tempérament; sa stature est courte et replète; ses membres sont gras et charnus; sa figure est rayonnante de joie et de santé : son ventre est une outre vivante, que l'usage immodéré des boissons a considérablement distendue; il proémine d'une manière bien remarquable, surtout si on le compare à celui des athlètes, chez qui le développement de la poitrine l'emporte de beaucoup sur celui des viscères.

Rien n'est effectivement plus capable d'exciter à la joie que le vin, dont ces personnages usaient outre mesure : cependant la joie procurée par l'ivresse n'est pas aussi pure et aussi entraînante que celle qui naît sans l'aide de moyens factices; cela se retrace visiblement dans son mode de manifestation. Le signe le plus caractéristique de cet état anormal est la paralysie temporaire des muscles en général, causée par la plénitude; elle produit une demi-flexion des extrémités inférieures et du tronc, parce que l'action musculaire étant presque nulle, les fléchisseurs, en plus grand nombre et plus forts, neutralisent celle des extenseurs qui ont perdu leur vigueur; de là ce ballottement nonchalant des bras, et ce mouvement vacillant de la tête, qui, penchée en avant, lance le grave du corps dans cette direction, et fait courir les gens ivres comme s'ils étaient poursuivis. Le front se sillonne de rides par la contraction du frontal faisant effort pour balancer le poids du surcilier et des fibres supérieures de l'orbiculaire; elles s'abaissent par leur propre pesanteur sur les paupières, et les fermeraient infailli-

la lèvre inférieure sur l'autre qui s'efface ; bientôt les paupières se closent entièrement, et l'ivrogne repu s'engourdit, trébuche, tombe, s'étend et s'endort. Le bas-relief antique de la marche de Silène rend d'une manière parfaite cette démarche chancelante de l'homme ivre ; ce demi-dieu est représenté soutenu par deux suivants ; il abandonne à ses guides officieux la masse pesante de son corps aviné.

Le plaisir est le véhicule attrayant qui porte l'animal à concourir, même à son détriment, à l'accomplissement des actes partiels dont la somme et la succession composent les éléments constitutifs de la nature entière. C'est dans l'association commune de la vie une prime offerte aux sens ; ils en sont en quelque sorte les courtiers co-partageants : c'est une monnaie plus ou moins pure d'alliage, et dont cependant chaque être est avide.

Il y a plaisir toutes les fois qu'il y a satisfaction d'un besoin ; et plus ce besoin est grand, c'est-à-dire plus la nature y est intéressée, et plus le plaisir promis en compensation est vif et appétissant : contenter sa faim, étancher sa soif, se reposer après la fatigue, agir après une longue inaction, réussir au gré de sa volonté, sont des plaisirs, mais bien moins stimulants que ceux avec lesquels l'amour séduit la créature, la nature ayant plus à gagner à la réalisation du désir ardent qu'elle provoque alors. Dans ce cas il ne s'agit pas seulement de conserver un être utile, mais encore d'en augmenter l'ensemble aux dépens de l'individu stimulé livrant une fraction de lui-même, comme l'arbuste une bouture, pour former un autre arbrisseau : l'indemnité devait se trouver en raison de l'avantage à obtenir.

Le plaisir est l'acte excentrique dilatant l'âme qui possède pour la satisfaire entièrement par le plus grand contact possible avec l'objet possédé. Dans l'expression générale du plaisir tous les gestes tendent à ce but; ils montrent, dans sa plus grande extension, le désir de multiplier les rapports, afin d'arriver à une sorte de plénitude de sensations tactiles. Le malheureux tourmenté par la faim mord à pleines dents le morceau de pain qu'il a pu se procurer. J'ai vu souvent des ouvriers donner à leurs camarades une idée du plaisir qu'ils se promettaient à déjeûner, en appliquant à plat, sur leur épigastre, la portion de pain destinée à leur nour-

promène avec amour sur sa langue allechée les bouchées savoureuses dont il ne veut perdre aucune parcelle. Celui qui peut enfin reposer son corps harassé étend avec délices ses membres appesantis sur le duvet ou la paille qui lui sert de lit. Les étreintes de l'amour heureux sont empreintes au plus haut point de ce caractère passionné.

La VOLUPTÉ n'est autre chose que le plaisir goûté par l'intelligence et augmenté de tout ce que l'imagination peut y joindre de séduisant : aussi, dans l'expression de ce mouvement savouré de l'âme, il y a moins de vivacité, de pétulance et d'activité que dans le plaisir ; les gestes de la volupté sont plus souples, plus moelleux, plus recueillis ; l'âme, dans la volupté, n'irradie point comme dans le plaisir, où elle paraît impatiente de s'élancer au dehors, soit en regards brûlants et animés, soit en mouvements corporels précis et rapides ; elle semble se bercer sur elle-même et se plonger complaisamment dans un abîme de jouissances qu'elle seule comprend et apprécie.

La joie est, de toutes nos passions, celle qui

demande le plus à être partagée; elle est toujours plus vive lorsqu'un grand nombre d'individus l'éprouvent à la fois et se la renvoient, comme les facettes éblouissantes d'un métal poli rejettent plus brillante la lumière qu'ils ont reçue. Dans les jours d'allégresse publique, elle apparaît dans tout son éclat; là tout est commun : elle met au même niveau le maître et l'esclave; c'est la plus franche expression de la liberté. Pour perpétuer le règne de Saturne, où le peuple heureux vivait libre et content sous le sceptre de la loi, les citoyens de Rome avaient institué des saturnales; ces fêtes joyeuses étaient célébrées par des festins où les esclaves étaient à leur tour servis par leurs maîtres; symbole heureux de l'égalité parmi les hommes; ils sont les enfants d'une même patrie; chacun est l'un des membres unis, d'un même corps, aussi nécessaires les uns que les autres dans les fonctions également importantes que leurs conditions diverses les appellent à remplir, selon leur but commun et leurs moyens respectifs.

Les Romains ne sont pas les seuls; presque tous les peuples ont rendu une sorte de culte à la joie; tous les hommes, se ressouvenant sans doute de leur égale origine, éprouvent le besoin de la liberté. Une fois par an n'était point une émancipation assez dangereuse aux yeux d'un maître

peusement dans les rues et suivi d'un brillant cortége ; usage conservé jusqu'à présent ; il a continué, parmi nous, l'ancienne fête des fous et des ânes.

Tout, dans ces jours consacrés au plaisir, a été disposé de manière à exciter à la joie en accordant à la parole les plus larges prérogatives. Que ne fait-on pas alors afin de chasser un moment les soucis de la vie humaine? Des vêtements ridicules ou bigarrés d'oripeaux et de clinquant; des masques officieux permettant à la femme la plus timide d'écouter et de répondre de provocantes agaceries ; les gestes les plus fous et les plus extravagants; l'espèce de loi imposée au mystifié de ne point se fâcher; au supérieur d'être exposé aux récriminations malignes de celui qui, le reste de l'année, est sous sa dépendance, ces dispositions font du carnaval un temps bien récréatif pour certaines personnes. Politiquement parlant, c'est une espèce de thermomètre du contentement public; les gouvernements s'efforcent toujours de le faire monter. Les Italiens, beaucoup plus impressionnables et plus passionnés que les autres Européens, sont les plus ardents amateurs de ces sortes de débauches de l'esprit : ils ont créé ce personnage au rire moqueur, aux lazzis piquants, aux gestes conventionnels excentriques, en un mot, cet Arlequin dont l'habit seul est un résumé de son caractère sémillant et enjoué.

Cette joie à jour fixe n'est pas la seule concédée au peuple pour le tenir en bonne humeur : il est d'habitude, chez toutes les nations, de célébrer ainsi des événements favorables inopinément survenus; dans ces nuances de manifestation de l'allégresse publique, on retrouve le même mode de sur-excitation générale, soit à l'aide des festins où le vin prédispose à la gaieté en agissant sur les fluides vitaux, soit par les spectacles, en captivant les yeux ébahis de la multitude. Chez nous, un jour de fête se passe à prendre part aux farces des bateleurs; à jouir de la vue des danses, des repas en plein air, des courses, des joutes, des théâtres ouverts au public, des ballons qui s'élèvent et s'échappent accompagnés des cris de joie de l'assemblée.

Voyez, dans nos réjouissances solennelles, alors que le soleil a retiré ses rayons, ces mèches embrasées couvrant le dôme orgueilleux de nos monuments, comme une parure de joyaux qui resplendit sur un front altier. Portez de là vos regards éblouis

de la Seine : puis ils s'allongent, en longs et vibrants reflets, dans le fleuve coulant moins vite que cette foule avide, incessante, agitée, encombrant les quais où elle se déroule en flots rapides. Soutenez l'éclair de ces fusées surgissant radieuses et se croisant en traçant dans la nue obscure des sillons enflammés pour éclater dans l'air et se résoudre en perles d'or paraissant se vaporiser et s'éteindre à regret. La joie du peuple s'accroît à chaque détonation nouvelle annonçant un accident nouveau ; enfin elle arrive à son comble quand une gerbe de mille foyers réunis se déploie scintillante avec un cliquetis étourdissant, semblable au bouquet de pierreries que l'on secoue pour en faire jaillir les étincelles et ressortir la beauté. En ce moment des cris d'admiration, des trépignements, des élancements de corps, témoignent l'exaltation des spectateurs ravis ; jusqu'à ce qu'un nuage bleuâtre, remplaçant la lumière éteinte, ne laisse dans l'âme rendue à elle-même que le doute d'un songe ou d'une éphémère réalité.

Le feu a toujours été l'un des principaux moyens

d'excitation ; la chaleur et la lumière dilatent les corps animaux et concourent à la production des mouvements excentriques dont la joie est une variété : les feux d'artifice de nos villes policées sont, sur une plus grande échelle, les feux de joie du village, dont la coutume est si générale et si antique.

Cet effet attractif du calorique lumineux se manifeste constamment sur les places où l'on voit des monceaux de paille embrasée attirer une foule d'enfants ; ils ne se contentent pas de gesticuler et de danser à l'entour, ils sautent à travers la flamme, au risque de s'y brûler comme le moucheron au flambeau.

J'ai dû insister sur ces généralités ; il est très-intéressant pour le peintre de passions de se rendre compte de tout ce qui peut en favoriser le développement ; car il trouve seulement dans la corrélation existante entre l'individu qui se passionne et l'objet prédisposant, le moyen naturel de capter l'attention du spectateur en l'identifiant avec le sujet représenté.

Maintenant, si nous déduisons de l'ensemble des faits précédemment exposés des règles générales dans l'intérêt des arts d'imitation, nous pourrons conclure ainsi : dans la représentation d'une scène joyeuse, les acteurs mis en jeu devront être, relativement les uns aux autres, excentriquement dispo-

et la diversité des costumes, et à jeter de la vie et de la gaieté sur les groupes détachés de ce tableau mouvant.

Dans l'intérieur d'un bâtiment, on jugera plus convenable d'éclairer les masses, soit naturellement, soit artificiellement, de manière à tirer parti des accidents résultant de l'arrangement des personnages ou des accessoires ; la lumière, en se jouant avec eux, leur communiquera son animation et sa mobilité.

La légèreté des étoffes, leurs transparence, leur souplesse onduleuse, leur couleur claire et chatoyante, seront plus capables de prédisposer le spectateur à sourire ; le corps ne doit pas être surchargé si l'on veut seconder l'excentricité de la joie ; elle redoute les moindres entraves.

Ces principes deviendront plus sensibles encore si, par opposition, nous recherchons les moyens de faire passer dans l'âme de celui qui regarde un sujet triste le sentiment concentrique de la passion dominante dans la composition. Certes, des poses affaissées, des gestes d'accablement, le rapprochement des figures et des extrémités, des draperies immobiles, pesantes et d'une nuance rembrunie ; dans l'ensemble, une teinte locale sombre et rétrécie, image du cœur qui se resserre et voit tout en noir ; tels seraient les éléments génériques à faire entrer dans l'économie de l'ouvrage pour exciter la compassion.

Ces aperçus, fournis par l'observation et l'étude, ont été complétement sentis dans les *Noces de Cana*, de Paul Véronèse, et la *Fête de Village* de Rubens : un beau jour éclairant la scène, des draperies d'une teinte vive, des effets piquants, des détails pleins de poésie, des gestes excentriques et animés, telles sont les qualités communes de ces deux compositions extrêmement remarquables. Dans le Paul Véronèse, le regard est attiré par la richesse des accessoires et de l'architecture au fond du tableau. Rubens n'avait que les ressources de la nature sans ornements ; il a trouvé dans la diversité des épisodes semés dans son ouvrage de quoi suppléer avec bonheur à la simplicité des localités champêtres : il est riche de la finesse des sentiments exprimés, et rentrant toujours dans le motif du sujet principal. Là le plaisir a revêtu toutes les formes : les uns vident en riant leurs verres au milieu des brocs épars autour d'eux ; les hommes faits balancent entre la gaieté de l'ivresse et les ca-

J'ai pris ces deux exemples parce qu'ils nous fournissent en outre cet enseignement : on peut fort bien captiver l'attention à l'aide des moyens secondaires, sans pour cela tomber dans un papillotage de tons et de formes : c'est, en peinture, un grand écueil à éviter en plaçant ses modèles sous une lumière largement répandue, comme dans les occasions que nous venons de citer.

La sculpture ne présente pas les mêmes ressources, ni par conséquent les mêmes difficultés de la couleur ; elle ne peut fixer sur ses formes réelles la lumière et l'ombre d'une manière invariable, ainsi que la peinture : le statuaire sait habilement remplacer ces moyens auxiliaires par l'agencement des diverses parties de ses figures et le travail intelligent de son ciseau. On comprendra facilement que, toutes les autres conditions possibles étant égales, des plis plus légers, plus accidentés, plus variés, plus exposés à la vibration des rayons solaires, quelle que soit la direction qu'ils peuvent successivement prendre, jetteront, par cela seul, plus d'animation dans l'ensemble de la statue ; on obtiendra l'effet contraire avec des plis largement étoffés, évitant, par la combinaison de leurs plans divers, la diffusion de la lumière sur la totalité, pour la laisser dominer en un point d'où elle s'éteigne graduellement en divergeant sur les autres parties environnantes; ce qui doit puissamment contribuer à favoriser une expression plus sévère ou plus triste.

Je me contente de signaler ces données premières de la science des arts d'imitation; c'est à l'artiste à s'approprier ces connaissances fondamentales qui découlent naturellement de l'étude raisonnée des phénomènes de la vie sociale, pour en tirer un fruit utile : il nous suffit donc d'en indiquer la voie, afin de montrer clairement que l'enseignement de la nature n'est jamais stérile pour ceux qui veulent prendre la peine de lire dans ce livre sublime où tout devient profitable, parce que tout y est positif et toujours concluant.

DE LA PEUR,

DE LA FRAYEUR, DE L'EFFROI, DE LA TERREUR ET DE L'ÉPOUVANTE.

La peur diffère de la crainte en ce qu'elle est un sentiment plus précis. La crainte donne l'éveil; la peur est le mouvement même de l'âme qui fuit et s'éloigne du mal contre lequel elle se trouve momentanément sans force réactive. La crainte nous tient dans une continuelle défiance contre les maux présumables; elle les prévoit; elle va au devant; elle cherche à les apprécier; elle est irrésolue par conséquent. Le parti est pris dans la peur, il n'y a plus d'hésitation : l'appréciation vraie ou fausse du danger détermine franchement l'isolement ou la réaction. La crainte appartient davantage aux êtres naturellement faibles et soupçonneux, comme les enfants, les femmes et les vieillards. La peur est plus particulière à l'homme, dont la résolution est moins lente; elle naît de l'opinion que nous avons de l'étendue du danger; sa grandeur est toujours en raison de l'idée que nous nous en formons.

Le propre de la peur est d'abattre et de décourager : ce qui la distingue encore de la crainte, où la stimulation est constante. Dès que nous jugeons le mal au-dessus de nos moyens de réagir, nous éprouvons le besoin de nous isoler de lui; tout se retire au centre; le sang abandonne la peau pour se porter vers le cœur, dont il gêne les mouvements; le visage est pâle et défait; les muscles de la partie inférieure de la face se relâchent et laissent tomber la mâchoire; la bouche reste ouverte sans contraction; les lèvres sont livides; les narines sont sans action; l'œil est troublé, effaré, agrandi par l'ouverture des paupières, qui se retirent et le chassent en avant; les surciliers ne sont plus agités comme dans la crainte, passion dans l'expression de laquelle ils manifestent l'inquiétude; ils sont

trémités supportant le poids du corps; les bras se rapprochent de la ligne médiane; la respiration n'est plus libre; la voix expire sur les lèvres : on est atterré; il y a constriction générale.

Les résultats de la peur sont toujours funestes chez les sujets vivement impressionnables. Je connais un jeune homme dont l'existence jusqu'à ce jour a été une longue maladie, à la suite d'une commotion très forte reçue dans son enfance; voici dans quelles circonstances. Il était allé passer ses vacances dans un vieux château appartenant au père de l'un de ses camarades de collège; ce riche propriétaire possédait dans une collection chirurgicale plusieurs squelettes précieux par la finesse et la justesse du mécanisme, qui permettait d'en faire jouer toutes les pièces avec autant de facilité que sur le vivant même. Les enfants commensaux de ce logis résolurent de jouir de la peur du nouveau venu, en lui montrant subitement ces charpentes humaines. Dans ce but, on attira le petit étranger dans la salle où se trouvaient ces hideuses figures voilées par une tapisserie : à son entrée, le rideau se leva;

l'un des squelettes, sortant de dessous, s'avança les bras allongés comme on a figuré la mort prête à saisir sa proie. A cette apparition inattendue, l'enfant fut interdit; il se crut perdu. Ses jambes fléchirent; il n'eut pas même la force d'appeler; et quand ses malicieux amis se précipitèrent en foule pour se moquer de sa poltronnerie, ils le trouvèrent sans connaissance, la face contre terre. On eut bien de la peine à le faire revenir; le lendemain ses cheveux avaient blanchi : depuis ce temps, il n'a jamais recouvré l'exercice entier de ses facultés morales et physiques.

Cet état concentrique de la peur devient souvent si violent qu'il peut amener immédiatement une crise mortelle; j'en citerai cet exemple. Un malade mourut subitement par l'effet de la frayeur que lui causa l'idée d'une saignée ordonnée par son médecin. Il était impossible de pressentir ce malheureux événement : on ignorait combien était grande 'appréhension de cet homme pour un moyen curatif indiqué par sa complexion sanguine comme absolument nécessaire. A l'autopsie, on trouva une congestion très vive à l'estomac; ce fait me parut si concluant, que je fis de cette altération pathologique une aquarelle que je conserve. Cet éloignement si prononcé de certaines personnes pour des

sive des couleuvres; pourtant nous voyons des bateleurs qui, non-seulement ne les craignent pas, mais encore les mettent sur leur sein et se laissent enlacer dans leurs replis, au grand ébahissement de la foule.

Les cas de mort par excès de compression sont heureusement rares; l'instinct de notre conservation est tel, que la nature nous pousse à réagir contre le mal imminent en faisant naître en nous la colère; ou si nos forces combinées avec cet auxiliaire sont insuffisantes pour le repousser, elle nous conseille la retraite, notre dernière ressource.

Il est impossible de décrire la vélocité de la course d'un homme fuyant l'ennemi qui le poursuit; il devient capable alors de parcourir en peu de temps un très long intervalle de chemin afin d'échapper à ses coups : à peine prend-il le temps de retourner la tête pour voir où en est son redoutable adversaire; le peureux jette tout ce qui peut entraver sa fuite et ne songe qu'au soin de son salut; le moindre bruit le fait redoubler d'efforts : il saute de larges fossés; il se lance à la nage si quelque rivière se trouve sur son passage ; il gravit avec prestesse les plus hautes élévations; ses mouvements sont vifs, pressés, agiles; mais, comme la passion le trouble, il devient souvent la victime de ses fausses précautions, et périt par les moyens mêmes dont il attendait son salut ; il est comme le cerf sentant presque la dent meurtrière du chien, il fait cent détours, et ne s'arrête que lorsqu'il pense n'avoir plus rien à craindre, ou quand la lassitude le fait tomber d'épuisement. On a dit avec raison la peur donne des ailes; le lien qui nous attache à la vie est si fort!

Si l'homme ne peut plus compter sur son agilité pour se soustraire au péril, il cherche un endroit impénétrable aux regards de son ennemi; il se tapit dans le moindre coin ; la peur est négative alors : ainsi le grand **Marius**, affaibli par l'âge et ne voulant pas être fait prisonnier par les soldats romains, se plongeait dans la fange des marais de Mainturnes.

L'imagination joue un grand rôle dans la peur; souvent elle montre la réalité d'un mal présent, préférable à une éventualité n'existant encore que dans ses rêves, et le persuade si bien, que beaucoup de gens hâtent l'instant d'une catastrophe et ne cherchent pas à en reculer l'époque, pour avoir le

ne va pas au delà des limites de notre organisation matérielle.

On voit journellement de jeunes imprudents, coupables par inconséquence de fautes faciles à réparer, préférer la mort à un aveu qui pourrait leur attirer de sévères mais paternelles remontrances.

Certes, pour un homme de cœur, la perte de la vie est moindre que celle de l'honneur; mais la mort n'est souvent qu'un échange fait par le lâche contre des maux physiques présumés devoir être pires : ainsi Néron, le plus vil et le plus pusillanime des hommes, se suicida malgré ses tergiversations. Cet acte fut chez ce monstre le résultat d'un long examen de comparaison motivée entre la douleur certaine mais rapide que devait lui causer la lame d'une épée et la peur des longues tortures qu'il attendait des Romains en expiation de ses crimes. Cela peut s'expliquer : la peur paralyse souverainement les facultés physiques; elle suspend subitement l'effet du mal présent par la frayeur anticipée d'une souffrance aiguë à supporter pour parvenir à se délivrer de la douleur actuelle.

Presque toutes les personnes sujettes aux élancements atroces que fait endurer la carie des dents ont tout à coup cessé de sentir ces terribles angoisses à la porte du dentiste; un instant auparavant elles l'appelaient de tous leurs vœux, et elles sont retournées sur leurs pas sans avoir tiré le cordon de la fatale sonnette. Il n'y a pas de pire conseillère que la peur; elle stipule toujours pour l'actualité, sans craindre d'engager l'avenir au profit de l'intérêt du moment.

L'EFFROI est plus fort que la peur; il présente cette nuance; l'objet de l'effroi est toujours sous ses yeux. La peur peut nous saisir avant l'approche du danger et nous suivre longtemps après qu'il est passé; l'effroi ne dure pas plus que la présence du mal qui l'a fait naître. L'effroi agit davantage sur sur les organes; son action est plus directement physique : la vue d'un instrument meurtrier dirigé contre notre sein, d'un monstre, d'une figure hideuse, d'un immense précipice ou de la tempête, cause de l'effroi. Dans ce mouvement, la tête se détourne, mais l'œil fasciné suit l'objet de la passion; le corps se rejette en arrière ou devient immobile; le sang se coagule; la voix ne peut s'ouvrir un passage; les mains se portent ordinairement en avant,

Le cauchemar, c'est-à-dire cette sorte de rêve pénible dans lequel on se croit sous le coup d'un grand péril à éviter et que l'on ne peut fuir, rappelle cet état. Il nous semble quelquefois sentir le froid d'un poignard dont la pointe appuie déjà sur notre corps; nous voulons crier au secours; notre langue embarrassée ne peut articuler aucun son; la bouche reste béante et le regard fixe; nous sommes comme mis en état d'interdiction morale et physique; nous ne jouissons plus de la liberté de nos mouvements : rien ne doit nous sauver du sort funeste qui nous est réservé; enfin notre agitation extrême nous fait sortir de cet affreux sommeil; elle nous rend au bonheur de vivre et de nous assurer que cette fantasmagorie est un jeu de notre imagination fiévreuse.

L'effroi peut venir de la vue d'un mal qui ne nous touche pas directement, comme le spectacle d'un supplice, d'une catastrophe qui nous est physiquement étrangère; ainsi la sensation éprouvée en voyant un homme se noyer sans pouvoir être secouru, c'est de l'effroi.

La **frayeur** nous est plus personnelle; elle naît d'un danger subit, imprévu et inapprécié; elle nous émeut plus que la peur et l'effroi, mais elle est aussi plus passagère. Ce mouvement de l'âme est toujours brusque; il est causé par la surprise; le geste corporel qui le reproduit présente au plus haut degré ce caractère distinctif.

Dès que la frayeur se fait sentir, la constriction du diaphragme et des muscles de la poitrine est instantanée; nous jetons un cri bref et éclatant; nos mains se rapprochent du tronc, mais la face palmaire dirigée en dehors, comme pour rejeter vivement ce qui nous impressionne; dans la crainte, elles sont plutôt fermées qu'ouvertes : ce geste diffère aussi du mouvement à peu près semblable de l'effroi ne faisant que préparer un moyen de défense. Dans la frayeur, le grave du corps se porte précipitamment du côté opposé à l'objet; et s'il est loin de nos yeux, ce qui est le plus commun, la tête se retourne avec précaution, et nos regards se dirigent avec inquiétude sur lui. L'effroi pénètre en nous principalement par l'œil; c'est par l'oreille que la frayeur agit le plus souvent sur notre âme. Dans le premier de ces mouvements, tous deux spontanés, l'objet est presque toujours apprécié; dans le second, nous n'avons pas même le temps de le reconnaître : l'ex-

la frayeur ; la vue d'un cadavre mutilé ou de tout autre corps hideux causera de l'effroi. Si des cris, des hurlements de bêtes féroces nous donnent de l'effroi, c'est que notre imagination se figure les voir : la première sensation apportée par le sens de l'ouïe a été d'abord la frayeur.

La TERREUR paralyse plus encore que les modifications précédentes de la peur; elle fait plus qu'atterrer, elle pétrifie. Son effet terrible sur le cœur de l'homme a fait imaginer cette fable de la tête de Méduse changeant en pierres ceux qui osait la regarder. Le caractère distinctif de la terreur est la raideur musculaire résultant de la force de la compression générale. La terreur vient bien plus de ce que l'on imagine que de ce qui est réellement ; elle est plus grande lorsque l'obscurité laisse un champ plus vaste à l'imagination frappée. Dans la terreur, la paume de la main se porte au devant du danger, mais le bras est roide et tendu ; les doigts sont violemment écartés ; les extrémités inférieures ne sont plus, comme dans la frayeur, disposées de manière à favoriser notre fuite ; elles sont alors clouées à terre, et portent également le corps immobilisé. Le resserrement de la peau détermine l'horripilation, c'est-à-dire le dressement des poils et des cheveux : cela tient à leur implantation oblique, qui devient plus verticale dans ce mouvement contractile ; l'œil est terne comme s'il était glacé, il est sans regard ; les paupières se dilatent fortement sans pourtant pousser le globe en avant, comme dans la peur invitant à fuir ; les surciliers sont pleins d'inquiétude. La terreur décompose les traits ; la bouche est tiraillée par l'anxiété ; ordinairement un des coins est plus tiré en haut que l'autre ; le refoulement produit par cette contraction presse davantage la paupière inférieure et fait apparaître l'œil de ce côté plus petit que son congénère, où l'action musculaire est comparativement presque nulle. Les anciens ont ainsi représenté Oreste agité par les furies, peinture qu'Hennequin a reproduite avec une grande supériorité de talent. La terreur était, chez le prince frénétique, le fruit de son imagination égarée par le souvenir de son crime. Il croyait voir les exécutrices du dieu des enfers acharnées à sa poursuite ; elles offraient sans relâche à ses regards terrifiés le corps renversé de Clytemnestre, dont le sein portait encore le poignard enfoncé par une main parricide : le peintre a choisi ce moment. Ce

plus aisément l'âme à ces émotions profondes où l'imagination prend une part si active que la lassitude du corps ou la faiblesse de l'esprit fatigué par le remords. Voici un fait historique. Napoléon victorieux avait planté le drapeau de la France au sein de l'Allemagne ; un officier de notre armée n'avait pas fait moins de progrès dans le cœur d'une jeune personne de ce pays : aimer, plaire à cette belle, et de son consentement l'enlever, tout cela fut un jeu pour le Français ; on allait vite en besogne alors. Le père irrité porta plainte ; on mit au cachot le coupable ; il put s'échapper et se diriger hors du cercle allemand sous la juridiction duquel il se trouvait. Il était nuit depuis longtemps, et la lune décroissante pouvait à peine percer de ses pâles et faibles rayons, les nuages amoncelés par la chaleur étouffante de l'atmosphère. Notre fugitif cheminait, péniblement affecté ; il songeait à la position précaire où son imprudente étourderie l'avait jeté, et faisait de salutaires mais tardives réflexions, lorsque, engagé dans un sentier étroit, il fut tout à coup distrait de ses méditations par la voix de son chien, qui s'arrêta, se mit à grogner et regarda fixement devant lui en flairant l'air avec inquiétude. L'officier tressaillit; il tâcha de découvrir ce qui pouvait exciter la vigilance de son danois; il crut apercevoir, à la lueur incertaine qui le guidait, un individu de haute stature qui tantôt se courbait et tantôt redressait la tête, la portant de droite à gauche, et la balançant comme s'il s'apprêtait à décharger une arme à feu et prenait ses précautions pour mieux ajuster. A cet aspect notre voyageur terrifié resta cloué à sa place : il se crut tombé dans un guet-apens; il n'osa d'abord bouger, de peur de se livrer davantage; il jugeait également dangereux de retourner sur ses pas. En un instant les pensées les plus sinistres se présentèrent à son imagination troublée; un silence effrayant lui permettait de porter toute son attention sur les mouvements du mystérieux personnage, dont la pantomime était toujours la même; néanmoins, il paraissait s'approcher. Le chien, envoyé à la découverte, était revenu, morne et l'oreille basse, se fourrer entre les jambes de son maître : il vit dans cette conduite poltronne de son fidèle animal le découragement produit par la supériorité d'un redoutable adversaire. Cependant, ne pouvant demeurer plus longtemps dans cette perplexité, l'officier arme ses pistolets; le coup

rapportait en la traînant sur le sol.

Moins l'éducation a été cultivée, et plus la terreur a de prise sur l'imagination, d'autant plus extravagante qu'alors elle n'a pas de frein. La superstition, chez certains villageois, est fondée sur des contes que la terreur rend plausibles à leur esprit égaré. De là ces histoires de défunts revenant au monde demander des prières; histoires que le curé, le seul savant de l'endroit, ne cherchait pas toujours à démentir. De là ces loups-garous qui battaient le paysan et prélevaient un droit sur sa crédulité et sur sa bourse; car il y a toujours eu une corrélation intime entre ces deux termes dans les chroniques féodales. Il est temps de s'appliquer à déraciner ces idées; des jongleurs seuls ont intérêt à les propager. Elles ont cependant causé bien des maux à la pauvre espèce humaine. La terreur a été le plus grand auxiliaire de ces fléaux dévastateurs, qui, sous le nom magique de conquérants, ou la dénomination de peste, ont pesé sur le monde.

Nous avons pu constater jusqu'où pouvait s'étendre l'effet de ces commotions puissantes lorsque le choléra décimait la population parisienne : chaque scène de ce drame terrible concourait encore à seconder le développement de cette épidémie si prompte à frapper et si difficile à combattre. Rappelez-vous ce long cortége de deuil encombrant la voie publique et se renouvelant sans cesse ; ces morts de toutes conditions portés à bras et charriés confusément à la fosse toujours béante où tout allait s'anéantir ; tout, jusqu'à la trace du petit coin de terre où deux genoux amis auraient pu se poser un jour.

Le cœur *se crampait* à ce gémissement continu de la foule éplorée suivant sans ordre et incertaine, non pas seulement un char funéraire chargé d'un unique cercueil, mais de grandes voitures tendues de noir sur lequel se détachait une gigantesque croix blanche : elles avaient été empruntées par urgence à l'entreprise des déménagements ; elles enlevaient, à chaque voyage, autant de corps que leurs vastes flancs pouvaient en contenir. Il y avait quelque chose d'ironiquement amer dans le craquement aigu des roues grinçant sous la lourde pression de ce poids énorme ; ces voitures étaient surchargées comme les tombereaux impurs où la main du boueur entasse indifféremment les résidus insalubres ramassés à son périodique passage.

vides sur les pâles visages, qui inquiets et soucieux traversaient rapidement la rue. On craignait de rencontrer ces nombreux convois funèbres, ou ces brancards à la livrée de la misère, dont la marche accélérée n'attestait que trop la célérité du mal, et le désir des porteurs d'arriver à l'hospice avant que le malheureux confié à leurs soins ne fût complétement cadavérisé.

Le trouble de ceux qui se trouvaient sous la main compressive de la peur se montrait dans le soin de tenir constamment sous les narines un mouchoir imbibé de vinaigre, ou bien un flacon d'essence ; dans le pincement des lèvres refusant de donner au souffle respiratoire une autre entrée que celle protégée par des sels capables de neutraliser l'effet des miasmes de l'air présumé contagieux ; dans le surcroît de vêtements opposés à l'action du froid. L'effroi contractait la physionomie, ternissait le regard, et donnait à la bouche entr'ouverte l'expression de crier, sans que la voix pût franchir cet organe immobilisé par la constriction : la terreur privait de toute énergie, elle ôtait le courage de se livrer à ses travaux habituels. D'un côté, l'on voyait l'homme aisé s'abstenir d'une nourriture abondante, éviter studieusement toute sorte d'excès et se perdre par des précautions exagérées ; de l'autre, la classe pauvre, incrédule ou insouciante pour elle-même, redoublait l'usage des boissons fortes, et trouvait dans leur abus une cause également douteuse d'invasion ou de non-accès de la maladie. Mais dans l'intérieur même des maisons, auprès du lit de mort des cholériques, ce spectacle était plus frappant et plus affreux encore. Je puis retracer, comme témoin, l'un de ces tableaux ; il m'a profondément ému.

Une petite fenêtre au niveau du plancher, répandait une faible lueur dans une mansarde ; ses rayons allaient de bas en haut s'arrêter sur le montant du pied d'une couchette, projetant ainsi son ombre sur tout le reste. On avait peine, au premier moment, à distinguer, sur une paillasse et sous un monceau de vieilles hardes, le corps étendu d'un homme au plus fort degré d'intensité du mal. Lorsque mes yeux se furent faits à ce clair-obscur, je parcourus les traits de ce moribond ; ils étaient comme desséchés ; le regard avait l'aspect vitreux de la gelée, le globe oculaire était rétracté vers le fond de l'orbite semblant agrandie par l'effet du cercle noirâtre qui l'encadrait ; la peau était vergetée de taches de bleu,

étaient luisantes par l'excès de leur tension et simulaient ce rire affreux de la mort; les narines, collées l'une contre l'autre, ne présentaient plus que les angularités de leurs cartilages saillants; les légers mouvements des sourcils indiquaient seuls que la vie n'était point encore totalement éteinte dans ce quasi-cadavre sans pulsations, sans mouvements. A côté du chevet se trouvait la femme du malade; des vêtements en désordre et des cheveux épars attestaient que la stupeur où elle était plongée succédait à une crise violente; son teint hâve et décomposé, son œil hagard et fixement retenu dans la même position, dans l'appréhension de rencontrer l'objet de sa terreur, expliquaient assez la pensée qui l'avait clouée à la chaise où elle était assise. Elle n'osait remuer : ses genoux, ses bras et sa poitrine étaient agglomérés pour se soustraire à l'action du froid; cette malheureuse avait l'air d'attendre avec anxiété le moment où sa tâche achevée lui permettrait de s'arracher à ce lieu d'où l'espérance était bannie; ma présence ne put la distraire de sa préoccupation.

J'eus le temps d'examiner une jeune fille que je

n'avais pu voir en entrant ; elle était accroupie près de la lucarne, et cachée à mes premiers regards par le fond du bois de lit. Elle était là comme une fleur frêle et chétive, tendant son calice au soleil pour en obtenir un rayon. Elle fut saisie de mon apparition subite ; ses extrémités inférieures se rentassèrent encore plus ; ses bras accoudés sur ses genoux rapprochés, s'écartèrent supérieurement pour dégager de ses mains pressant ses oreilles sa belle et gracieuse tête, qui se retourna brusquement de mon côté. Oh ! qu'il y avait d'éloquence dans ce regard furtif, accusant tout à la fois et la frayeur si naturelle à cet âge, et cette expression sympathique à la vue d'un ami compatissant ! On doit se borner à indiquer cette situation ; on s'égarerait en voulant la décrire.

En m'en allant, je rencontrai sur l'escalier diverses personnes échelonnées ; elles s'accolèrent à la muraille pour mettre plus d'espace entre elles et moi : je leur paraissais imprégné d'émanations pestilentielles. Ce fut avec une extrême réserve qu'une voisine osa me parler du sujet de ma visite dans une chambre où, par une fausse idée, elle n'aurait pas voulu se commettre. Je dois ajouter que le chef de cette intéressante famille, frappé pour la seconde fois, n'a point cependant succombé ; il est rendu

l'ai expérimenté par moi-même.

Pendant plusieurs jours, et à la même heure, un frisson général annonçait la crise ; il me semblait que le sang se coagulait au cœur, dont les mouvements devenaient plus lents et plus difficiles. Je sentais mes cheveux se dresser par l'effet de la contraction du tissu cellulaire. Le cerveau se troublait sans que je perdisse la conscience de ma position. Les idées les plus sinistres venaient m'assaillir avec une persistance invincible. J'appelais en vain le raisonnement à mon aide, l'esprit faiblissait sous le froid de plomb pesant sur toutes mes facultés physiques et morales. Cependant la terreur ne me possédait pas tout entier : j'en suivais la graduation ; j'en appréciais la force et la formule variables. Je songeais à tous ceux qui m'étaient chers ; je m'attendrissais à leur souvenir ; je me les figurais malades ou mourants. Le passé n'offrait à ma mémoire que les souffrances de ma vie antérieure, et l'avenir ne m'apparaissait que sous des teintes assombries. Puis, par une étrange hallucination, dans cette veille somnolente, je voyais distinctement passer, tantôt au devant de ma lampe, tantôt derrière, une longue procession de têtes à moitié chauves, les cheveux blancs, le front incliné vers la terre, la peau livide et desséchée sur des os saillants. Je faisais d'inutiles tentatives pour effacer cette fantasmagorie, où la réalité se mêlait au fantastique, et toujours ce spectacle pénible se reproduisait. Il m'était d'autant plus difficile de surmonter cet effet nerveux qu'une paralysie temporaire des muscles me clouait sur mon lit et ne me permettait pas de changer de position.

Une faible réaction s'opérait; une sueur froide mouillait mes tempes; les objets réels se dessinaient plus nettement à mesure qu'ils prenaient plus de place dans le tableau pour remplacer complètement enfin les scènes funèbres qu'avait enfantées une imagination égarée par la fièvre et par l'abstinence.

L'effroi est plus corporel : la terreur agit davantage sur l'âme, et c'est réactivement qu'elle influe sur notre constitution organique; c'est là son type caractéristique.

L'ÉPOUVANTE est un autre dérivé de la peur : elle est tout à fait l'opposé de la terreur, qui nous attache à la place où nous sommes; l'épouvante nous pousse, au contraire, à fuir avec la rapidité de

dans l'un et l'autre cas, nous sommes toujours dominés par le mal. Dans l'épouvante, nous pouvons encore prendre la fuite, mais nous n'avons plus les moyens d'éloigner le péril par la force : la peur concentre les forces vitales, l'épouvante les fait sortir ; mais toutes ces nuances ont cela de commun ; elles ne réagissent jamais directement contre l'objet : le propre de cette dernière passion est de nous faire débarrasser de tout ce qui peut nous nuire ou contrarier l'impulsion nous poussant à nous soustraire, par la vélocité de notre course, au mal qui nous talonne et que nous jugeons trop au-dessus de nous. Un homme épouvanté jette à terre ses vêtements, ses armes; le moindre poids le gêne et le retarde ; l'épouvante est le produit excentrique de la concentration de la terreur, aussi agit-elle toujours de cette manière. Un corps d'armée dans l'épouvante se débande sans but déterminé : chacun se sauve où il peut; il n'y a rien de réfléchi dans ce mouvement de l'âme; elle est comme emportée par les sens ; ils le ressentent d'abord, et réagissent ensuite sur elle, nuance remarquable avec la terreur dominant l'âme d'abord et n'agissant que par réaction des facultés morales sur notre constitution physique.

Tout est instinctif dans l'épouvante : les animaux éprouvent aussi cette sensation. Le chien se ramasse sur lui-même dans la peur; il cherche à se cacher afin d'éviter un mal invincible; sa tête s'abaisse en tirant le col en bas; ses pattes se rapprochent, et sa queue est fortement serrée entre elles; son poil est collé sur la peau; son œil est sans vivacité; cet animal n'ose point grogner, de peur d'appeler l'attention sur lui : il exprime parfaitement cet état de malaise où la peur nous plonge. Dans la frayeur il ne fait qu'un bond pour éviter le péril; il aboie, mais seulement une fois, pour marquer sa surprise, et parce que la poitrine se contractant subitement, en chasse l'air avec éclat et sans succession. Le cheval dénote bien l'effroi lorsqu'un objet dangereux s'offre tout à coup à sa vue; il refuse d'avancer malgré le fouet de son conducteur; il se rejette en arrière, se roidit sur ses jarrets, se cabre; et si la réaction s'opère, il la manifeste par l'épouvante. On sait avec quelle rapidité le cheval fuit en prenant, selon l'expression consacrée, le mors aux dents : emporté malgré lui par l'instinct de sa conservation, il ne sent plus le frein; on ne peut que diriger sa

On ne peut pas admettre que les animaux puissent être agités par la terreur, car elle tient essentiellement au jeu de l'imagination : cependant plusieurs faits montrent clairement que les animaux ressentent un effet analogue; leur sentiment dans des circonstances semblables ne peut provenir en eux que de l'idée qu'ils se forment de l'objet de leur émotion, si cette impression n'est pas le résultat d'une appréciation juste de la réalité. L'exemple suivant en fournit la preuve. On avait tendu sur la lisière d'un bois un piége à prendre des loups; une petite fille de neuf à dix ans se laissa choir dans la fosse : elle y était depuis peu d'instants, lorsqu'un loup énorme vint également y tomber. Au bruit de cette chute, l'enfant encore plus effrayée jeta un cri perçant; puis la terreur paralysa complétement ses facultés; elle n'osa plus crier ni bouger de l'endroit où elle était blottie. De son côté, le loup fut tellement impressionné, qu'il alla se tapir à l'autre extrémité; puis il ne fit pas le moindre mouvement : ils passèrent tous les deux la nuit dans cette situation; et, le lendemain au matin, les paysans étant venus pour voir si leur entreprise avait réussi, ils furent étrangement étonnés de rencontrer ces deux êtres vivants, et qui, avec des moyens matériels aussi disproportionnés, avaient néanmoins produit l'un sur l'autre le même effet. On tendit une corde à l'enfant; elle sortit intacte; l'on tua son compagnon à coups de fusil. Evidemment, dans ce cas, l'animal avait été frappé de ce qu'il croyait, et non point de ce qui était réellement.

Si maintenant nous résumons l'exposé de ces diverses sensations, nous dirons : La *peur* vient de l'appréciation que la *crainte* nous a fait faire; l'*effroi* de ce que nous voyons; la *frayeur* de ce que nous entendons; la *terreur* de ce que nous nous imaginons, et l'*épouvante* de la réaction nous laissant la force nécessaire pour fuir ce que nous ne pouvons éviter autrement. Enfin, en ne considérant que leur mode d'action, nous pouvons ajouter : La *crainte* tient l'âme en éveil; la *peur* la presse; l'*effroi* la met en suspens; la *frayeur* la saisit; la *terreur* l'égare, et l'*épouvante* la relâche.

DE LA HARDIESSE.

La hardiesse est le mouvement de l'âme portée avec assurance au-devant de l'objet agréable ou nuisible; cette impulsion est excentrique; elle peut se combiner avec toutes celles de la même espèce, soit dans la recherche du bien avec l'amour pour nous identifier avec ce qui nous plaît, soit avec la colère qui nous lance contre le mal pour nous aider à le repousser ou à le détruire. La hardiesse naît de notre confiance en nos propres moyens; elle affermit l'âme et l'exalte, en lui donnant la conscience de ses avantages. Elle peut être l'expression d'un besoin physique ou moral; ainsi elle seconde les passions ayant pour but la satisfaction d'un acte organique; elle soutient l'homme dans sa vie intellectuelle relative, en le rendant capable des plus grandes choses pour lui faire obtenir l'estime de ses concitoyens, bien dont la possession lui devient indispensable, et dont la conquête est une nécessité morale dans l'état de société où il doit vivre. Nous allons suivre ce mouvement dans ces acceptions diverses, en caractérisant par leur physionomie propre les différences marquées entre ses principales modifications : l'*audace*, le *courage*, l'*intrépidité*, la *témérité*. Nous ne considérons pas la hardiesse dans la signification d'effronterie, mais dans son côté noble, c'est-à-dire comme un secours généreux envoyé par la nature pour vaincre les obstacles à l'accomplissement de ses lois et de nos désirs.

La hardiesse s'accroît, ainsi que la colère, en raison de la résistance, mais d'une manière corporelle bien différente : la colère altère, dérange ou détruit l'ensemble des traits en forçant l'action musculaire; la hardiesse les développe et les montre sous l'aspect le plus favorable à l'imitation, par la raison

versaire ; la hardiesse ne fait que mettre les forces en évidence : l'une s'applique plutôt au mal, et l'autre au bien.

L'assurance forme le fond de la hardiesse ; elle se déploie dans la parole, dans le geste et dans la démarche de l'homme qu'elle ennoblit : tout est mâle dans cette passion ; tout respire dans celui qui la ressent la conscience de sa supériorité ; son attitude est celle de la puissance confiante en elle-même. Son corps s'asseoit avec aisance sur ses extrémités inférieures ; il se balance et se meut avec une majestueuse sécurité ; sa poitrine s'élargit ; ses épaules dégagées avancent alternativement ; elles suffisent pour déplacer l'air, sans le secours des bras plus rapprochés du tronc, et moins mobiles que dans la progression ordinaire : la disposition de ses membres est l'image d'un caractère ferme augmentant son énergie par la réunion de ses facultés ; ils ont moins de rudesse que dans la colère, et laissent dominer les parties supérieures. Sa main n'est pas serrée, mais sur le point d'agir. Son pied se détache librement du sol, qu'il empreint fortement de sa trace; sa tête, fièrement portée par le col, s'élève calme et sans crainte. Son regard est sûr; il plonge au loin dans le vaste espace qu'il embrasse; il fixe sans hésitation le danger : il frappe, étonne, fascine, impose, et plane sur les objets qui l'entourent comme le regard de l'aigle dans la nue; ses sourcils s'exhaussent sans contraction sur un front sans rides; ses narines respirent avec liberté; ses lèvres ne sont que légèrement fermées par l'élévation de l'inférieure repoussant un peu l'autre par l'appui qu'elle lui prête, de manière à laisser les coins au-dessous. L'œil n'a point la fixité droite de l'étonnement, état suspensif; il est à peine tourné; il se mêle à son expression un peu de mépris pour l'adversaire.

Tous les mouvements d'un homme hardi sont francs, ainsi que ses discours, soit qu'il parle à quelqu'un dont la condition est fort au-dessus de sa position sociale, soit qu'il aborde l'ennemi. S'il marche au combat, il tient sa tête non point comme celle du bélier s'élançant, mais droite et attentive; son corps paraît grandir par le développement qu'il lui donne; ses épaules s'effacent en étalant sa haute poitrine; il ne glisse point furtivement comme le lâche, il fait au contraire en sorte d'opposer une large surface au péril; son œil brille d'un vif éclat,

mettre plus vite aux prises avec le danger qu'il recherche et veut loyalement combattre ; car il va toujours directement à sa rencontre ; et, s'il s'agit de mettre fin à une entreprise hasardeuse, il est le premier à solliciter l'honneur d'en être chargé.

Voyez ensuite cet homme puisant sa hardiesse dans sa droiture ; il vient, sans peur et sans reproche, se présenter à l'examen sévère d'un juge investi du pouvoir suprême, dans l'intérêt des lois dont il est le premier sujet : que d'assurance dans son maintien, dans cet œil que rien n'intimide et ne ternit, et dont la paupière ne fléchit point sous le regard interrogateur pesant incessamment sur elle ! Que de grandeur dans sa défense ! Son attitude est accentuée comme sa parole ; ses gestes le laissent entièrement à découvert, car il tient à montrer son âme à nu ; ils sont empreints d'une sincérité qui arrête le soupçon ; il sont précis, calmes et imposants comme la pensée qui le soutient, le besoin de la considération de ses concitoyens. Sa vivacité à repousser la calomnie augmente avec la conviction qu'il fait passer dans l'esprit de ses auditeurs : bientôt il ne s'en tiendra plus à la défensive, il attaquera victorieusement le lâche qui l'outrage et veut flétrir sa vie ; il le pressera, l'écrasera sous sa parole vengeresse et dédaigneuse. Certes, il y a du grandiose dans l'expression de l'homme exaspéré par les injustices dont il a été la victime innocente, et réagissant ainsi contre l'oppression ; plein du sentiment de son bon droit et de sa dignité, il s'élève au-dessus de lui-même, et s'excentre pour accabler son ennemi du poids de la masse imposante d'arguments sans réplique.

Ce surcroît de forces qu'une surexcitation généreuse fait déployer en nous, n'a pas seulement un but exclusivement personnel, il peut avoir aussi pour motif la satisfaction des besoins de l'un de nos semblables ; mais ce mouvement est toujours dirigé dans l'intérêt de l'ensemble des êtres ; la nature n'encourage d'autre égoïsme que celui qui se rapporte à elle-même ; l'égoïsme individualisé, pris dans son acception la plus basse, est un vice de l'organisation sociale : c'est une branche nuisible, et que le tronc désavoue. Nous obéissons instinctivement à cette voix impérieuse ; elle nous commande de joindre nos efforts à ceux du malheureux qui se débat impuissant sous le mal qui le presse et

l'individu fait de ses membres, en les forçant à se prêter un mutuel secours. Cette puissance motrice générale est au tout vivant ce qu'est la volonté dirigeante de l'homme à l'égard des parties qui le composent.

Rien n'est effectivement plus propre à donner de la hardiesse que la vue d'un accident pouvant devenir funeste à notre semblable, ou la connaissance d'une injustice commise au détriment d'autrui ; nous ressentons alors une augmentation de vitalité, une chaleur entraînante; elle nous prête la force et la fermeté nécessaires pour protéger celui qui souffre et nous confondre avec lui : et cela, bien souvent, avec plus de vigueur que pour nous-mêmes. Quand on voit un homme sur le point de se noyer, on s'identifie à sa position, et, même en ne sachant pas nager, on est tourmenté du désir de le sauver en exposant ses propres jours pour prolonger les siens; on hésite moins encore à l'aspect de quelqu'un prêt à devenir la proie des flammes, parce que le danger est plus imminent. Il y a une voix bien éloquente en nous dans ces moments critiques, et si nous ne répondons pas instantanément à cet appel, nous restons longtemps après sous le poids du remords pour ce manque de résolution.

La hardiesse est toujours en raison des besoins; elle grandit avec eux, et d'une manière surprenante à mesure qu'ils se font plus vivement sentir. Toutes les passions excentriques, qui doivent être soutenues pour agir plus efficacement, lui empruntent ce que leurs seuls moyens ne pourraient leur fournir. L'affection maternelle, si craintive, si obséquieuse, y puise sa force et son énergie. Rappelez-vous cette mère florentine qui, s'élevant au-dessus de sa faiblesse de femme, va redemander à une lionne furieuse l'enfant que cet animal lui a pris, et l'obtient par son assurance imposante. L'amour, si timide à sa naissance, lui doit aussi ses plus doux triomphes.

La hardiesse dans la passion ayant uniquement pour objet les sens, a un caractère particulier; rien ne peut être comparé à sa physionomie; cependant elle rentre par le fond, dans les données générales que nous venons d'exposer; il est à propos d'en décrire ici les principaux signes. L'expression du satyre est un composé d'éléments constitutifs coordonnés et s'enchaînant de telle façon que les uns ne peuvent se rencontrer sans les autres : l'œil est

mélange de hardiesse, de désirs, d'ardeur lascive, d'impatience et d'espoir ; les paupières ne sont pas cachées dans ce cas par le refoulement musculaire produit par le rire ordinaire ; elles laissent à nu le globe pétillant ; elles se trouvent dégagées, en haut par l'action du surcilier remontant et ridant un peu le front, en bas par l'écartement des fibres ascendantes de l'orbiculaire, qui fixent et maintiennent les cartilages à peine mobiles ; la lèvre supérieure s'élève par l'effet expansif des zygomatiques ; l'inférieure étendue se retourne légèrement sur elle-même, pour aller se placer entre les dents incisives des deux mâchoires faiblement entr'ouvertes. Les joues sont animées et gonflées par l'effervescence du sang précipité vers la face entière ; il donne à la peau qui la recouvre un brillant et une tension inaccoutumés ; la bouche paraît impatiente du feu qui la dessèche ; les narines bruissent ; le col se roidit ; les gestes sont entreprenants et sans retenue ainsi que la parole.

La marche progressive de la hardiesse peut s'étudier dans toutes ses graduations chez l'enfant ; il appelle cette passion à son aide, quand ses moyens habituels sont sur le point de trahir sa volonté.

Voyez le bambin s'approchant à pas lents et incertains de sa mère, dans l'intention d'en obtenir la rémission d'une faute dont il est intéressant pour lui de se faire absoudre promptement ; plein de l'idée qui le tourmente, et sous l'impression involontaire de la crainte de ne pas réussir dans sa démarche hasardée, il s'avance, la tête basse, l'air embarrassé et la parole expirante sur ses lèvres allongées en moue : sa contenance est guindée; ses articulations sont à demi fléchies ; sa main se porte gauchement de son oreille, redoutant un refus, à ses vêtements façonnés en plis serrés par ses doigts indécis; son regard est louvoyant et oblique, il n'ose point se lever. Plus on paraît opposer de résistance aux vues du petit solliciteur, plus il s'efforce de surmonter l'état concentrique où il est plongé, afin de sortir avec honneur de sa position précaire. Mais si une main encourageante relève complaisamment son front incliné, si le timbre d'une voix amie annonce un pardon facile, les gestes de l'enfant enhardi deviennent peu à peu excentriques; sa parole est moins faible et moins lente; la tête se redresse;

loin; il saisit les mains et les habits de sa mère indulgente, et, pour hâter le mot d'oubli qui doit tout effacer et qu'il brûle d'entendre, il les presse, les déplace, les secoue, et s'anime par l'agitation où il se met; puis il grimpe sur les genoux qu'on lui abandonne; il caresse, il prie, il insiste, il se dépite et souvent il menace; enfin il a acquis autant de hardiesse qu'il avait auparavant d'inquiétude et de timidité.

Les masses présentent les mêmes symptômes consécutifs que l'individu : rappelez-vous ces temps heureux de l'enfance, où, sans autre souci que les soins légers de l'école, l'intérêt du moment vient seul occuper l'esprit; on n'éprouve qu'une crainte, celle de se laisser prendre en défaut par un maître attentif veillant également sur tous, et maintenant la discipline dans une troupe folâtre, ennemie de la gêne et toujours avide de plaisirs et de jeux. Des écoliers sont entreprenants, mais ils n'osent pas agir sans le concours de leurs camarades, de peur de se compromettre en se plaçant trop en évidence; veulent-ils mettre à exécution un projet de congé, ou bien obtenir l'accomplissement d'une réclamation tout aussi importante et dont le succès est difficile et douteux, vous les voyez fomenter sourdement d'abord une coalition dans la classe intéressée; un avis officieux circule de proche en proche et de rang en rang, sous l'égide des livres d'étude amoncelés en barricades que le regard redouté du surveillant ne saurait franchir.

Dès que l'étincelle électrique a fait vibrer tous ces jeunes cœurs impatients du frein qui les arrête, on se serre; les coudes se heurtent; le genou presse le genou; le pied cherche le pied; on s'interroge de l'œil et du geste; on chuchotte; on s'excite mutuellement à prendre l'initiative; des sons brefs et avortés surgissent çà et là; ils deviennent plus fréquents, puis ils fatiguent et déroutent l'attention redoublée du mentor : il ne peut mettre assez de prestesse dans ses investigations, et il perd souvent la trace du délit à l'instant où il allait l'atteindre.

Déjà la masse s'enhardit de l'impunité que ce petit manége lui assure; le secret va s'échapper; et quand l'interrogation banale : Que se passe-t-il donc ici, messieurs? se fait entendre, chacun alors se retourne ostensiblement vers son voisin, l'engage à répondre au nom de tous; et toujours raffermi par l'appui de ses complices, il se trouve un es-

désordre de l'école et la hardiesse des enfants sont au comble.

Passez maintenant à l'examen de ce qui a lieu chez l'homme fait; vous retrouverez toujours les mêmes signes caractéristiques suivis des mêmes résultats; jetez un regard observateur sur cette foule rassemblée dans un but d'intérêt commun; elle attend l'occasion favorable de se déclarer ouvertement et de faire un acte d'opposition d'autant plus vigoureux que le motif en est plus grave. Dans le principe, ces hommes sont inconnus les uns aux autres; on se tient sur ses gardes; on ne sait trop quel fond l'on doit faire sur ceux au milieu desquels on se trouve; on se méfie d'eux et de soi-même. Il semble que chaque fraction de cette agglomération humaine ne sache point pourquoi elle se forme ainsi, mais insensiblement de courtes phrases s'échangent; on sonde les intentions de la majorité des assistants : peu à peu l'on se comprend; les plus grandes difficultés s'aplanissent; l'agitation commence à se manifester sur le grand nombre de personnes réunies en corps; puis elle s'accroît par des grondements précurseurs de l'orage sur le point d'éclater. Enfin, certains de l'accord général, on murmure distinctement; on indique ce qu'il faudrait faire pour sortir de la position où l'on est engagé; les gestes sont de plus en plus véhéments; l'on trépigne des pieds; le corps se remue; les extrémités supérieures s'agitent: la masse fermente; elle s'élève, elle s'ébranle; des bannières improvisées surgissent çà et là; elles se balancent menaçantes au-dessus du flot populaire, et frappent de leurs plis onduleux l'air agité qui les fait se déployer et bruire : puis cette foule mutinée se répand enhardie et marche avec assurance; c'est un fleuve débordé, roulant impétueux dans le lit qui bientôt ne pourra plus le contenir, et prêt à renverser tout obstacle à son passage.

La hardiesse est une passion commune également aux animaux; elle leur sert à faire valoir et à soutenir leurs autres mouvements; elle se développe d'autant plus en eux, que toutes leurs passions ont en général pour but un besoin intéressant leur conservation même. Elle prend, dans ces circonstances impérieuses, une allure et une activité extraordinaires; on voit des loups affamés venir jusque dans les villes chercher un aliment à leur appétit vorace, malgré les dangers dont ils sont menacés dans l'exécution de leur entreprise. Les corbeaux, aiguillonnés

leurs petits, elles vont au-devant du mal pour le combattre : elles préfèrent les chances d'une lutte inégale au tourment de craindre pour leur progéniture. L'on parvient à exciter la hardiesse chez les animaux comme chez l'homme ; on le voit dans les moyens employés par les Anglais pour rendre leurs coqs plus ardents dans les combats qu'ils se plaisent à leur faire soutenir : des gestes animés, le regard, l'intonation de la voix, sont propres à le faire naître. Le chien qui vient, confus et rampant, faire amende honorable aux pieds de son maître, lui voit-il exécuter le plus petit mouvement favorable, s'aperçoit-il que sa parole est moins hostile, son œil moins courroucé, il frétille, il s'enhardit, et bondit autour de la main sous laquelle il se courbait.

L'audace va plus loin que la hardiesse ; elle est plus emportée et montre plus de hauteur et de fracas dans ses mouvements désordonnés : elle ne se contente pas de mettre les forces en évidence, elle provoque. La hardiesse juge le péril ; l'audace le brave. Les gestes corporels de cette dernière passion participent de cet emportement, son caractère principal ; ils sont excentriques au dernier degré ; l'homme entraîné par cette impulsion sort autant que possible de lui-même pour interpeller de plus près celui qu'il veut exciter par ses provocations : peu lui importe le rang de la personne à laquelle il s'attaque ; il ne désire qu'une chose, c'est d'être à même d'agir et d'en trouver le prétexte et l'occasion ; il ne cherche aucunement à se garantir du mal qui peut lui en revenir, il se place bien au-dessus ; il ne doute point de la supériorité de ses moyens. S'il est en présence de son adversaire, son bras, roidi par l'extension, va porter jusque sous la face de son ennemi un poing fermé qui insulte et menace ; son œil étincelle, son surcilier ne bouge pas ; une sorte de sourire sardonique, où se révèle une confiance illimitée, vient agiter parfois ses lèvres : ses discours sont d'une liberté extrême ; ils sont fortement accentués et d'un ton haut et superbe ; ils respirent le mépris, la colère et la certitude de vaincre.

Dans Homère, Ajax ne se borne pas à résister aux dieux, il les appelle au combat ; il les outrage et les brave malgré leur puissance ; il les attend en plein jour et lorsque la lumière lui permettra de diriger sur eux ses coups. Dupaty, dont les arts

s'attache au rocher, l'autre, dirigée vers le ciel en courroux, indique la menace et la provocation ; son regard est ferme comme sa volonté, et son pied dédaigneux semble repousser avec mépris le flot qui l'atteint déjà. L'attitude générale de cette belle figure en marbre rend bien cette apostrophe impie, donnant une idée si exacte du fils d'Oïlée ; elle s'élance tout entière au-devant des dieux réunis pour l'accabler.

On peut dire que *l'insolence* est à l'audace ce que *l'effronterie* est à la hardiesse ; ces nuances, dans une acception moins noble, servent encore à tracer une ligne de démarcation entre elles.

Le COURAGE est plus calme, plus réfléchi, plus grand dans ses moyens et dans ses effets ; sa résolution est plus durable ; il apprécie mieux et pèse tout avec plus de sang-froid ; c'est par des manœuvres franches et loyales qu'il arrive ; il peut succomber, mais il reste toujours lui-même ; il se montre également noble dans le malheur et dans la prospérité.

Le courage appartient plus à l'énergie de l'âme

qu'à celle du corps, ce qui le distingue de la hardiesse, agissant principalement sur les facultés physiques dont elle favorise les mouvements; il est moins passager que la hardiesse et l'audace : l'homme courageux l'est toujours et en toutes circonstances; et, soit qu'il lutte contre la mort sur le champ de bataille, soit qu'il l'attende sur un lit de douleur, il demeure constamment égal à lui-même. Le courage n'est point seulement applicable aux travaux militaires, la vie civile fournit plus d'une occasion d'en donner des preuves éclatantes. C'est du courage que déploya Régulus, lorsque, malgré les pleurs de sa famille et les instances de ses concitoyens, il alla rendre aux Carthaginois des jours qu'ils lui avaient prêtés pour un temps trop court. Régulus avait la certitude qu'une mort cruelle pourrait seule l'acquitter envers eux; mais ce grand homme ne voulait point compromettre et sa propre gloire et l'honneur du nom romain. Socrate buvant la ciguë était aussi courageux que le chevalier d'Assas mourant pour sa patrie.

Le courage semble augmenter par la chaleur qu'il répand dans nos organes; car c'est une loi générale; les passions, en nous poussant en dehors, produisent toutes, comme caractère générique, un excès de vitalité faisant refluer les fluides à la péri-

stimule encore par le bruit d'instruments sonores, afin de favoriser ainsi le mouvement excentrique nécessaire pour les déterminer. Tous les peuples guerriers avaient coutume de préluder aux batailles par des cris, des chants ou des sons bruyants; le clairon et la trompette furent les plus ordinaires, à cause de leur son éclatant; ils ne servaient pas seulement à donner le signal, mais encore à étourdir les plus timides sur le danger prêt à fondre sur eux. Le courage natif suppose toujours de la grandeur d'âme; ses gestes sont en conséquence empreints du caractère grandiose de cet état; il ne fait point parade de ses forces comme la hardiesse; il ne s'emporte pas comme l'audace; il se sert également de l'épée et du bouclier; il calcule davantage ses coups, et se livre moins quand il n'est point utile de le faire.

L'INTRÉPIDITÉ est le plus haut degré du courage; c'est une fermeté inébranlable; rien n'émeut l'homme que cette passion possède, rien ne l'étonne ni le surprend; son âme a tout prévu; les plus grands périls ne font sur elle aucune impression défavorable; elle n'ignore pas la grandeur du mal; mais elle se roidit contre et le combat. Ce jeune guerrier qui, dans les champs d'Arcole, vint planter le drapeau de la France sur un pont balayé par le feu meurtrier de l'ennemi, était intrépide. Horatius Coclès faisait plutôt preuve de *bravoure*, en défendant seul le pont qui pouvait livrer passage aux étrangers.

Les signes graphiques de l'intrépidité reproduisent cette ténacité de l'âme s'élevant au-dessus des causes qui l'assaillent et la persécutent; l'attitude d'un être intrépide est pleine de force et reflète la volonté puissante rayonnant dans tous ses gestes; son pied tient au sol aussi fortement que s'il y était scellé; sa face se découvre avec fierté; son œil annonce une résolution absolue; son front présente une confiance sans limites, comme l'espace où son âme s'élance sans hésitation; ses mouvements corporels sont précis et développés; ses muscles sont dans une tension qui les montre prêts à agir; l'intrépidité donne à l'ensemble un aspect de calme extérieur imposant, mais à travers lequel on voit cependant briller l'exaltation du héros. La hardiesse suppose toujours une marche progressive croissante, et par conséquent une succession non interrompue de mouvements corporels. L'intrépidité peut rester passible du vouloir réunissant toutes les facultés morales pour en faire un tout homogène et capable de résister.

On doit considérer deux sortes d'intrépidités; elles se distinguent par leurs effets ainsi que par leurs causes : l'une a sa base dans une haute conviction morale; l'autre vient d'une brutalité stupide, elle roidit les sens contre l'acuité de la douleur, en ôtant à la chair sa sensibilité naturelle. Dans le premier cas, on connaît toute l'étendue de la résolution prise; dans le second, on la subit sans examen. Dans l'intrépidité morale, l'intelligence seule commande à la matière; dans la sensation physique, la force brutale se place par sa puissance au-dessus de la torture infligée, et semble s'attacher uniquement à prouver jusqu'où peut aller cette abnégation d'elle-même. Dans l'expression du mouvement moral, l'action graphique se passe principalement vers l'œil et la bouche, dans l'ensemble de la physionomie de la face, et dans la main pour le reste du corps. C'est vers les muscles de la poitrine, des mâchoires et des ailes du nez, c'est dans la contraction particulière du pied, que les signes corporels de l'intrépidité physique sont plus évidents, bien qu'en général la tension musculaire soit vivement accentuée. Sous le point de vue moral, l'âme intellectuelle semble s'être séparée de la partie purement matérielle, et s'élever, par abstraction, au-dessus de toutes considérations terrestres. Dans l'acception physique, elle paraît s'être réfugiée dans chaque partie exposée à la souffrance pour la soutenir et la renforcer.

Pour bien expliquer notre pensée toute entière, nous allons opposer l'un à l'autre deux exemples où les circonstances que nous venons d'établir en principe se rencontrent d'une manière frappante. Plaçons d'un côté le martyr; il puise son courage dans une foi vive; elle lui fait regarder les choses de la terre comme devant être subordonnées aux exigences d'un pouvoir supérieur offrant une récompense sans borne pour les maux endurés en lui obéissant : mettons en parallèle le Caraïbe féroce; il entonne avec intrépidité son chant de mort à la lueur du brasier destiné à préparer ses membres pour l'horrible repas de ses ennemis réunis autour du foyer, et témoignant leur joie et leur impatiente voracité. Il y aura de la résignation chez le martyr; chez lui,

tière joue en lui un rôle négatif. La pantomime du sauvage montrera, dans sa roideur opiniâtre, un combat où la volonté domine le regimbement de la chair. Le martyr s'abandonne et ne cherche point à lutter ; pour lui, l'avenir est tout. Le Caraïbe n'est touché que du présent ; il ne veut fermement qu'une chose, se faire absoudre par ses vainqueurs de l'idée de lâcheté ; il s'attache à leur prouver qu'il n'est pas en leur pouvoir de lui arracher la moindre concession pouvant être une induction défavorable du caractère des hommes de sa nation.

Ces deux nuances ont été nettement établies dans deux compositions, empreintes de ce génie d'observation qui se remarque dans les œuvres de leurs auteurs. La figure du saint Etienne, dans le tableau de Lebrun, exprime avec vérité ce moment d'exaltation religieuse où l'homme livre avec confiance son âme au Dieu qui la créa, et laisse aux bourreaux une dépouille sans valeur à ses yeux. Ses mouvements corporels dénotent une abnégation complète ; ils ne sont modifiés que par l'effet des coups de pierre que le peuple en furie lance contre sa victime, Étienne, renversé à terre, est agenouillé; il s'humilie sous la main puissante qui l'éprouve, son regard résigné se dirige vers les cieux; il semble un dernier rayon de l'âme qui s'exhale et s'abîme au sein de l'éternité. A côté de cette sublime peinture du martyr religieux, la figure du Mutius Scévola, de Rubens, offre un contraste des plus frappants : le mâle pinceau de ce grand maître y a largement tracé ce caractère tout à la fois généreux et barbare du citoyen de Rome; il est devant Porcenna saisi d'étonnement, et il livre aux flammes d'un brasier ardent la main infidèle qui n'a pas su venger, dans le sang de ce roi des Étrusques, l'honneur du nom romain. La hardiesse de la pose, la tension des extrémités inférieures, la contraction des muscles du bras exposé à l'action du feu, l'assurance du regard témoignent que Scévola s'assujettit à l'exigence de sa propre volonté; son âme inébranlable, loin de se trouver en dehors, comme dans l'exemple précédent, est là, tout entière, à l'endroit où la douleur agit avec plus d'intensité.

La TÉMÉRITÉ est un mouvement impétueux et irréfléchi; il nous lance aveuglément au milieu des périls; l'âme, dans ce moment d'emportement fou

sans réserve à toute son impulsion. Un soldat téméraire se précipite dans le fort d'une mêlée sans avoir égard au nombre; il ne songe pas même à se ménager les moyens de revenir sur ses pas, si la nécessité d'une disposition imprévue venait le contraindre à la retraite : l'instant présent est tout à ses yeux fascinés; il est guidé par la présomption de sa supériorité : un tel homme est fait plutôt pour l'attaque que pour la défense; il frappe indistinctement à droite et à gauche; ses gestes sont d'autant plus excentriques, qu'il ne s'embarrasse point de savoir s'il peut être atteint par le fer ennemi : son sang bouillonne, son visage est étincelant, sa large prunelle est rayonnante, et darde de longs et présomptueux regards : un souffle brûlant résonne sous ses puissantes narines; son agitation est si grande qu'il ne sent pas la fatigue du combat; il est comme possédé du démon de la guerre; il se hasarde seul, lorsqu'il pourrait ménager sa vie en marchant avec sa troupe, et combattre protégé par elle : il se laisse emporter par son ardeur, et devient sourd au bruit du clairon qui le rappelle; il est tout entier à l'impulsion qui le précipite et l'aiguillonne.

Dans le commerce de la vie sociale seulement, la témérité se dépouille de ce vernis de gloire dont on se plaît à la revêtir quand elle se rapporte essentiellement aux dangers corporels; elle suppose alors dans l'individu qui la ressent un mouvement généreux : on voit de l'inconséquence et de l'irréflexion dans celui qui se livre à des spéculations aventureuses : ce dernier fait juger par la pétulance et la précipitation de ses gestes que rien de ce qui se passe en lui n'a été mûri dans sa tête légère. Il ne faut alors rien moins qu'une éclatante réussite pour le faire absoudre d'une semblable conduite.

Voulez-vous juger combien la hardiesse et ses modifications développent d'énergie? Lorsque les cris au feu! se feront entendre, courez aux lieux où le fléau sévit. D'abord, vous devez votre concours, comme citoyen, dans la lutte à soutenir contre le redoutable élément. Faites-vous acteur dans ce drame, et, tout en payant votre dette humanitaire, consolez vos regards par le spectacle des traits de dévouement et d'abnégation qui se produiront dans cette circonstance.

Reportez-vous maintenant en face de l'Océan, à l'heure où la tempête soulève la vague en furie et

Si l'impossibilité d'être utile vous cloue à la plage, découvrez-vous avec respect devant une intrépidité dont la grandeur ne peut se mesurer qu'à celle du péril, en tenant compte surtout du peu de chances de succès et de la presque certitude d'augmenter le nombre des victimes.

Que de nobles sentiments se manifestent aussi dans ces inondations, où peu de minutes suffisent pour changer la plaine en un lac immense, sillonné de courants rapides. Des bateliers s'improvisent. Il faut à tout prix sauver les malheureux réfugiés sur le toit d'une vieille masure. Elle va crouler sous le choc incessant des flots qui la battent en brèche avec des débris de constructions, des meubles, des arbres déracinés, des animaux et même des cadavres humains charriés à la surface bourbeuse et cachant d'autres désastres. Que de tentatives infructueuses! que de courage perdu! Le doigt seul de Dieu pourrait rétablir au livre d'or du peuple bien des titres dont l'onde et la flamme ont effacé pour tous la trace glorieuse.

L'impression produite par la hardiesse se lit aisément sur le visage et dans les gestes des spectateurs de l'ascension d'un aéronaute. Cette impression est d'autant plus vive que l'immensité dans laquelle il s'élance fait paraître son ballon bien fragile; car, d'après la résistance à vaincre, on peut le comparer à la bulle de savon éclose au souffle d'un enfant et que l'aile d'un moucheron détruit plus vite encore. Quelle anxiété au moindre obstacle! que de poitrines oppressées par l'attente du départ! mais au moment où l'aérostat prend majestueusement son vol, les chapeaux s'élèvent, les bras s'agitent, un cri d'admiration sort de toutes les bouches, une commotion électrique associe la foule enthousiaste aux péripéties du voyage aérien : les regards restent attachés à la nacelle, jusqu'à ce qu'un nuage en rompe la continuité, ou que le léger véhicule ne laisse plus un point dans l'espace.

Il faut le dire aussi, un intérêt puissant se rattache à ces intrépides explorateurs, cherchant des voies nouvelles, et répondant à ce besoin de progressivité qui est la loi de vie de l'humanité, la loi de tout ce qui vit. A mesure que l'arbre projette plus loin ses racines dans le sol, son faîte mieux affermi tend à se rapprocher des cieux. L'aérostation a déjà ses martyrs; n'est-ce pas une raison de penser qu'elle pourra réaliser un jour ses espérances?

dangers prévus, à l'aide d'exercices, où l'adresse et l'agilité jouent le principal rôle, on fortifie le corps et l'on affranchit l'esprit et le cœur de craintes souvent puériles et toujours préjudiciables : puis on prédispose l'âme aux élans généreux qui font les bons citoyens et les hommes utiles. La civilisation doit en retirer de grands avantages au point de vue de l'amélioration physique et morale. Il est à noter que la conscience de son courage et de ses forces, arrête toujours celui qui pourrait en abuser et le retient dans de justes limites.

La gymnastique, dont on trouve des traces dans Homère, fut toujours en grand honneur chez les Grecs. C'était un art gouvernemental avec ses lois, ses règles et ses applications au service militaire, à la santé, au développement des forces et par conséquent à la beauté des formes humaines. Le groupe admirable des lutteurs témoigne assez de l'estime que l'on faisait de ces exercices corporels. Comme tout se liait dans les préoccupations des chefs de ces nations antiques, le gymnase renfermait également les salles où les philosophes réunissaient leurs disciples pour agir sur leur intelligence en même temps que s'accomplissait leur éducation physique, sous la surveillance des magistrats et des juges appelés à décerner des récompenses aux vainqueurs.

De tous les animaux, le cheval est sans contredit celui chez lequel la physiononie de la hardiesse et de ses modifications apparaît d'une manière plus évidente et plus expressive; les autres espèces sont plus ordinairement secourues par la colère, auxiliaire plus redoutable, mais donnant à leur port moins de noblesse et de fierté. Voyez ce beau quadrupède enhardi par le cliquetis des armes ; comme il déploie avec assurance son large poitrail, et frappe de son pied orgueilleux le sol qui retentit et se détache en poussière tourbillonnante : sa tête est altière; son col se dresse et se gonfle; sa crinière s'étale; sa queue s'écarte de la croupe et balance ses crins ondoyants; son œil étincelle en traits de feu; ses naseaux mobiles se portent au vent pour y puiser un air plus pur et de quoi suffire à ses vastes poumons dilatés; sa bouche impatiente s'indigne du frein qui la fixe; elle le mord et le blanchit d'une écume abondante; ses oreilles s'érigent attentives, la conque en dehors et prête à recevoir le moindre signal du départ. Une généreuse ardeur sur-excite cet animal belliqueux ; elle ajoute encore à l'élé-

hardiesse vraiment remarquables par leur analogie avec les gestes de l'homme que cette passion anime et grandit.

Après avoir étudié ces modifications principales de la hardiesse relativement à l'individu, il est intéressant pour l'artiste d'indiquer l'impression produite par elles sur les divers spectateurs témoins de leurs effets : il ne suffit pas, dans une composition, d'attribuer au personnage principal une expression juste, il faut encore, pour faire croire à la vérité de la scène représentée, mettre les acteurs secondaires vis-à-vis de celui qui occupe le premier rang sur la toile, dans une situation analogue à celle où nous devons être nous-même par rapport à lui. Sur la scène, la pantomime des acteurs doit servir d'accompagnement à l'expression de celui qui parle. Talma et Mars savaient écouter.

La *hardiesse* des autres nous encourage à l'imitation de ce mouvement, si nous avons en nous des sentiments élevés; elle étonne celui dont la faiblesse est incapable de suivre un pareil exemple. L'*audace* indispose les puissants ; elle leur semble un attentat d'inférieur à supérieur ; elle plaît aux gens du peuple, voyant avec intérêt ceux d'entre eux qui prouvent jusqu'où peut aller leur force relative. Le *courage* exalte l'âme et remplit d'admiration pour l'homme qui le déploie : tout le monde s'incline devant le courage ; il se place au-dessus de tous. L'*intrépidité* nous commande et tient en suspens nos facultés comme paralysées par la grandeur et la puissance de caractère qu'elle révèle. La *témérité* excite ordinairement le blâme ; le succès le plus complet peut seul la faire excuser.

Enfin, en récapitulant les propriétés de chacune de ces nuances d'un même mouvement, nous dirons: La *hardiesse* expose nos forces ; le *courage* les emploie ; l'*audace* s'en sert pour provoquer ; l'*intrépidité* pour raffermir et consolider l'âme ; et la *témérité* suit leur impulsion, loin de la diriger.

DE LA FUREUR.

Considérée dans sa définition la plus large, la fureur est le degré le plus élevé des passions qui font sortir l'âme en dehors d'elle-même : dans sa signification particulière, c'est le mouvement le plus violent que l'on puisse éprouver en se portant au devant du mal pour le repousser. Nous allons l'étudier d'abord dans cette dernière condition; puis nous présenterons successivement ses diverses nuances dans la recherche ardente du bien, c'est-à-dire lorsque l'âme se précipite avec emportement au devant de ce qui lui paraît agréable, afin de s'en saturer et d'en jouir. Dans la signification plus restreinte que nous lui donnons maintenant, on peut encore la regarder comme le *summum* de la passion déjà décrite sous le nom de *colère*, passion ayant pour but principal d'augmenter notre énergie morale et physique, afin de nous donner la force d'éloigner promptement de nous ce qui pourrait nuire à notre organisation ou la détruire ; aussi la nature prévoyante, dans la crainte que la colère ne pût suffire aux besoins de l'homme, lui a-t-elle donné ce supplément, cette sur-augmentation de vitalité, la fureur.

Cette passion terrible doit présenter de grands traits de ressemblance avec la colère, dont elle semble la continuation : mais il est un trait caractéristique de séparation, établissant le point où l'une finit et où l'autre commence : la colère juge le danger : la fureur vient à notre aide à la dernière extrémité, elle nous aveugle au point de ne plus avoir une idée exacte de la résistance à vaincre; disposition admirable sans laquelle l'homme eût infailliblement reculé devant le péril, s'il n'eût pas été officieusement trompé sur son étendue.

plus ou moins court, mais toujours existant à sa naissance. Lorsque la fureur s'empare de l'homme, il ne se possède plus : aucune considération ne peut l'arrêter, même celle qui le touche le plus; il sacrifie tout, il se sacrifie lui-même au mouvement qui l'emporte et l'égare : il ne calcule ni la portée de ses coups ni la supériorité relative de l'objet de sa sur-excitation : il frappe au hasard; la passion seule dispose de son bras. Il se jette sans réflexion au-devant d'une force bien au-dessus de la sienne; il ne doute de rien; il semble que la victoire doive couronner infailliblement ses efforts. Il s'agite avec violence, ses mouvements sont vifs et rapides, comme les pensées qui se heurtent dans son esprit, ils se succèdent avec une célérité effrayante et ne lui donnent pas de relâche : il faut qu'il triomphe ou s'épuise; c'est le dernier effort de la nature aux prises avec la destruction. L'homme est alors comme le cheval, qui, s'étant débarrassé de son cavalier et ne sentant plus de frein, s'emporte sans but, et se livre tout entier à l'impulsion qui le pousse et l'aiguillonne. L'homme furieux a mis de côté la raison qui doit l'éclairer; rien ne peut le rappeler à des sentiments moins impérieux; ce qu'on peut lui dire pour l'apaiser redouble au contraire le trouble de son agitation. Il ne ménage plus les droits sacrés de l'honneur et de la justice; il foule aux pieds les convenances sociales les plus respectables : il brise tous les liens qui l'attachent à l'humanité; c'est un forcené brutal, et n'écoutant que les conseils de sa furie. Le désordre de son âme se reproduit dans ses idées bizarres, dans ses paroles véhémentes et sans suite, dans ses gestes décousus, si je puis parler ainsi, c'est-à-dire brusques, sans concordance entre eux; enfin il se retrouve jusque dans sa coiffure et dans ses ajustements défaits. Sa face ne présente pas des caractères moins frappants; l'œil est rouge, étincelant, et comme chassé de son orbite; il lance des regards effarés jaillissant en éclairs. Cette saillie apparente du globe de l'œil est encore augmentée par l'action des surciliers qui s'exhaussent; ils entraînent avec eux la paupière supérieure, qui, dans cette ascension forcée, agrandit l'ouverture palpébrale, et laisse, par sa retraite en arrière, l'œil plus en dehors; ce qui est un caractère différentiel de la colère, dans l'expression de laquelle les sourcils sont rapprochés.

Pour bien fixer l'attention sur ce point impor-

entraîne les deux autres parties, distinction qu'il ne faut jamais oublier. Dans la fureur, les narines sont plus dilatées ; car il y a besoin d'une plus grande quantité d'air dans les poumons pour seconder l'accélération du sang. Les ailes du nez forment une sorte d'entonnoir dont l'ouverture est en bas ; cette disposition permet à l'air de s'engouffrer avec plus de facilité, et cause cette espèce de rugissement à sa sortie, en passant du rétrécissement à la conque extérieure. Si la fureur est allumée par une cause morale, c'est vers les parties frontales que nous venons de décrire que se passe la plus grande énergie de l'action musculaire de la face. C'est au contraire vers les muscles de la mâchoire que la contraction est plus vive lorsque cette passion est causée par un motif purement physique. Il existe alors dans ces parties un jeu musculaire extrêmement remarquable : les triangulaires se contractent convulsivement et abaissent les coins de la bouche ; l'orbiculaire élargit ou resserre l'ouverture des lèvres, et laisse apercevoir les dents ou les cache alternativement ; les muscles crotaphites et masseters sont dans un état de tiraillement continuel; tout le système est ébranlé.

Lorsque l'objet de notre fureur est absent, nous faisons connaître à nos interlocuteurs les armes dont nous avons l'intention de nous servir pour assouvir notre vengeance. Nous les faisons vibrer rudement dans l'air, pour donner une idée de la force que nous saurons déployer. Quelquefois aussi nous agissons contre un objet inanimé, comme s'il était lui-même notre ennemi ; nous le personnifions, pour ainsi dire : nous le froissons dans nos mains, ou, le jetant contre terre, nous le faisons rejaillir en éclats ; nous allons souvent jusqu'à en écraser encore les débris avec les pieds ; nous affirmons que nous ne laisserons pas plus de traces de l'être abhorré dont cet objet inoffensif semble nous représenter l'odieuse effigie. Malheur à ceux qui, dans ces moments terribles, veulent contredire un homme en proie à la fureur ! S'ils parviennent à la détourner, c'est, comme le paratonnerre, en faisant tomber sur eux la foudre. Il suffit même, le plus ordinairement, de ne point partager les excès d'un furieux pour attirer sur soi le traitement destiné à l'adversaire absent.

Dans l'une de mes visites à la Salpêtrière, chez les folles dangereuses, j'entrai dans une cellule où

riture du fond d'une écuelle qu'elle tenait d'une main ; l'autre portait ces bribes alimentaires à sa bouche avide. Dès que je mis le pied dans sa loge, elle parut surprise de voir une figure étrangère, elle interrompit son frugal repas, plaça tranquillement près d'elle les ustensiles qui lui avaient servi, puis me fixant avec une attention toute particulière elle s'imagina que je pouvais être un homme bienfaisant, venant la délivrer de sa prison : en conséquence, elle me fit un récit rapide de la malice de ses parents; ils la retenaient, disait-elle, pour abuser de sa captivité et se partager ses biens immenses; son œil brillait de plaisir à me voir attentif à ses plaintes, et elle cherchait à les rendre plus touchantes par le ton de son débit. Son ardeur à me raconter ses tribulations l'échauffait insensiblement; tout à coup elle s'arrêta. Ses idées prirent une autre direction ; ses traits revinrent sur eux-mêmes, sa tête cessa ses mouvements obliques, son regard devint flamboyant; il ne quittait plus mon œil scrutateur, et semblait m'envelopper par fascination, comme l'araignée enlace dans ses fils un insecte imprudent, afin de le tuer à loisir. Sa bouche avait perdu sa souplesse insinuante, elle était muette ; ses lèvres palpitantes commençaient à se couvrir d'une écume blanchâtre ; ses mâchoires se frottaient circulairement sur elles-mêmes, et faisaient entendre un craquement sinistre ; ses sourcils se rapprochaient, puis s'élevaient, ridant son front où ses effroyables pensées étaient comme tenues momentanément en arrêt ; son corps était immobile ainsi que sa tête ; ses mains seules s'écartaient sourdement, elles cherchaient à tâtons et avec une sorte d'inquiétude quelque chose, dans le rayon qu'elles pouvaient parcourir sans appeler l'attention ; un doute affreux semblait l'absorber.

Enfin, je ne fus plus à ses yeux qu'un bourreau ajouté à ceux dont la mission était de la tourmenter sans cesse : cette idée parut s'accroître encore par la présence du médecin, qu'elle n'avait point distingué d'abord.

Cette femme, entrant en fureur, commença par gesticuler, en m'adressant les plus vifs reproches et les expressions les plus amères ; en vociférant, elle secouait avec force sa tête ; elle la dirigeait de mon côté, comme si elle eût voulu m'en frapper ; son bonnet tomba par l'effet de la secousse ; ses cheveux gris et mêlés s'échappèrent et vinrent se

tais son complice, et savoir sur lequel des deux elle devait d'abord faire tomber sa fureur. Elle tendait vers nous ses bras maigres et menaçants, car son corps était trop fortement retenu pour qu'elle pût faire d'autres mouvements ; ses doigts se contractaient comme lorsqu'on veut saisir un objet pour le déchirer, et sa main pressurait le vide comme elle eût fait d'une matière qu'elle aurait pétrie. Les muscles inférieurs de la face se tiraillaient convulsivement, à la manière des animaux s'apprêtant à dévorer leur proie. Cette furie s'élançait par bonds aussi loin que ses liens pouvaient le lui permettre ; elle ressemblait à un tigre indompté s'efforçant de briser sa chaîne. Son col roidi s'avançait rugissant ; il était couvert de plis anguleux produits par la contraction du muscle peaucier et comme rattachés en liasse par les branches artérielles qui les enserraient. A chaque élan, cette effrénée retombait avec plus de force sur son lit ; elle essayait de prendre avec ses pieds un point d'appui sur son matelas, qu'elle avait ramassé sous elle. Ses mains rapaces avaient une contractilité convulsive : ses yeux roulaient avec férocité dans leur orbite creux et livide; ils laissaient apparaître successivement dans leur rotation accélérée tantôt une prunelle ardente irradiant comme un fer incandescent qui projette au loin ses parcelles embrasées; tantôt un globe d'un blanc jaunâtre sali de taches de sang, et formant par la rapidité du mouvement imprimé un ensemble douteux de bleu, de jaune et de rouge fondus en une seule teinte. Son agitation fut bientôt à son comble. Dans l'impossibilité de se précipiter sur nous, elle saisit brusquement son écuelle, et la lança à notre tête avec une roideur incroyable, tant ses forces avaient augmenté d'énergie; mais son trouble était trop grand alors, elle ne put nous atteindre.

Nous nous éloignâmes aussitôt, de peur d'aggraver la position de cette infortunée. Elle renouvelait cette scène affreuse toutes les fois que l'on entrait dans sa loge, même pour lui porter les aliments nécessaires à sa triste existence.

La fureur, dans l'extrême colère, ne nous laisse point la faculté d'apprécier toute l'étendue du danger à repousser dans l'intérêt de notre conservation; elle nous ôte aussi la faculté de juger sainement des difficultés propres à nous décourager dans la recherche du bien. La fureur, dans les autres pas-

pour satisfaire leurs désirs ; ni les lois rigides de la société, ni le rang ne les retiennent, et la privation du bien convoité peut amener chez eux les plus graves accidents.

Voici à ce sujet une observation complète que j'ai pu faire. Un jeune homme, dans son enthousiasme pour l'étude des beaux arts, s'était imposé les plus grandes privations ; il devint éperdument épris d'une jeune femme occupant dans le monde une position élevée. Lui, n'ayant pour logis qu'un grenier, pour vêtements que des habits modestes, et qui pour se nourrir n'avait pas toujours assez de pain ; lui, n'apercevant d'avenir qu'à travers ces difficultés innombrables et ces déboires amers encombrant la carrière où le génie naissant doit marcher ; lui, sans beauté ni fortune, il osa prétendre à une main refusée à de hautes et puissantes sollicitations. Il fut éconduit. Dès l'instant son existence fut bouleversée ; l'amour et toutes ses fureurs vinrent s'emparer de son esprit et absorber toutes ses facultés. J'aperçus facilement un changement dans ses

habitudes ; il se passait quelque chose d'étrang
dans cette âme ardente : son caractère naturellement expansif était devenu soucieux et distrait ; sa
mise était plus recherchée, et ce nouvel impôt était
prélevé sur son abstinence. Il ne visitait plus ses
amis, et quand par hasard je le rencontrais dans la
rue, je le trouvais toujours gesticulant avec feu, ou
bien stupidement arrêté par des méditations profondes. Je saisis la première occasion de lui demander la raison de sa conduite. Il parut hésiter
un moment ; puis se laissant aller à son abandon
ordinaire, il me fit un récit dans lequel je ne pus
rien comprendre, rien absolument, si ce n'est qu'il
était devenu amoureux ou fou. Son exaltation était
grande en me parlant de sa passion ; il crut sans
doute suffisant de décrire les perfections de son
idole pour que je devinasse immédiatement cette
personne ; il ne me la désigna pas autrement. L'a-
mitié que je lui portais m'engagea à lui faire de
justes remontrances sur le tort qu'il se faisait en
poursuivant une chimère. Mes raisonnements ne
firent aucune impression sur lui ; il m'interrompait
à chaque phrase pour continuer son thème favori,
et certainement sans l'intention de me désobliger.

A peu de temps de là, j'allai chez un ami commun ; à peine étais-je assis, que tout à coup nous

sa cravate dénouée, son gilet ouvert, sa redingote en lambeaux, ses cheveux hérissés, son air hagard, tout indiquait une grande révolution en lui. A cette vue, nous restâmes stupéfaits; nous attendîmes dans l'anxiété la plus vive l'explication de cette scène étrange. Ce malheureux jeune homme ne prononçait pas un mot; de longs soupirs s'échappaient de sa poitrine; son visage altéré montrait les traces récentes d'une émotion profonde, et son front mobile était comme une arène où les pensées les plus impétueuses se disputaient la prédominance. Ses bras se roidissaient, se tordaient; ses mains, répercutant la secousse imprimée, froissaient convulsivement le chapeau qu'elles tenaient étroitement serré; puis, comme s'il luttait contre une idée insupportable, il élevait sur la pointe des pieds son corps étendu pour le laisser retomber de tout son poids sur ses talons, dont les contre-coups ébranlaient le plancher. La personne chez laquelle j'étais, alla vers lui dans le dessein de le calmer, mais il la repoussa rudement; il se mit à marcher à grands pas dans la chambre en lançant autour de lui de foudroyants regards.

Il s'arrêtait tout court ; sa bouche exprimait un rire de mépris et de pitié, mouvement accompagné par le geste de la tête et des épaules s'agitant d'une manière aversive. Parfois son pied trépignait ou râclait le sol comme s'il écrasait une chose immonde ; dans d'autres moments il se frappait le front et la poitrine ; il cherchait à arracher son gilet trop lourd sur son cœur. Nous n'osions rien dire ni rien faire, de peur de l'exciter davantage, lorsque, échappant pour ainsi dire à l'oppression qui le gagnait, il s'écrie en gémissant : J'étouffe ! il demande de l'air, et, sans plus tarder, il s'élance vers la fenêtre, et d'un coup de poing il fait sauter le verre en éclats. Sa main blessée se rougit de sang ; il ne s'en aperçoit pas, et toujours empressé de se débarrasser de toute entrave, il jette en bas ses vêtements, puis se déshabille. Nous croyons que son frénétique accès va cesser ; mais, libre enfin, il se précipite vers la muraille pour s'y briser le crâne : nous devinons sa pensée et nous nous emparons de sa personne. Il fait, pour se délivrer de nous, des efforts incroyables, et sans le secours de plusieurs voisins accourus au bruit, il nous eût été impossible de le maîtriser. Tous ces bras suffisent à peine pour le maintenir ; on le couche sur un matelas mis à terre ; il continue à se débattre en poussant des hurle-

dents, il le met en pièces. N'ayant plus d'aliment à sa fureur, il saisit avec ses dents l'oreiller placé sous sa tête et le déchire d'un trait. Sa bouche est écumante; le globe de l'œil est rouge et dépasse l'orbite; les veines des tempes et du col paraissent prêtes à crever par la quantité de sang qui s'y porte; la face est bouffie et colorée; les lèvres sont palpitantes, épaisses et d'un rouge éclatant; les dents grincent et crient; les narines raisonnent sous le souffle qui les fait bruire : les mains se crispent avec une telle violence que les doigts en sont comme désarticulés : les pieds libres mettent en mille lambeaux les draps dont ils sont enveloppés. Enfin un épuisement total met fin à cette crise. Le lendemain une fièvre cérébrale se déclara, et à la suite un état de folie qui dura six semaines. Cet infortuné reprit après ce laps de temps l'usage de sa raison; mais il se livra de nouveau à la passion qui l'avait réduit à cette triste condition; il tomba dans une maladie de langueur et mourut.

L'ivresse, portée à son plus haut degré, excite souvent une fureur terrible chez l'homme d'un tempérament naturellement irascible. Celui qui la ressent offre des symptômes semblables à ceux que nous venons d'indiquer : dans l'un et l'autre cas, il y a également sur-excitation, avec cette nuance cependant, dans le premier la cause est naturelle, et dans le second elle est factice; mais les résultats en sont absolument les mêmes, sauf de légères modifications. En effet, que le moyen soit ou non fourni par la nature, il suffit que l'organe où est le siége de la passion excitée soit mis en jeu pour la produire.

Quel que soit l'être vivant que la fureur anime, elle suit toujours la même marche au fond; sa formule seule présente les variantes nécessitées par l'organisation propre de l'individu. Nous allons la suivre chez la race animale se présentant le plus souvent à notre observation.

Deux dogues à large encolure, à la patte robuste et fortement unguiculée, hargneux par habitude et féroces par instinct, les crocs à l'air et la langue alléchée, se rencontrent-ils inopinément au détour d'une rue ou près d'un monceau de débris culinaires promettant à leur voracité pressante une bonne curée : les deux champions, aguerris par maints combats et vivement impressionnés, s'arrêtent simultanément; leur poil s'érige; la gueule se

instant que pour jeter un regard furtif sur le bien en litige. Leurs pattes se déploient lentement dans leur progression lente et demi-circulaire, de façon à faire glisser le corps en avant et sans secousse; leur allure est contrainte; elle est aversive. Puis arrive un moment où ils interrompent cette manœuvre préventive pour se mettre en garde; ils posent sur trois pattes et tiennent, au-dessus du sol, l'antérieure plus éloignée du concurrent au butin : on voit alors le mouvement des muscles de leur mâchoire découvrir à nu les dents semblant s'aiguiser; le frémissement des naseaux active la respiration. L'orage est sur le point d'éclater : un grognement précurseur plus accentué se fait entendre, la langue pourlèche la gueule irritée; les deux chiens se projettent en avant, le col allongé par une tension forcée; le museau s'élève; le corps s'assouplit, et au moindre signe ils s'élancent furieux l'un contre l'autre : ils se harcèlent de coups de dents aussitôt rendus que donnés; ils cherchent à se happer aux saillies offrant plus de prise à leurs morsures; et quand ils ont fixé leurs dents meurtrières sur un endroit, ils s'acharnent à tirer à eux pour arracher la chair en lambeaux. Leur ardeur frénétique s'accroît encore par une résistance opiniâtre. Tantôt par leurs efforts contre-balancés ils se redressent sur leurs extrémités postérieures; ils se colletent avec des chances égales, et n'ont d'autre appui qu'eux-mêmes pour garder cette position; ils se maintiennent, s'attirent, se repoussent, se secouent, se tordent ensemble; tantôt accrochés mutuellement, ils se roulent dans la fange du ruisseau, alternativement dessus ou dessous, mais toujours aussi dangereux l'un pour l'autre. Tout ce que l'on ose essayer pour les séparer est inutile : rien d'étranger à eux ne les distrait : ils ne sentent, ils ne voient qu'eux seuls; ils se heurtent aveuglément à tous les objets rangés dans un court rayon. Cette lutte ne se termine que lorsqu'un de ces furieux cède, par l'anéantissement de ses forces, le champ de bataille au vainqueur; ce dernier ne quitte pas la place sans avoir, par un mouvement contractile général, ébranlé tout son système musculaire; il rejette toute parcelle de contact, si je puis m'exprimer ainsi, et favorise l'économie normale des masses charnues déplacées, comme on secoue un plumeau ébouriffé pour en remettre les plumes dans leur état primitif.

Telles sont les données fondamentales de la fu-

l'amour : elle aura l'impétuosité, le fracas de la colère quand elle en sera la suite. Elle retiendra quelque chose de la paralysie intellectuelle de l'ivresse quand elle en sera le produit : on la fera basse et aveugle chez la brute; généreuse, hardie, entraînante dans la recherche des biens intéressant le développement des facultés morales.

La fureur emprunte encore de notables modifications à d'autres circonstances; ce mouvemeut est plus concentrique, plus soutenu chez les bilieux les bilieux-sanguins sont plus plus sujets à son emportement et à sa fougue. La fureur demeure peu chez les sanguins; elle a très-peu de prise sur les lymphatiques et les personnes dont la mélancolie est le caractère habituel.

De la RAGE. Souvent cette exaltation violente, mise en nous par la nature dans un but conservateur, est encore au dessous du besoin et ne peut être utilement employée contre un objet trop supérieur. Alors elle retombe sur celui même qui devait en user pour se préserver de toute atteinte : elle passe alors à la rage, passion aussi ardente que la fureur, mais allant moins loin chercher sa victime : c'est la fureur aux prises avec la fureur. La fureur cesse faute d'aliments ; la rage s'entretient par elle-même quand elle ne peut s'assouvir sur un autre aliment.

L'homme possédé par la rage devient semblable aux bêtes féroces ; comme elles, il se sert de ses dents et de ses ongles pour contenter la soif de sang qui le dévore ; il déchire avec joie le corps de son ennemi vivant ; il s'acharne encore sur son cadavre, tant il est altéré de vengeance. Cette passion prend tellement d'empire sur les sens, que si des obstacles insurmontables s'opposent à l'accomplissement de ses désirs, il se rend lui-même la proie de sa frénésie ; il exerce sur son propre corps les cruautés qu'il voudrait faire souffrir à ce qui lui échappe, comme s'il voulait par là se punir de son peu de moyens d'obéir à sa volonté. Dans la rage concentrée les sourcils se serrent ; l'œil est hagard ; l'écume coule de la bouche ; les muscles sont dans la plus grande agitation ; l'on se meurtrit, et c'est dans la blessure déjà faite que l'on cherche à faire une autre blessure. On rapporte qu'un Italien perdant au jeu toute sa fortune, se contraignait assez, par amour-propre, pour ne point laisser paraître sur sa figure une vive émotion : un des assistants avait remarqué

labourée avec ses ongles.

La rage naît le plus souvent de l'impossibilité de satisfaire un besoin physique, la faim ou la soif. On se rappelle ce qui arriva sur le radeau des naufragés de *la Méduse*. Ces malheureux, privés de nourriture, se soulevèrent plusieurs fois, sans raison plausible, pour s'entre-déchirer ; un instinct féroce les poussait alors, malgré eux, à se ruer aveuglément sur leurs compagnons pour mettre une fin à leurs misères, soit en perdant un reste de vie, soit en préparant ainsi une horrible pâture à leur estomac insurgé. Géricault, dont la mort prématurée a laissé de si douloureux regrets, a fait de cet épisode un tableau d'une effrayante vérité ; en peintre habile, il a choisi le moment le moins hideux à présenter ; c'est celui où l'espoir que fait naître la vue d'une voile à l'horizon, vient ranimer ces êtres faibles et abattus par de si cruelles souffrances.

Il est une maladie épouvantable, commune aux hommes et aux animaux, parce qu'elle tient à l'organisation physique, c'est l'hydrophobie, la rage proprement dite, dans laquelle les symptômes affreux que nous venons d'exposer se représentent à un degré tel, que jusqu'à présent, l'art de guérir n'a point trouvé de moyens curatifs certains. Il n'y a plus de retour possible à la vie pour l'infortuné qu'elle agite. De rares lueurs de raison viennent encore éclairer l'homme sur sa position, mais il ne peut s'empêcher de se jeter sur ses parents et sur ses amis; il a cependant la conscience du mal qu'il peut leur communiquer, et souvent il est le premier à les engager à prendre la fuite.

Cette passion affreuse n'est pas toujours seulement le résultat d'une altération organique directe; des exemples prouvent que des symptômes analogues à ceux de la rage peuvent se développer chez un individu par la puissance unique de l'imagination frappée. Voici un fait à l'appui de cette assertion. Un animal malade avait transmis la rage à plusieurs habitants d'une petite ville; l'esprit tout occupé de ces bruits alarmants, un homme est inopinément mordu par un chien; persuadé qu'il va subir les conséquences les plus rigoureuses de ce funeste événement, il retourne à la hâte à son logis; il met ordre à ses affaires, et dépose, dans un testament olographe, ses dernières volontés. Tranquille sur ce point, il s'empresse d'écrire à ses parents et à ses amis, pour les informer de sa position;

inutile ; et à la suite d'un accès furieux qu'il eut en présence d'un solliciteur obstiné, on n'osa pas insister davantage. Déjà il ne prenait plus de nourriture, et son horreur pour toutes boissons était parvenue au point qu'y penser le faisait souffrir ; sa tête s'exaltait de plus en plus ; il avait des vertiges ; il éprouvait l'envie de mordre ; son abstinence forcée l'avait considérablement amaigri ; il n'était plus reconnaissable. Cette aventure déplorable fit du bruit ; quelqu'un se rappela avoir vu le chien cause première de cet accident ; cette personne fut aux informations et s'assura que cet animal n'était point hydrophobe. Ravie de cette importante découverte, elle se munit de cette pièce irréfragable de conviction, et l'apporta au malade, qui, sans cette preuve matérielle, eût infailliblement succombé par l'effet unique du dérangement de ses facultés intellectuelles, causé par l'erreur de son imagination.

L'étude des symptômes des deux mouvements extrêmes que nous venons de décrire prouve entre eux des différences essentielles propres à établir clairement leurs propriétés respectives. Ces signes particuliers peuvent se formuler ainsi dans leur expression la plus simple : La *fureur* s'élance au devant de l'objet ; elle renverse et rejette tout ce qui l'excite. La *rage* attend sa proie : elle la broie à plaisir afin de s'en nourrir à profit ; elle l'attire pour la dévorer là où elle est. L'une est rapide dans sa marche, et s'apaise après avoir repoussé ce qui lui nuit ; l'autre procède plus lentement, et rumine encore ce dont elle s'est salement repue. La *fureur* use ses ongles en frappant l'ennemi : la *rage* les fait disparaître sous sa propre dent. La première est principalement excentrique ; la seconde tient plus de la concentration.

DU DÉSESPOIR.

Le désespoir vient de la persuasion où nous sommes que le mal est par trop au dessus de nos forces pour pouvoir lui résister; c'est l'état de l'âme qui s'abandonne et se livre. Il y a deux périodes dans le désespoir : l'une négative, avec prostration des facultés morales et physiques; l'autre éminemment active, communiquant une dernière et salutaire secousse à l'économie entière; cette réaction vitale est un dernier effort tenté par l'individu qui succombe. Nous allons présenter successivement l'étude de ces deux nuances se rencontrant dans toutes les passions violentes; le désespoir est de ce nombre. Le caractère prédominant du mouvement négatif est la *tristesse*, passion née de l'âme à l'état de faiblesse.

L'homme sans ressources devient sombre, taciturne, abattu; son corps s'affaisse; ses membres sont comme brisés; sa tête se laisse aller sur sa poitrine; ses extrémités inférieures sont sans vigueur pour le soutenir; il est accablé, anéanti. Son regard est morne, sa bouche est silencieuse, et si quelque son se fait entendre, c'est un long soupir souvent interrompu. L'être agité par le désespoir paraît d'abord faire un retour sur lui-même, se consulter sur les moyens qui lui restent pour échapper; lorsque enfin il ne peut plus douter de sa position, son âme se soulève encore à l'idée d'une soumission complète; elle s'échauffe peu à peu, et son inquiétude commence à se reproduire au dehors. L'homme naturellement faible pleure au souvenir d'une perte irréparable; il s'attendrit sur lui-même, et se regarde comparativement comme l'être le plus malheureux; il accuse le sort d'être injuste en lui envoyant des tribulations que d'autres ont mieux

le détournant un instant du sentiment de sa nullité, font bientôt place à la vérité nue et le replongent dans le découragement.

Si l'instinct de sa conservation se réveille encore en lui, il tâche de rappeler son énergie éteinte en employant des moyens violents, afin de recouvrer la force de s'isoler du mal, ne pouvant le combattre ; il s'arrache les cheveux, il se meurtrit la poitrine, il se prodigue les épithètes de lâche, d'homme sans cœur, il met ses vêtements en lambeaux, comme pour ôter un poids au poids qui l'écrase et l'empêche de sortir de l'état de torpeur dans lequel son âme est retenue. Mais, en dépit de cette surexcitation factice, s'il sent l'impossibilité de reconquérir ce qu'il a perdu, son front se courbe et s'humilie, il se jette à terre, comme on abandonne un objet inutile; il se met dans la position d'un homme attendant la mort pour être délivré de ses maux. L'idée de mettre fin à ses jours le préoccupe ; c'est sa seule ressource ; mais quel mode suivra-t-il? Un reste d'amour de la vie, et la crainte, compagne de la faiblesse, le font balancer... Il hésite, il compare les moyens de se donner la mort, et ne se trouvant point assez ferme pour se la procurer lui seul, il appelle à son aide le bras d'un ami; il se plaint amèrement de ce que l'on puisse lui refuser ce dernier service.

Le caractère principal du désespoir concentrique est le relâchement musculaire, comme il y a relâchement moral. Aussi, quand on ne peut plus se bercer d'aucune espérance, ne fait-on rien pour faire renaître les forces du corps et de l'intelligence; celui qui désespère sans avoir la force de se détruire, préfère ne prendre aucun aliment; il les refuse; il ne veut accepter aucune consolation de la part de ses amis. Il se retire du monde où l'on pourrait lui offrir des distractions; il s'isole; il est fatigué de lui-même, les autres ne feraient encore qu'augmenter son dégoût de l'existence; il est comme stupide; une langueur générale parcourt son être et lui ôte le désir et le regret; le bien ni le mal ne le touchent plus; peu lui importe l'opinion, l'estime ou l'animadversion publique; la fortune ou la misère lui sont indifférentes; la vie lui est à charge, et sa seule occupation est de tâcher d'en sortir par une voie qui ne l'expose pas à une douleur trop aiguë.

Le désespoir suit cette marche en régnant dans une âme molle et naturellement faible; dans un

la compression est grande, sans toutefois être absolue, plus le ressort se détend avec violence, le désespoir réagit chez les individus doués d'une certaine force morale. Ils sont saisis d'abord, mais bientôt ils savent, par des moyens prompts et énergiques, se soustraire aux conséquences d'un mal inévitable; la figure pâlit; les membres se resserrent; les idées convergent en un seul point, la mort, qui rétablit l'équilibre. On peut citer à l'appui un fait consigné dans nos fastes. On reprochait à un homme d'un grand courage, en le conduisant au supplice, de paraître trop faible : Non, répondit-il, mais je t'échappe! et sa main retirait de son sein un stylet dont il venait de se frapper à l'instant même. L'être chez qui le désespoir peut réagir éprouve bien d'abord l'abattement, le découragement appartenant aux prodromes de cette passion; mais ces effets ne durent guère, et bientôt la fureur vient à son secours. Cet emportement consécutif tient au caractère distinctif de cette passion, qui est l'*abandon de l'âme*: aussi toutes les actions de l'homme exaspéré sont empreintes de témérité; il se jette aveuglément sur tout ce qu'il rencontre, sans choix, sans but; la résistance à vaincre est indifférente à ses yeux; il a fait le sacrifice de son existence; et s'il se trouve, par exemple, au milieu d'une bataille à la perte de laquelle il ne veut pas survivre, il se précipite dans le plus épais des bataillons sans crainte et sans espoir; il cherche la mort, mais une mort convenable à sa dignité. Les Romains croyaient que se tuer était un devoir s'il n'était plus possible de vivre sans déshonneur; l'histoire en fournit plus d'un exemple: Caton lui-même s'ouvrit les entrailles: du temps des empereurs, le suicide était commun; il fut même de mode, si l'on peut appliquer ici cette expression à un acte que la loi naturelle et la société humaine réprouvent également quand il a une cause exclusivement personnelle.

Les femmes, d'une nature moins solide, se découragent facilement; elles sont plus sujettes au désespoir que les hommes; elles succombent moins vite cependant, à cause même de leur faiblesse constitutive; mais leurs actes sont aussi véhéments, aussi aveugles que ceux de l'autre sexe. Le désespoir agit peu sur les organes usés d'un vieillard; toutes ses pensées se dirigent vers le ciel, son seul protecteur; il lui tend les bras, l'invoque, l'accuse; mais il ne fait rien par lui-même pour s'aider à sortir d'une

emportements, mais bien rarement une ténacité longtemps soutenue dans leurs résolutions.

Il est entre la douleur morale et le désespoir plusieurs points de ressemblance : cela s'explique si l'on se reporte au but du désespoir, dernier degré de la lutte d'un individu contre un mal supérieur. Le désespoir est au fond un mouvement consécutif d'une sensation douloureuse trop forte; et de là les rapports intimes existant entre eux; mais voici en quoi ils diffèrent essentiellement : tant qu'il n'y a que douleur, il y a plus ou moins de résistance ou de résignation; dans le désespoir, on a toujours recours à un moyen extrême pour mettre un terme aux atteintes insupportables du mal, soit en émoussant toute sensibilité devant l'objet par un abandon sans réserve, soit en poussant le malheureux à se détruire, dans l'impossibilité où il se trouve d'agir efficacement contre une cause qu'il ne peut neutraliser d'une autre manière.

Le désespoir est souvent le résultat d'un long enchaînement de circonstances tellement malheureuses, que, malgré tous les efforts tentés, on est resté constamment au-dessous ; l'on arrive graduellement à perdre toute espérance ; on éprouve, non pas, un sentiment formel de désespoir, mais un découragement qui dégénère en apathie, puis devient une insouciance complète, amenant l'insensibilité : on n'a plus assez d'énergie pour se décider, soit à opposer une force d'inertie, ou bien à s'élancer témérairement au-devant du coup : la vie manque bientôt d'éléments nécessaires ; elle s'éteint par consomption, état vague et indéterminé dont la mort intellectuelle est une conséquence première, précédant de bien peu la dissolution totale de l'individu.

Le désespoir poussé à l'extrême prend un caractère de fureur ; il aveugle celui qui se laisse enlever par son mouvement irréfléchi. Quand tout espoir d'éviter la mort est perdu, quand tous moyens de réagir sont reconnus inutiles, on ne cherche plus à soutenir une lutte trop inégale ; une seule pensée prédomine, celle d'échapper à l'action infiniment supérieure qui écrase. Chaque année, de nombreux suicides viennent épouvanter le monde : ils sont des preuves bien tristes de la violence et de la force de persuasion du désespoir. Combien de gens ont péri victimes d'un funeste égarement, et quelles froides combinaisons pour s'ôter toute possibilité de revenir sur une fatale résolution ! Alors l'impression est

une sorte de râlement qui lui faisait craindre pour les jours de ce malheureux; j'y courus. Je reconnus au son crépitant résonnant dans la chambre et au soin avec lequel un linge avait été glissé entre le seuil et la fermeture, qu'il y avait là sans doute un asphyxié. On enfonça la porte. Nous trouvâmes un moribond expirant sur le sol qui lui servait de lit; il était déjà défiguré par l'effet de la vapeur d'un fourneau de charbon, dont la transformation en cendres attestait que son gaz délétère avait agi depuis trop longtemps. Il était vraiment impossible de calculer plus studieusement toutes les précautions à observer pour atteindre sans retour le but proposé, mourir. La cheminée était close hermétiquement à l'aide de vieux morceaux de linge cousus ensemble avec un long travail; les moindres fissures pouvant laisser entrée à l'air extérieur se trouvaient remplies par des chiffons intercalaires; il n'y avait pas jusqu'au trou de la serrure qui ne fût garni d'un bouchon de papier. Cet homme, vivement regretté de ses voisins, s'était détruit par excès de misère, après de vaines démarches pour se procurer, à la sueur de son front, un pain qu'il ne voulait pas devoir à l'aumône.

Le désespoir instantané se termine, ainsi que tous les mouvements de l'âme violemment sur-excitée, par une excentration impétueuse qui la précipite dans une voie où elle ne peut plus se retenir et se livre à tous les excès imaginables pour se débarrasser des maux dont le poids est trop lourd pour elle. L'exaspération la plus désordonnée est le caractère prédominant d'un tel état : la fureur aveugle, la rage se nourrissant de sa propre substance, viennent concourir avec ce mouvement à pousser aux extrémités les plus condamnables l'homme qui, n'ayant plus rien à perdre de son côté, veut au moins se venger de celui dont il se croit la victime : il est comme le joueur risquant un objet absolument nul à ses yeux contre une chose à laquelle il met un prix encore élevé.

Le désespoir a fait commettre bien des meurtres et des crimes ; ils révolteraient moins peut-être si la source en était mieux connue ; cette passion a pu même égarer la main d'une mère et la porter contre le fruit de ses amours. Paris a vu, dans un temps de famine, une femme tuer son enfant pour le servir sur la table de soldats impitoyables : ils venaient, par le droit du plus fort, ravir à cette malheureuse

épouvantables; les causes les plus fréquentes en sont le dénûment et l'extrême misère. Allez à la Morgue; ces dalles humides, ces haillons suspendus vous montreront les motifs les plus communs du désespoir.

Un jour viendra, nous l'espérons, où la diminution des causes du paupérisme abaissera le chiffre d'une affreuse mortalité.

Le désespoir exclusivement moral conduit à douter de tout et de soi-même; il agit sur les facultés de l'intelligence de façon à produire une complète abnégation corporelle, tant l'esprit domine alors la matière et la compte pour peu de chose dans la résolution fatale de s'affranchir d'une situation intolérable. Je pourrais citer un grand nombre d'existences éteintes avant l'heure, par l'effet d'un découragement absolu. Les uns, d'après leur brillant début, étaient destinés à jeter un vif éclat dans la carrière artistique ou littéraire. Les autres avaient déjà conquis une incontestable illustration. Parmi ces derniers, il en est un dont le nom revient sans cesse à ma mémoire, environné de profonds et douloureux regrets. L'histoire avait inscrit ce nom sur le registre de la gloire avant de le placer dans ses lugubres légendes : c'est celui du grand peintre qui, ne pouvant surmonter l'amertume dont on abreuvait sa vie, par de lâches atteintes à sa réputation, alla, près de Meudon, se faire du lit de la Seine une couche éternelle où trouver enfin le repos. Là, calme et résigné, il avait retranché soigneusement ses titres honorifiques du papier qui devait servir à constater son identité. Puis il avait abandonné son corps au fleuve, pour se régénérer plus tôt dans la postérité, à laquelle il en appelait par cet acte suprême. Moins d'un mètre d'eau le recouvrait quand il s'endormit pour toujours !

Mais s'il faut rapporter à cette passion tant de malheurs et tant d'atrocités, l'on doit également lui tenir compte du bien produit quand, agissant sur un cœur généreux, elle a fait revivre une étincelle d'un feu comprimé dès longtemps et soulevé l'âme contre les exactions de l'injustice au pouvoir. Le désespoir arme aussi la main de l'opprimé contre l'oppresseur : ce mouvement a fait obtenir aux nations asservies sous un joug avilissant une grande et éclatante réparation. Le désespoir a fait de Spartacus un héros. Le désespoir a causé la plupart de ces révolutions étonnantes venant, en peu d'heures,

impulsion en rendant l'un barbarement aveugle, déterminera chez l'autre, plus grand dans sa manière d'être, une sur excitation profitable et généreuse.

Les animaux éprouvent quelque chose d'analogue, sinon d'absolument identique à cette passion humaine. Je n'énonce pas une identité parfaite, car il résulte de l'exposé précédent que le moral est celui des deux principes constituants *intelligence* et *sensualité* qui joue évidemment le plus grand rôle dans la manifestation de ce mouvement de l'âme : et il est tellement convenable d'attribuer le désespoir à l'idée que nous nous formons de la supériorité de la cause impressionnante, que nous ressentons fort souvent de l'indifférence pour le motif de la détermination des autres. Ainsi, par exemple, dans le sujet de la mort désespérée de Vatel se tuant uniquement parce que la marée n'arrive pas, je ne trouve qu'un point d'honneur dérisoire ; je vois un servilisme outrageant pour l'espèce humaine dans cette abnégation de l'un de mes semblables devant les exigences absurdes de l'estomac du maître auquel il s'est donné. Certes, je plains ce fou, mais il y a loin du sentiment qu'il m'inspire à celui qui m'émeut si profondément au souvenir de cet exilé polonais se donnant la mort sur un sol inhospitalier parce qu'il n'est plus soutenu par le consolant espoir de retourner un jour dans sa patrie triomphante.

Le caractère principal du désespoir chez l'homme est sa résolution prise et constante d'une marche négative ou active; les animaux ne sont guère émus que momentanément d'une cause physique et directement. Cependant le mulet, fatigué des coups nombreux que lui a donnés son conducteur, finit par opposer une inertie complète à ce traitement brutal : il s'obstine, et rien au monde, sinon son caprice, ne peut le faire sortir de cet état forcé. Le chameau se couche souvent dans le désert pour ne jamais se relever, quand il ne peut plus surmonter les fatigues d'un trop long voyage. Mais il reste à savoir, dans ces deux cas, si une opiniâtreté calculée fait agir ainsi ces animaux, ou bien s'il y a réellement en eux une impossibilité purement physique, un épuisement total qui les retient. Je me suis attaché bien souvent au soin de démêler ce qui se passe chez le chien dans des circonstances pareilles à celles qui amènent le désespoir chez l'homme; j'ai trouvé

elle n'est encore que cette inquiétude apportée dans la recherche de ce que l'on aime ; mais quand il est là, près du cadavre de celui auquel il s'était donné, il témoigne certainement les marques les plus fortes, les plus caractéristiques de la douleur morale. Pourtant dans ces aboiements prolongés, dans ces hurlements de la plainte, on ne retrouve aucun de ces symptômes du désespoir actif poussant à se rendre soi-même et spontanément la propre victime de ce mouvement ; il n'y a dans la manifestation extérieure de l'animal rien de ces meurtrissures que l'on se prodigue dans ces instants d'exaltation : et cependant cet ami de l'homme possède au plus haut degré ce sentiment d'identification portant à s'abstenir de toute nourriture, et cette persévérance de résolution conduisant à un prompt dépérissement dont la mort est la suite. Ces exemples sont rares, dira-t-on ; mais, je le demande, sont-ils plus communs dans l'humanité ? Chose extrêmement remarquable, dans ce cas, le chien paraît ne ressentir du désespoir que ce qui semble appartenir exclusivement aux fonctions des facultés morales réagissant, par contre-coup, sur le système organique de l'individu. Un chien mourra près de la sépulture d'un maître regretté, uniquement en se privant de nourriture; il ne se précipitera pas dans l'eau pour se noyer; il ne se brisera pas par l'un de ces moyens naturels que le désespoir conseille seulement à l'espèce humaine.

La réaction chez les animaux se déclare par la fureur; du reste, elle remplit le même but. D'après ce principe, le désespoir se réduit donc à cette disposition : accélérer la fin des souffrances de l'homme, soit en épuisant le reste de sa sensibilité par atonie, soit en rompant brusquement ses liens avec les objets extérieurs exerçant sur son organisation morale ou physique une influence que des moyens extrêmes peuvent seuls faire cesser. La concentration la plus prononcée est le caractère principal des gestes dans le premier de ces modes, et l'excentration la plus active et la plus désordonnée dans le second; l'un est commun aux hommes et aux animaux, l'autre se montre exclusivement dans l'espèce humaine.

DES PASSIONS COMPOSÉES

J'entends par passion composée un mouvement de l'âme formé et déterminé par plusieurs fractions d'impulsions primitives, simples, agissant simultanément ou successivement. Lorsque ces secousses partielles font effort en même temps, il y a fusion, et le mouvement corporel est mixte par conséquent : au contraire, s'il y a succession entre elles, le geste devient plus précis ; cependant il participe toujours du moment qui l'a précédé et de celui qui doit le suivre : dans le premier cas, le signe graphique dominant doit être celui de la partie de passion jouant en cet instant le rôle le plus actif dans l'ensemble ; dans le second, l'expression même du moment saisi doit l'emporter, sauf les modifications de transitions. Nous allons développer par des exemples ces principes fondamentaux ; je prendrai pour la description de la marche d'une passion composée où il y a simultanéité d'impressions diverses, l'*envie* se trouvant dans cette condition : la *jalousie* par amour me servira pour préciser ce que je viens d'énoncer relativement au mode d'action du mouvement rendu continu par un série transitoire d'impulsions consécutives.

L'*envie* est un amalgame de haine envers le possesseur et de désir du bien possédé : ces deux éléments sont intimement liés entre eux; il n'est pas possible, sans changer totalement le caractère de l'envie, de les considérer l'un sans l'autre : seulement ces deux principes constituants de l'envie peuvent tour à tour prendre le dessus dans la combinaison : l'envie rentre donc essentiellement dans la première de nos catégories. Voyons ce qui arrive alors dans ces deux circonstances d'alternativité, sans cessation de mouvements simultanés. Supposons d'abord que

son désir, témoignera néanmoins plus de passion à conquérir le bien convoité qu'à repousser l'individu lui faisant obstacle.

Prenons maintenant l'autre hypothèse : qu'arrivera-t-il ? l'envie apparaîtra plus active par l'animosité déployée contre le détenteur de l'objet devenant alors le but principal de la passion combinée. Je vais tâcher d'éclaircir encore cette donnée générale. Quelqu'un cherche à s'approprier une position sociale, une place, par exemple, et dans ce monde il y a beaucoup de gens dans ce cas : que fait-il ? il dirige premièrement ses vues sur la place elle-même ; il manifeste par ses paroles et ses gestes brisés par leur souplesse, combien il lui serait agréable de s'en voir investi : il n'a qu'une aversion préventive secondaire contre ce qui pourrait nuire à l'exécution de son vœu : le désir domine. Mais s'il a un concurrent hautement proclamé, ou, ce qui est pire pour son ambition, si l'emploi n'est pas vacant, c'est en raison de ses manœuvres hostiles contre son adversaire en possession, que l'on connaîtra son plus ou moins d'envie de le supplanter :

ses mouvements corporels n'auront certainement pas perdu leur élasticité ; il y aura toujours désir ; mais la haine l'emportera pourtant alors. En effet, si vous parlez à un solliciteur dans les circonstances supposées, il vous énumèrera d'abord les méfaits de celui qui le gêne, et, avant de vous exprimer la vivacité de son désir, il laissera percer particulièrement sa haine contre celui qu'il voudrait remplacer. Ses gestes aversifs appuieront fortement ce sentiment. Cherchons-en également une preuve chez les animaux éprouvant aussi l'envie : même identité, même caractère corporel en eux. Deux chiens convoitent-ils un os ; si la haine l'emporte sur le désir de tâter de la curée, ils s'élanceront contre le compétiteur malencontreux ; ils sauteront sur le morceau qui les allèche, si le désir est plus écouté : et notez bien que, dans l'une ou dans l'autre de ces propensions, l'attention de l'animal sera partagée entre les deux points principaux, mais inégalement et en raison de l'attraction la plus forte.

Analysons maintenant la JALOUSIE.

Cette passion se compose d'une suite de mouvements divers agissant tour à tour, concourant successivement au même but, posséder sans partage, et procédant d'une même source, l'égoïsme dans toute l'acception du mot. L'amour, la crainte, la colère, la fureur, sont les éléments alternativement

tous ces ressorts d'une même passion, et tirer de l'observation de leurs efforts partiels, la conséquence servant de base à notre précepte.

Le jaloux, d'un naturel craintif et faible par cela même, est particulièrement maîtrisé par le soupçon. Son moyen est la vigilance la plus méticuleuse sur les moindres démarches de la femme aimée; il l'emprisonne de ses regards; il les interpose entre l'objet de sa passion et tout ce qui peut l'approcher; il s'applique non-seulement à repousser toute chose nuisible à ses intérêts propres, mais encore il s'empresse d'aller au-devant de ce qui pourrait devenir pour lui un sujet ultérieur d'appréhension. Cet argus infatigable s'alarme d'un sourire qui ne lui est point adressé; il s'inquiète d'un mot indifférent, si ce mot n'est pas pour lui seul : le geste le plus insignifiant, l'événement le moins intéressant, une fleur qui tombe et qu'un autre ramasse, un mouchoir agité, sont à ses yeux des sujets inépuisables de conjectures et de commentaires. Toutes ses facultés, tendues par l'application, sont continuellement sur le qui vive : il voudrait pouvoir être seul au monde avec celle qu'il craint de se voir enlever, et qu'aucun être vivant ne fût appelé à la voir, à l'entendre ; il serait heureux et tranquille si cette personne était un secret appartenant exclusivement à lui ; il la sequestrerait s'il pouvait le faire sans se rendre par trop odieux, et s'il parvenait à résumer en lui tous les désirs de son idole, il se méfierait encore de ses propres moyens.

Le sommeil effleure à peine la paupière attentive du jaloux ; un rien le tient longtemps en émoi ; jamais il ne peut goûter un complet repos, car lorsque la fatigue a jeté un voile épais sur ses yeux, il rêve encore à ses amours ; les songes les plus désespérants viennent encore s'offrir à son imagination veillant sans relâche. Durant les longues nuits de l'hiver, sa fureur incessante le poursuit jusque sur son chevet ; ni le froid ni l'obscurité ne peuvent le retenir ; il faut qu'il s'assure si aucune embûche n'est dressée à ses affections ; et, bien que tout soit calme, il a besoin de se convaincre à plusieurs reprises, qu'il ne s'est point mépris sur le rapport peut-être mensonger de ses sens. Un tel homme est un cauchemar affreux, pesant toujours sur celle qui en est l'objet. C'est un inquisiteur obséquieux, un surveillant infatigable. Le jaloux voudrait pouvoir enlaidir sa belle aux yeux des autres, pour être plus

répand en reproches amers ; il a plus souvent la menace sur les lèvres que le sourire de l'amour heureux ; il marche violemment à son but : il s'attaquera même à l'objet de sa passion frénétique, et, nouvel Othello, il brisera de ses mains sa Desdémone, pour se délivrer des tortures que son funeste égarement lui fait endurer. Le jeune amant plus tendre sera vraiment plus épris ; il fera plus abnégation de lui-même, il sera moins pointilleux que le rusé vieillard voyant chaque jour disparaître les chances d'être favorablement écouté. Celui qui a le plus d'affection sera jaloux, mais moins soupçonneux que l'être craintif ; il sera moins emporté que l'homme colère. Il sera jaloux du tabouret où se pose un pied aimé, et du chien caressé par une main amie ; il s'identifiera avec ce qu'il aime au point de s'oublier entièrement dans cet autre lui ; ses gestes seront empressés et doux : ceux du jaloux craintif montreront une grande réserve. Les mouvements corporels de l'homme en colère auront plus de véhémence, quoique nuancés par les deux caractères entrant dans la composition de la jalousie.

Les modifications imprimées par le passage de l'une à l'autre de ces impulsions passionnées sont faciles à sentir. Le jaloux passant du soupçon à la colère, a l'œil encore empreint d'un reste d'inquiétude avec l'animation plus prononcée qui succède : le regard ainsi modifié retiendra quelque chose de ce mouvement dubitatif; l'éclair lancé par lui ne tombera pas uniquement sur l'accusé, mais il ira, comme par réminiscence, rechercher le motif du nouvel objet de sur-excitation. La rapidité des gestes de la colère sera modérée par la crainte de trop se découvrir; il y aura une certaine restriction dans toute la personne. Au moment où l'amour reprend son empire et dissipe graduellement la colère précédente, les gestes se fondront peu à peu dans l'obliquité de la passion transitoire, mais ils conserveront une nuance de la passion violente qui régnait auparavant. Il se passera un certain laps de temps avant que l'expression antérieure s'efface pour faire place au mouvement suivant.

Ces exemples suffiront. Les bases précédemment établies indiquent la marche à suivre; et les détails de ces mouvements complexes rentrent dans les particularités des impulsions dont ils se composent.

DU GESTE.

Le geste est l'action extérieure des passions ; c'est une certaine disposition des diverses parties du corps agissant comme moyen sur les causes impressionnant le moi. On peut considérer plusieurs genres de gestes. J'établirai d'abord deux grandes divisions, savoir : *gestes naturels, gestes artificiels* ; je les subdiviserai encore ainsi : les naturels en *expressifs* et *pondérateurs*, les artificiels en *conventionnels* et *étudiés*.

J'entends par geste expressif celui qui est le résultat naturel et consécutif du mouvement déterminant de l'âme. Le pondérateur est la conséquence forcée des lois de l'équilibre, et sert à contrebalancer un mouvement corporel. Ainsi, en étendant le bras gauche, quand le droit porte un poids très lourd, on exécute un geste de pondération. Les gestes conventionnels sont ceux qui ne répondent pas à un besoin immédiat du *moi*, et sont les signes représentatifs d'une idée : présenter la paume de la main, en appuyant cette extrémité sur le front par sa face dorsale, comme cela se pratique dans le salut militaire, est un acte conventionnel. Les gestes sont étudiés s'ils ne découlent pas naturellement d'une passion vraie, ou si l'on cherche à déguiser sa pensée. Nous étudierons successivement ces diverses conditions : nous allons nous occuper primitivement de leurs généralités.

La passion est la cause, et le geste l'effet ; par conséquent, toutes fois que, dans des circonstances semblables, le même mouvement de l'âme aura lieu, le même geste viendra le manifester ; or, comme toute passion est l'expression d'un besoin, et que le même besoin se renouvelle constamment, il y a donc des gestes particulièrement affectés à telle ou telle exigence de notre existence organique et morale.

turel, ne pourraient être saisissables et représentées.

Déjà, dans l'histoire des passions, nous avons reconnu que, toutes les fois qu'il y avait concentration morale, on retrouvait dans le signe extérieur le même caractère concentrique, et que la même identité se reproduisait également dans le mouvement opposé, l'excentration. Il nous reste, pour établir complétement le principe, à démontrer la proposition inverse; c'est-à-dire que le geste concentrique ou excentrique ne peut appartenir qu'à une passion du même genre et de même espèce. Prenons des exemples extrêmes pour mieux nous faire comprendre.

Supposons un corps dont toutes les parties sont dans une agitation extraordinaire; à quoi pourrons-nous attribuer un tel état, sinon à une cause morale tout à fait analogue, puisque les organes étant les ministres de la volonté dirigeante, il faudrait admettre, pour concevoir cette différence de similitude, des cas où elle ne sait point se faire obéir. Or, de deux choses l'une, ou elle commande et le corps suit l'impulsion donnée par l'âme, ou l'âme n'est pas assez forte pour se faire écouter, et elle cède. Dans les deux cas, quel que soit le côté le plus puissant, il y a donc toujours concordance d'action; et quand même il arriverait que les deux principes fussent égaux, il s'ensuivrait encore que les résistances se trouvant dans un rapport parfaitement semblable, il y aurait toujours analogie entre eux. Que dénote l'immobilité du corps? l'inaction de l'âme. On ne peut l'expliquer autrement; car si l'âme agissait, il faudrait nécessairement que les organes, par l'entremise desquels elle peut seulement satisfaire ses appétits, fussent mis en jeu. En effet, la plus faible action de l'âme sur le système organique devrait au moins le stimuler un peu; or, si ce phénomène ne se réalise pas à un degré quelconque, évidemment alors l'âme ne s'émeut point. Il y a donc encore dans cette supposition, coïncidence exacte. L'observation est constamment d'accord en ce point avec la théorie; j'en donnerai pour preuve sans réplique la réserve mise dans les gestes quand on ne veut point se laisser deviner, ou que l'on souhaite donner le change sur l'impression éprouvée réellement; ce fait se reproduit chaque jour; il est la corroboration la plus grande du principe que nous établissons en règle générale, quant aux gestes expressifs, bien entendu.

Voyons comment se comporte le geste dans ces circonstances.

Nous avons vu que l'excentration se trouvait dans deux conditions, ou facile dans l'expansion simple de l'âme tranquille, ou extrême quand elle était la suite du mouvement compressif précédant les mouvents violents. Dans le premier cas, le geste sera doux; il sera véhément dans le second. L'écartement des muscles et des membres de la ligne médiane sera soumis à ces mêmes lois. Dans la concentration, deux états également: l'un simple aussi, provenant de la faiblesse; l'autre compressif, dérivant d'une vive impression : ces deux nuances se reconnaîtront, l'une à la flexion, par abandon des forces musculaires laissant dominer les muscles fléchisseurs, l'autre à la flexion contractée par l'action violente des muscles s'apprêtant à réagir avec impétuosité. D'un côté, rapprochement des muscles et des membres vers la ligne médiane, par pesanteur négative; de l'autre, refoulement vers le centre par resserrement actif des organes sur-excités.

Telles sont les règles générales à observer pour

l'ensemble des mouvements corporels; nous allons les étudier successivement, en montrant d'une manière sommaire le jeu de chaque partie dans le tout. Mais en faisant cette revue rapide, il ne faut pas oublier que si chaque détail de notre machine humaine a un cachet particulier, elle en a aussi un relatif, par opposition avec la physionomie propre des autres fractions, ce qui amène un grand nombre de variantes dans l'économie. Ces gestes partiels font absolument l'office de lettres qui, combinées une à une, deux à deux, et ainsi de suite, acquièrent consécutivement une signification différente, bien que le signe, comme unité, ne varie point. Il serait impossible d'énumérer ici toutes ces nuances élémentaires ; il nous suffira d'indiquer sommairement l'expression propre des principaux mouvements.

De la TÊTE. Le renversement de la tête en arrière avec abandon des muscles du col, est l'un des signes du désespoir excentrique ; avec gonflement musculaire des masses charnues qui la soutiennent, passions arrivée à la fureur. L'inclinaison en avant indique, selon les divers degrés décroissants de flexion, le respect, l'humilité, l'abnégation de soi : quand il y a en outre une légère déviation de la ligne médiane de la face, et de telle façon que l'une

des paupières, son clignotement par pesanteur des muscles environnants, spécifieront ces passions diverses.

Du col. Sa tension projetant la tête en avant dénote le désir. Le dégagement du col montre l'élévation de l'âme, et son enfoncement la bassesse. Un col court et gros est une marque de force ; allongé dans une proportion élégante, il a de la grâce, mais moins de puissance : long et roide, il présente la différence existant entre le col de l'oie et celui du cygne.

Le col se roidit dans la terreur ; il s'assouplit au souffle de l'amour. Le gonflement de la partie antérieure du col est l'un des symptômes les plus expressifs de la douleur extrême : alors la voix s'est arrêtée dans le larynx et ne peut s'ouvrir une issue. Cet effet se remarque au plus haut point dans l'enfance : à cet âge il détermine souvent une suffocation par la succession trop prolongée des sanglots. La déformation de la partie supérieure du col atteste l'âge d'une femme : la coquette cache avec soin ces empreintes sous des rubans officieux et s'abstient de tout geste qui pourrait la trahir.

De l'épaule. Le mouvement d'une seule épaule s'élevant en agrandissant le torse, annonce le dédain : si les deux épaules agissaient simultanément dans le même sens et avec plus de lenteur, l'expression changerait totalement ; ce geste appartiendrait aux passions qui amoindrissent l'homme, au lieu de le placer en haute estime de lui-même, comme dans le signe simple du dédain.

Du tronc. L'affaissement du tronc sur lui-même suit l'abattement de la douleur ; au moral, il précise l'affliction ; au physique, la lassitude. Le déploiement aisé de la poitrine ne se rencontre que dans les mouvemens expansifs de l'âme tranquille ; ce développement, quand il est forcé, est toujours la conséquence excentrique d'une forte compression, comme on le voit dans les tortures éprouvées par le Laocoon. La constriction des muscles de la respiration, en diminuant le volume du tronc, concentre l'action et précède une passion violente.

La rectitude du tronc indique des habitudes d'ordre et de régularité. Les anciens soldats ont une prestance distinctive : l'attitude de leur corps rap-

d'une position équivoque : il est insinuant; il sait flatter en se modelant sur les goûts de ses supérieurs. Il est enfin le type du courtisan.

La flexibilité, l'élasticité, la force, la débilité du tronc, composent la série de dates des subdivisions de l'existence humaine, et sont aux yeux de l'artiste synonymes des mots enfance, adolescence, âge mûr et vieillesse.

Le geste du torse est plein de grâce et de pudeur dans la statue de la Vénus de Médicis. Il est sans retenue dans le Silène antique, où l'on voit prédominer l'influence des passions abdominales.

Le torse accuse dans la parcimonie de ses mouvements et dans la maigreur de ses formes, les austérités de la vie ascétique, où le recueillement, le jeûne et l'abstinence sont des lois absolues. Le saint Jérôme du Dominiquin en est un sublime exemple. La pose hardie et solide du tronc sur les hanches, atteste la force physique : l'Hercule de Farnèse offre cet aspect athlétique; le rétrécissement relatif de la partie supérieure du tronc annonce la mollesse; l'Antinoüs est dans cette nature mixte; son mouvement est onduleux et fait une opposition remarquable avec la mâle structure de l'Hercule.

De la MAIN. Relevée sur l'avant-bras par l'action des extenseurs, les doigts étant fermés, la main serrée près du corps révèle une grande résolution à soutenir; ce que rend très bien la figure du Brutus de Lethiers. Plus la volonté est ferme, plus le resserrement est complet; si le moral venait à faiblir, on verrait la main se desserrer progressivement. Portez en avant cette extrémité, sans changer autrement l'arrangement de ses parties, et vous aurez la colère; tournez un peu plus le pouce vers le ciel, ce sera la menace, comme on le voit dans l'Ajax de Dupaty; reportez violemment en arrière ce bras tendu, cette main contractée, le pouce dans la direction droite par rapport à vous, vous témoignerez l'intention de frapper. Dans ces trois exemples des modifications d'une même disposition de la main, le caractère est la violence; aussi rencontre-t-on dans leur manifestation corporelle les deux éléments de cet état, la concentration actuelle dans la main, et l'excentration indiquée dans le mode d'action du bras. Ouverte et longeant la cuisse, la paume en dehors, les doigts demi-étendus et le bras écarté du corps, la main atteste la franchise; les conditions

le pouce est en dehors. Conservez la position du bras, et retournez la main de façon que le pouce rentre en dedans, le jeu des extenseurs sur les doigts ne variant pas comme degré de force, la main protége alors. Forcez l'extension du bras et recourbez un peu les doigts, l'expression d'alors sera la volonté de saisir, ainsi que Hennequin l'a observé dans son tableau des Furies poursuivant Oreste. Si les doigts étaient étendus sans être fléchis, mais plus réunis que dans la protection, il y aurait avidité, comme dans la main de l'Aveugle du Poussin, cherchant à toucher le Christ pour être guéri. Si les doigts se serraient encore plus entre eux, tout en conservant leur allongement ainsi que le bras, il y aurait affirmation ; la main droite de l'aîné des Horaces, de David, a cette expression positive. Si tous les doigts, l'indicateur excepté, sont demi-fléchis avec tension du bras, on indiquera le lieu, la place ; donnez à cette expression plus de puissance, il y aura, dans ce cas, *commandement*, *ordre* : ces deux positions sont horizontales. Le même arrangement des doigts demeurant, et l'avant-bras s'élevant et se fléchissant sur le bras, on donnerait une signification tout autre à la main ; elle chercherait dans ce moment à inculquer, comme le ferait un orateur voulant persuader son auditoire. La main ainsi disposée, mais plus près de l'oreille, exprimera le désir d'écouter, et que rien ne vienne distraire l'attention apportée à ce soin. Le même signe réclame le silence, quand l'indicateur se porte légèrement sur les lèvres ; si la pression était plus passionnée, il y aurait alors un avis impératif relativement au témoin de cette scène. La main appelle, quand elle fait de bas en haut et de devant en arrière un demi-cercle en semblant attirer ; elle invite à partir par un mouvement diamétralement opposé. Les mains jointes retracent le recueillement de la prière ; elles supplient quand il y a pression accentuée ; elles marquent l'attente avec appréhension, lorsque les faces palmaires restant serrées l'une contre l'autre, les doigts sont entrelacés ; l'une des suivantes sous la tente de Darius, dans le tableau de ce nom par Lebrun rend admirablement bien cette idée.

On parvient assez facilement à reconnaître la profession d'une personne en cherchant avec intelligence le geste le plus fréquent de sa main. Ce geste rentre toujours dans le mouvement répété par l'exercice d'un travail quotidien.

S'il s'agit de formuler l'idée du caractère d'un homme ferme dans ses principes, le peintre dessinateur appuiera fortement le pouce sur la phalange moyenne de l'indicateur en fléchissant les autres doigts et en les serrant les uns contre les autres; il les dirigera de haut en bas en contournant le poignet de dehors en dedans, comme s'il traçait un linéament avec une assurance entière.

La main du statuaire présentera cette différence caractéristique : le pouce prendra son point d'appui sur l'extrémité de l'indicateur après avoir glissé sur elle ; le pouce semblera pousser devant lui de l'argile en la modelant sans hésitation sur un fond solide et résistant.

Le graveur en taille-douce ne changera rien à la position respective des doigts, dont le bout sera dans un plan horizontal avec le pouce et l'avant-bras ; le coude éloigné primitivement du corps s'en rapprochera par la progression lente de la main simulant l'action de diriger un burin sur le cuivre en incisant la planche sans la moindre déviation.

Le pianiste paraîtra frapper avec force et justesse les touches d'un clavier et en tirer une note pleine et précise. Enfin, le chef d'orchestre trouvera dans les mouvements dont il se sert pour indiquer la mesure et l'expression tonique, un moyen familier d'accentuer également sa parole.

Le PIED ne joue pas un rôle moins expressif : il a son caractère propre ne manquant pas d'énergie ni de finesse, quand il est l'organe actif de telle ou telle passion ; crispé, il souffre comme celui du Laocoon : il marque la crainte quand ses doigts se redressent et qu'il se fléchit sur la partie antérieure de la jambe ; l'homme qui, dans la composition de David, apporte la ciguë à Socrate, fait ce geste. Le pied trépigne dans l'impatience : il serre fortement le sol dans les passions qui développent l'âme et l'enhardissent, il est sautillant dans la joie ; dans le mépris, il semble écraser avec le pouce un insecte à terre ; il bat le terrain dans la colère ; il foule et broie l'objet de son aversion. Dans l'orgueil, le pied se dresse sur ses doigts ; son talon glisse en rampant dans la bassesse ; de là cette qualification de pied-plat donnée aux gens d'un caractère faux et hypocrite.

Le professeur de danse se révèle dans le mouve-

et le presse de son pied en faisant une passe, vient souvent accentuer sa parole et sert à la manifester. Le cavalier se reconnaît, au contraire, à sa démarche embarrassée sur le terrain, où il se trouve moins à l'aise que sur l'étrier. Son pied se distingue par sa propension à se tourner en dedans ; cette particularité tient à l'effet journalier de la pression du genou sur les flancs du cheval, et au soin d'en détourner les éperons.

Je ne pousserai pas plus loin, dans cet aperçu succinct, l'examen de cet alphabet des signes extérieurs ; mais je crois devoir indiquer, dans un exemple au moins, les modifications imprimées par la combinaison de plusieurs d'entre eux ; car un rien suffit pour changer le sentiment d'une figure. Un homme est posé un pied en avant et l'autre en arrière, les deux mains étendues, la paume en face de l'objet sur lequel le regard est fixé ; c'est de l'étonnement. Si le corps d'abord avancé par son inclinaison, se reporte faiblement en arrière, les pieds gardant leur position et les bras conservant leur même attitude, ce sera de l'effroi : et si, sans rien déranger du reste, la tête seulement vient à se détourner, l'aversion deviendra le motif principal. On voit donc avec quelle attention on doit distribuer les rôles à toutes ces parties agissant sympathiquement dans l'économie entière, pour ne pas être complétement dans le faux, quoique avec des détails exacts en eux-mêmes, mais jetant par leur inopportunité du désaccord dans le tout.

Les GESTES CONVENTIONNELS sont des signes particuliers à chaque peuple et consacrés par l'usage ou par une disposition législative, comme formules spéciales; la plupart cependant ont été imités des mouvements analogues de l'âme. Leur signification tend toujours à se rapprocher de celle des paroles dont ils sont, pour ainsi dire, la traduction corporelle reconnue. Chez nous, l'usage de s'incliner, d'ôter son chapeau devant la personne que l'on veut honorer, rappelle parfaitement bien le *votre très humble serviteur*, dit en pareille occurrence; dans ces deux signes représentatifs de la même idée, ne retrouve-t-on par l'expression de se rendre plus petit, afin de mieux faire entendre combien on élève comparativement l'objet de son respect. Ne rien laisser sur sa tête vient sans doute de l'intention de diminuer sa stature pour montrer que l'on se met bien au-

manquaient pas de se découvrir en parlant à quelqu'un digne de leur estime. Ce qui me confirme dans cette opinion, c'est que plus les peuples ont été sous un joug despotique, et plus cette extériorité a pris un caractère de servilisme; ainsi, dans certaines parties de l'Orient, les nationaux saluent en fléchissant doucement le corps et les genoux, les mains croisées sur la poitrine; geste plus concentrique encore et par conséquent témoignage plus bas, car il se rapproche plus de la condition de faiblesse relative et d'humilité. Les moins civilisés encore s'abaissent jusqu'à descendre leur front à terre, et à poser le pied du maître sur leur col, pour exprimer qu'ils se mettent entièrement à sa merci.

Cette concordance n'existe pas toujours entre plusieurs pays; tel geste admis comme un symbole de respect chez les uns, est souvent considéré d'une manière tout à fait contradictoire chez d'autres : ainsi, prendre le menton chez les Grecs marquait de la déférence d'inférieur à supérieur; on en jugerait tout différemment en France, où un tel acte serait pris pour une offense; il est, d'homme à enfant, une marque de familiarité. Baiser les mains et embrasser les genoux était un mode de supplication en Grèce ; il ne s'emploie en Europe qu'auprès d'une femme aimée et mise au-dessus de tout par son admirateur. L'expression de *je vous baise les mains* est pourtant usitée en Italie ; mais là, on baise aussi la chaussure du prince de l'Eglise. Certes, on n'oserait point chez un peuple libre avouer un pareil simulacre d'une honteuse dégradation.

Ces différences tiennent essentiellement aux mœurs régnantes ; plus les idées de confraternité se répandront parmi les hommes, moins on verra de bassesse dans le langage et dans les formes extérieures de la politesse. Déjà l'action de se toucher la main, tenant plus à l'égalité, est la plus commune ; peut-être un jour sera-t-elle la seule en usage, quand la civilisation, en grandissant l'espèce humaine, l'aura purgée de toutes ces petitesses puériles ; elles ne sont au fond que des démonstrations hypocrites dont personne ne voudrait se reconnaître la dupe.

Le signe d'affirmation et celui de dénégation, consistant à incliner le front ou à secouer la tête, dérivent encore d'un principe vrai : le premier a quelque chose de l'obliquité de l'amour allant au

ralement pris indistinctement dans l'observation de la nature ou dans le caprice seul du législateur; ainsi, chez les Romains, le serment militaire prêté par le soldat choisi pour représenter sa légion dans cette cérémonie, consistait à confirmer la promesse verbale d'exposer sa vie pour la république, en levant la main droite et le pouce de cette même main. Le serment civil, chez cette nation, se prononçait comme chez les Grecs, à la face des autels et en les touchant avec la main : presque tous les peuples ont agi pareillement à cet égard ; partout on retrouve le geste de la main placée au dessus d'un objet du culte professé. Anciennement chez nous, on prêtait serment sur la Bible, l'Evangile, ou la figure du Christ ; de nos jours on tient la main élevée et étendue ; c'est une formule obligatoire, tant la manifestation extérieure a été regardée comme un complément nécessaire de la parole, pour matérialiser l'acte et lui ôter tout caractère d'ambiguité.

Des GESTES ARTIFICIELS *maniérés* et *étudiés*. Le plus grand écueil sans contredit pour celui qui s'occupe d'amasser des observations afin de les rapporter à l'étude des arts d'imitation, est dans le choix des modèles où il va puiser. Il est des gens, et ce nombre est immense dans la société, qui font des gestes parce qu'ils se sont dit : il faut faire des gestes pour accentuer et accompagner convenablement le discours. Chez ces personnes, les mouvements corporels sont maniérés, et ne coulent pas de la source passionnée qui devrait seule en être le principe et le but; ces marques extérieures sont évidemment artificielles; elles doivent être évitées avec le plus grand soin dans la représentation, comme fausses et complétement inexactes; malheureusement, cela n'arrive que trop au théâtre, scène animée où beaucoup d'artistes vont chercher leurs inspirations; c'est une vérité déplorable révélée à chaque exposition, dans cette multitude effrayante de sujets pris dans des romans ou empruntés à des pièces en vogue. Ainsi, l'on rétrécit l'espace, au lieu de faire de l'art un moyen d'agrandir le cercle de la moralité humaine, en demandant à la nature elle-même, et non à ses copies, des traits choisis propres à demeurer comme de grandes leçons à suivre pour apprendre aux hommes à devenir meilleurs. On reconnaît à ce manque de naturel l'acteur ne sentant pas ce qu'il joue; l'avocat doutant de la

cordance continuelle existant entre ce qu'il se montre et ce qu'il devrait manifester naturellement. L'habitude de comparer les rapports du geste et de la parole m'a mis à même de découvrir une fraude qu'un misérable était sur le point de consommer. J'avais accepté la mission officieuse de constater un dégât commis par force majeure, et dont un individu se prétendait la victime : le mémoire présenté à l'appui de la réclamation avait été admirablement combiné; un juge moins prévenu s'y serait facilement laissé prendre. Précisément, le soin affecté dans chaque article, de faire entrer, comme éléments de conviction, des sommes toujours composées de fractions, me fit tenir sur mes gardes. Du reste, aucune preuve matérielle pour arguer de faux; tous les détails étaient parfaitement d'accord avec les probabilités démontrées. A défaut d'autre moyen plus positif, je n'avais, pour arriver à la découverte de la vérité, que la ressource d'une expérience morale du cœur humain; je fis raconter au réclamant, et dans les plus petites particularités, les événements ayant, selon lui, causé la perte dont il poursuivait le recouvrement : il ne s'écarta pas un seul instant d'un thème fait d'avance ; mais je fis cette remarque importante : en énonçant une particularité relative à ses occupations journalières, son geste était aisé, naturel et conséquent à sa narration ; et dans les occasions où il s'agissait de décrire la catastrophe prétendue, ses mouvements corporels étaient en contradiction avec ses descriptions verbales ; j'en conclus qu'il ne disait pas vrai sur ce point ; pourtant mon opinion ne suffisait pas ; il ne me fut pas difficile de la faire admettre par l'homme intéressé lui-même ; il fut confondu, et s'empressa de se désister.

Les exigences du monde exercent de bonne heure les jeunes personnes d'un certain rang à une grande réserve ; elles leur font une loi de veiller constamment à leur maintien et par conséquent de déguiser, sous des dehors trompeurs, des sentiments désavoués par esprit de bon ton ; cependant il est encore aisé de saisir, dans l'ensemble de leur attitude, un indice révélateur d'un mouvement caché studieusement. Je causais un jour avec une dame de mon système de corrélation du geste et de la pensée, lorsque son valet de chambre introduisit près d'elle une de ses amies : je dis de ses amies, car elle lui donna ce titre avec de grands témoignages de protestations de dévoûment. Quand nous pûmes reprendre le sujet de notre entretien, je dis en riant à mon interlocutrice : « Je ne vous aurais pas soupçonnée d'autant d'hypocrisie. — Comment! me dit-elle, monsieur l'observateur, ne me suis-je pas bien conduite? — C'est très vrai, lui répondis-je ; votre visage rayonnait de contentement, votre bouche était gracieuse et vos mains pressaient les mains de cette personne avec un vif intérêt; certes, la pantomime était parfaite de ce côté; mais votre pied m'assurait du contraire. » Effectivement, le dandinement de cette extrémité, dont on ne se méfie pas habituellement, ne pouvait me laisser aucun doute sur l'impatience éprouvée par une femme du monde; du reste, elle avait admirablement contrefait la nature, et elle ne se fit pas scrupule de l'avouer ingénument.

- Le geste étudié a toujours une allure contrainte et guindée, malgré l'assurance avec laquelle on l'exécute. Les enfants, peu persévérants dans leurs résolutions, en sont la preuve la plus frappante : comparez leur état corporel dans la douleur vraie, et ce qui se passe en eux quand ils la simulent pour arrêter le bras prêt à frapper, ou pour obtenir, à l'aide de la pitié, une friandise ou tout autre chose. Voici un moyen de s'éclairer sur la véracité du fait : si la sensation est naturelle, le geste corporel ne varie pas; si elle est feinte, n'allez point contrecarrer de front le petit hypocrite; mais emparez-vous de l'avantage que vous offre contre lui la connaissance de son caractère : si l'enfant est habituellement enjoué, et s'il entre plus de malice que de probité dans sa conduite, secondez ce penchant, et bientôt vous apercevrez un petit sourire sur ses lèvres; il décèlera l'amour propre satisfait et la justesse de votre coup d'œil : si vous pensez que ses cris de désolation ont pour but de se faire donner une sucrerie, touchez cette corde nouvelle; et si le visage cesse momentanément ses contractions, vous aurez démasqué l'acteur; mais si l'enfant résiste à toutes ces tentatives, il a été véritablement impressionné par une cause réelle.

L'art du geste fut très cultivé chez les Grecs et surtout chez les Romains, amateurs passionnés des spectacles. Le geste était le seul mode praticable dans ces cirques immenses, dont la voix de l'acteur n'aurait pu atteindre les limites. Le témoignage des auteurs contemporains ne laisse aucun doute sur la

comme traduction d'une idée abstraite donnée.

Les pantomimes chaussaient le cothurne tragique et représentaient également la haute comédie. Les mimes étaient plus particulièrement chargés d'amuser le public par des bouffonneries, poussées trop souvent jusqu'à la licence. Les mimes ne portaient pas de chaussure ; leur tête était rasée afin de la rendre plus comique ; leurs habits étaient bariolés de teintes diverses et dont l'assemblage bizarre avait pour but de provoquer le rire.

La mimique devint même un accessoire des funérailles romaines. L'archimime marchant en avant du cercueil, racontait en gestes l'histoire du défunt, et il développait parfois certaines particularités de la vie privée, plus propres à satisfaire l'esprit railleur des assistants que les sentiments de respect dûs à la douleur de la famille. En effet, cet acteur des convois semblait considérer l'existence humaine comme une comédie dont la farce devait terminer la représentation avant de laisser tout-à-fait tomber le rideau,

Par un singulier privilége atttribué généralement à la profession, cette liberté de la parole de l'archimime devant la royauté de la mort, s'est continuée en présence des rois de la terre, dans le langage des bouffons autorisés par l'usage à faire admettre la Vérité sous le masque de la Folie.

Des gestes des animaux. Ces gestes ont les deux bases fondamentales, excentration et concentration ou plus grand et plus petit contact cherchés. Les gestes des animaux se ressentent de la simplicité de leurs besoins. Plus l'organisation est complète, plus le geste a de modifications significatives. Les singes, doués de plus de moyens de transmettre leurs sensations, occupent un degré supérieur dans l'échelle organique. Ils se rapprochent autant par leurs gestes que par leur structure de l'espèce humaine. La femelle allaitant son petit et l'entourant de caresses et de sollicitude, prend une expression remarquable de sensibilité. Ses gestes obliques témoignent de sa vive affection pour sa progéniture. La mobilité de la face de la mère reproduit ses appréhensions, ses désirs et les divers sentiments dont elle est agitée.

Chez certains animaux la queue peut être considérée comme un véritable thermomètre de leur situation passionnelle. L'état normal est le point zéro. Le degré de sur-excitation se cote par l'aug-

dice de la colonne vertébrale.

Indépendamment de ce moyen d'accentuer en quelque sorte l'ensemble de ses gestes, le chien sait se faire comprendre en spécialisant son désir après avoir éveillé l'attention de celui auquel il s'adresse. L'animal intelligent veut-il manger ? il promène sa langue autour de sa gueule entr'ouverte ; il laisse tout à fait sortir sa langue si la soif le tourmente. A-t-il l'intention de sortir de la chambre où il est retenu ? il va se poster près la porte et la fait résonner sous ses ongles. Le chien invite à le suivre en marchant dans la direction déterminée et en attirant du regard celui dont il a d'abord tiraillé les vêtements pour commencer sa phrase mimique. Les oreilles du chien s'érigent et s'ouvrent avec l'attention qui le tient en émoi : elles se couchent dans la crainte ; elles s'abandonnent dans le repos. L'œil du chien a une éloquence attractive ! il aime ; il s'inquiète ; il supplie ; il lance l'éclair de la fureur ; il se voile dans la tristesse ; il réfléchit avec une grande précision la bonté, l'intelligence ou la négation de ces qualités. Le frétillement général du corps indique la joie ;

l'effet contraire se traduit par le rapprochement des extrémités. Le nez du chien a une expression particulière. Il est sa pierre de touche : il prend, en les flairant, le signalement d'une personne, d'une chose, et les reconnaît plus tard à leurs émanations aussi bien qu'à leur configuration particulière. De là, cette habitude de humer l'air et de fureter partout pour se rendre compte des différents objets placés sur la route et à l'aide desquels il retrouve la voie perdue. Il distingue l'approche d'un ami de celle d'un indifférent ou d'un étranger. L'oreille du chien ne se méprend pas au bruit du pas de son maître. Les crocs apparaissent comme une menace avec la contraction des muscles de la mâchoire. Le chasseur est averti de la position du gibier par l'attitude de son chien.

Bien que naturellement franc dans ses allures, le chien cherche souvent à détourner une surveillance importune pour satisfaire une volonté opiniâtre. Chassez un chien qui va s'étendre nonchalamment près d'un foyer, il tentera d'y revenir vingt fois en prenant tous les procédés imaginables. Il se met au niveau des forces d'un plus jeune et d'un moins fort que lui en se plaçant sur le dos, quand il veut jouer, il s'arrange de façon à ne laisser aucun doute sur ses intentions pacifiques.

fait semblant de dormir entre un morceau convoité et le regard qui le surveille, mais à la première distraction du gardien, le vol est bientôt consommé avec une étonnante prestesse.

Les gestes excentriques du jeune chat tiennent à une disposition naturelle poussant les nouveaux-nés à se mouvoir constamment pour accélérer le développement de leurs organes. Le mouvement, c'est la vie.

Avant toute expérience, on serait tenté de n'attribuer aux animaux que des gestes expressifs, si leurs artifices pour échapper à la poursuite de l'homme et aux piéges qu'ils se tendent entre eux n'étaient là pour démontrer le contraire ; cependant comme les passions des animaux sauvages se rapportent à des besoins purement organiques, leurs mouvements sont toujours empreints d'un caractère moins équivoque que les nôtres. Ceux qui vivent dans une condition de domesticité ont beaucoup d'analogie avec nous dans leur manière d'être : ils s'identifient avec l'humanité ; en elle réside leur bien-être ; ils sont élevés à recevoir et non à conquérir de quoi satisfaire leurs appétits. Les chats ne caressent que la main libérale, et ce, en raison de leurs besoins; ceux qui chassent et ont par eux-mêmes des ressources contre la faim, sont infiniment moins souples et moins obéissants : ils n'ont point cette câlinerie, cette tartuferie de gestes particulière à celui qui vit uniquement de la pâtée qu'on lui octroie.

Cette modification du geste chez les animaux en relation avec l'homme, est extrêmement sensible; ne distingue-t-on pas à ses allures, le chien dormant avec mollesse sur le tapis d'un salon, de celui qui couche à la ferme sur la dure? L'un est coquet, léger dans ses mouvements, l'autre est rustre et lourdaud dans toute sa personne. Il n'est pas jusqu'aux nuances de la vie privée qui ne se reflètent sur eux; il y a une grande distance entre les habitudes corporelles de la petite chienne mijaurée de la dévote, à celle de la marchande sur la voie publique; la doguine qui grogne aux passants ne craint pas de salir une soie lustrée et de compromettre sa digestion en cherchant sa pâture au coin d'une borne. tant est grande l'influence de l'homme sur les autres êtres groupés autour de lui; ils associent leur existence à la sienne, et se greffent sur sa personne, si je puis parler ainsi, comme certaines

tions quand ils vont giboyer, afin de s'assurer plus facilement de leur proie, en s'en emparant par surprise; ils savent habilement aussi cacher leur faiblesse sous des dehors de courage, en présence d'un antagoniste en état d'abuser de sa supériorité. Tout le monde a pu faire cette remarque dans la rue : quand deux chiens se rencontrent et vont se reconnaître, on ne saurait d'abord distinguer celui qui paraît avoir le plus de certitude de vaincre; mais dès qu'ils ont dépassé certaines limites en se longeant avec menaces, on voit bientôt le plus poltron ne compter que sur la vélocité de sa course et revenir au sentiment vrai de sa position défavorable.

Les animaux qui ont les gestes les plus composés sont ceux qui se servent de leurs extrémités antérieures comme de mains; s'ils ont plu sde moyens, la nature leur a donné des besoins plus complexes.

Je terminerai par une dernière considération sur l'ensemble de l'étude du geste. Le geste doit toujours être en harmonie avec la pensée dominante du sujet représenté; il doit être véhément, en faisant appel aux passions fortes du spectateur; se mollir aux douces rêveries de l'amour; être simple ou grave avec un motif naïf ou sévère. Il ne faut pas croire nécessaire de forcer l'expression pour produire de l'effet; c'est une erreur : on peut arriver au même résultat en restant dans les limites tracées par la nature. En voici la preuve : Lesueur veut peindre une scène n'offrant rien que de très ordinaire et de peu favorable en apparence pour en tirer un grand parti; son thème est cette action si simple : *Un messager apporte à saint Bruno une lettre dont il doit rapporter la réponse.* Ce ne peut être par des ajustements plus brillants, plus somptueux, que Lesueur caractérisera le chef de l'ordre pour le désigner aux regards du spectateur; l'habit du cloître est le même pour tous les frères, quel que soit leur rang; une modestie extrême, une sainteté plus grande ont élevé Bruno, et le maintiennent à la tête de cet asile de paix et de prières. Il est indispensable cependant que celui dont la voix commande et dirige ait sur les autres religieux quelque chose dénotant son rôle dans cette réunion silencieuse. Comment le génie du peintre pourra-t-il vaincre cette difficulté? Il prendra pour base de sa composition ce que le fait même lui indique. Il ne fera pas tomber des flots de lumière sur l'homme cachant ses vertus sous une humilité profonde; il

laissera point de doute sur la suprématie de celui qu'il accompagne avec un air de soumission et de déférence marquées. Voilà pour la qualification des acteurs de cet admirable tableau. Comment exprimer maintenant que l'envoyé attend une réponse à la missive? Le saint lit déjà. Le messager est debout devant Bruno, la tête découverte; une de ses mains s'appuie sur la hanche portant le grave de son corps demi-fléchi, et paraissant se reposer un instant sur lui-même, pour laisser le temps d'achever la lecture; son front, légèrement penché sur l'épaule, témoigne le désir et l'attente. Le cheval haletant, que tient par la bride le porteur de la lettre, indique la rapidité de la course faite; et l'on voit, au soin pris par le cavalier de ne point désharnacher sa monture, qu'il voudrait avoir déjà reçu la réponse, ce qui prouve qu'elle est vivement attendue. Certainement on ne peut rien voir de plus simple que le fond, et rien pourtant de mieux rendu à si peu de frais.

L'artiste habile ne doit pas seulement calculer l'effet d'une figure pour elle seule, mais relativement à celles groupées à l'entour. Les oppositions naissent de l'ensemble des gestes de tous les personnages; elles servent à les faire valoir mutuellement, comme des tons heureusement contrastés concourent à former un tout harmonique. Et, à ce sujet, je dois signaler une faute bien nuisible de certains jeunes gens qui font, d'une composition un ramassis de mouvements corporels cadencés en pyramide ou en toute autre figure géométrique, ils oublient dans ce soin absurde celui d'être vrai comme peintre de passions, avant d'être un ajusteur de pièces et de morceaux dans une grande et froide marqueterie. La passion dominante doit seule déterminer l'agencement du geste, et non point se maniérer aux caprices d'un ordre assigné par un faux calcul.

DU CARACTÈRE.

Le caractère est l'état le plus habituel et en quelque sorte le *facies* distinctif de l'âme. Il se déduit de la somme des mouvements passionnés du moi, comme la physionomie résulte de l'ensemble expressif des diverses parties du corps.

La passion la plus active et la plus répétée dans le *moi* détermine le genre du caractère, ainsi que le trait corporel le plus saillant sert à donner la qualification physiognomonique personnelle à l'individu. Si l'impétuosité prédomine dans les passions, le caractère est violent ; il est faible lorsque les mouvements concentriques y sont plus communs ; il est égal quand la tranquillité y règne ordinairement. A des traits fortement accentués, débiles ou doux, on reconnaît une physionomie animée et ardente, triste et sans force, sans cachet et sans résolution. L'énonciation seule des faits nous amène naturellement à cette conclusion : « Il existe entre le carac- » tère et la physionomie les mêmes rapports et la » même analogie qu'entre les mouvements de l'âme » et du corps dont ils sont les résumés. » Par conséquent, les habitudes extérieures étant la répétition fidèle de ce qui se passe en somme au dedans de l'individu, l'on peut être conduit, par leur examen, à l'appréciation du *moral*, et réciproquement. Le caractère rentre donc essentiellement dans les trois divisions génériques établies pour la classification des passions : l'état le plus ordinaire de l'âme indique la catégorie ; c'est comparativement à ces conditions de *sur-excitation*, de *tranquillité* et de *faiblesse*, que nous allons en présenter les généralités les plus intéressantes pour notre spécialité. Nous ferons marcher en même temps l'étude du côté moral et du côté physique, ainsi que nous l'avons

nous prouverons, par des exemples répétés, que les exercices particuliers du corps impriment, à la longue, des modifications telles, qu'elles peuvent changer la direction morale primitive de l'individu.

La face est, de toutes les parties du corps humain, celle qui porte le plus l'empreinte du caractère ; cependant elle ne suffit pas seule pour établir un jugement complet. La moitié supérieure de la face, y compris l'enchassement des yeux, est plus particulièrement affectée aux traits constitutifs du caractère appelé *moral*, par opposition à celui qui se compose des mouvements essentiellement *sensuels*, et dont la manifestation la plus forte a lieu dans la partie inférieure du masque. La sérénité brille sur un front épanoui. Les rides transverses dont il se couvre sont les empreintes du chagrin et des luttes morales. La contention d'esprit creuse un pli vertical entre les deux sourcils. L'agitation habituelle des surciliers appartient à la catégorie des passions véhémentes : l'immobilité constante de ces muscles est le signe de l'impassibilité. Un front élevé, un œil vif et perçant, sont les signes caractéristiques du génie et de la pénétration; un caractère soucieux se révèle dans la mobilité et le développement du sourcil; mais dans cette région l'œil a la plus grande valeur comme expression : ouvert et pétillant, il signale l'énergie; recouvert à demi par l'effet de la pesanteur de la paupière, il atteste la lourdeur d'esprit et la langueur corporelle; sa grandeur donne l'idée d'une mélancolie douce; sa petitesse montre la vivacité, la pétulance; l'œil entouré de plis atteste la joie. L'affaissement de la paupière inférieure se rencontre chez les personnes ayant longtemps éprouvé la douleur et versé beaucoup de larmes. De beaux cils relèvent encore la physionomie de cet organe; ils répandent à l'entour une pénombre qui ajoute agréablement à l'expression d'une passion vive, en la tempérant par le voile léger d'une teinte douce et incertaine; leur rareté donne de la sécheresse et provient d'une inflammation continue de la paupière fatiguée par un long exercice.

L'œil résume la face, où vient se réfléter l'expression générale de la machine humaine. Il est un miroir où l'image présente apparaît nettement, mais ne laisse pas d'empreinte après elle; les annexes de cet organe conservent au contraire la trace de l'émotion et servent à constater son passage.

violentes; le jeu des narines, dans ces diverses espèces typiques, vient appuyer cette opinion : les narines sont peu dilatées dans les nez droits; elles hennissent dans les nez retroussés; elles sont fortement senties dans les aquilins, de manière à servir également la constriction ou la dilatation, selon que le degré de la passion impétueuse est concentrique ou excentrique.

Des lèvres épaisses expriment la sensualité; amincies, elles sont le signe des passions concentriques ; la médisance, la convoitise, la méchanceté sont dans ce cas, et présentent cette disposition. Les passions véhémentes se reconnaissent à la ▓▓▓ à la contexture ferme des lèvres, tantôt pâles, tantôt colorées.

La bonhomie est écrite sur la lèvre inférieure en saillie et sans contraction : le sarcasme la contracte légèrement et lui donne de la finesse et du mordant.

Un menton fin et arrondi est une marque de douceur dans le caractère; lourd, il dénote la stupidité, la grossièreté; fortement dessiné avec des plans solides, les mouvements violents, et, surtout s'il est extrêmement mobile; sans puissance musculaire, il est une preuve de faiblesse et d'inertie.

Des joues creuses accompagnent un caractère éminemment concentrique; elles appartiennent également aux passions faibles et fortes; on en distingue aisément le genre par le relâchement des fibres dans la première condition, et l'angularité positive dans la seconde.

Des joues fermes, rebondies et ornées de gracieuses fossettes, respirent le bien-être.

Les différentes nuances dont le teint se colore ont une signification importante : la pâleur survient au moment concentrique de la passion : l'animation est le symptôme d'un état réactif et signale l'expansion : ces signes sont passagers dans l'expression du mouvement spontané de l'âme : leur persistance provient d'une condition pathologique dont il faut aussi tenir compte. Ainsi, pour en donner un exemple, les maladies du foie répandent une teinte jaunâtre sur la face : elle blémit dans certaines affections du cœur : elle prend un incarnat factice avec la fièvre. L'altération des organes respiratoires imprime une tache rougeâtre sur les pommettes des joues pâles et appauvries. Chaque genre d'affection a son indication particulière

prépondérance. Tous les hommes de génie ont été remarquables par le développement prononcé du crâne et la vivacité du regard, brillant comme l'éclair et dominant les autres traits effacés par son éclat. Les mangeurs présentent un accroissement notable des muscles de la mâchoire, et plus d'extension dans ces parties que dans celles placées au-dessus. Pour établir cette différence caractéristique, je choisirai deux hommes, dans une position sociale pareille; ils ont eu, chacun de son côté, des penchants tout à fait analogues à ceux que nous donnons pour principes de ces deux grandes divisions. Je comparerai Bonaparte à Vitellius. Chez l'un, face supérieure occupant plus d'espace que la région faciale inférieure; chez l'autre, disposition inverse. Bonaparte a rempli le monde de sa gloire et de son vaste génie; il aimait peu la bonne chère; en Egypte, à peine avait-on eu le temps de s'asseoir, que déjà son repas était terminé. Impatient de l'avenir, le grand homme ne pouvait rester assis; il se levait, faisait un tour ou deux dans la salle, puis on l'entendait dire à l'un de ses officiers: Un tel, vous

vous plaisez à table! C'était le dernier signal, et chaque convive se retirait : heureux celui qui pouvait emporter une pièce, pour achever à l'aise de prendre une nourriture suffisante. Vitellius a signalé son court empire par des recherches gastronomiques inouïes et des profusions de mets extraordinaires, par les soins pris pour les confectionner. L'histoire a consacré le souvenir de ce célèbre festin qu'il donna; festin où l'on vit apparaître des services composés de foies de scares, poissons difficiles à se procurer; de cervelles de faisans et de paons; de langues de phénicoptères, oiseaux des plus rares, et de laitances de murènes : la mer Carpathienne, le détroit de Gibraltar et les pays les plus reculés avaient eu peine à fournir assez de ces animaux.

ces *viveurs* de profession, ces hommes faisant d'un repas un moyen de traiter les affaires de commerce, ces gens qui opinent du ventre, et vont chercher au fond d'un verre une opinion facile : la vie en eux brille autour de la bouche, que meuvent avec amour de lourdes mâchoires : elles sont mises en jeu par des masses charnues retombant comme ces fanons graisseux suspendus au large col du bœuf qui rumine : quelle exubérance, quelle animation dans ces parties ! Un front bas, un œil trouble et chassé en dehors par les vapeurs obs-

il faut les voir comparativement à l'ensemble : telle face pourra vous mettre en défaut, si vous ne faites pas attention aux gestes accessoires ; mais s'il y a harmonie complète dans le tout, vous pouvez asseoir un jugement toujours confirmé par l'expérience, quand il est basé sur les données établies en règles générales.

Un front écrasé, des sourcils épais, une peau rugueuse, des yeux gris et cachés sous l'orbite, un nez tordu, des lèvres épaisses et anguleuses, des dents faisant saillies, des traits secs et arrêtés, pourraient être considérés comme un indice de stupidité simple en les jugeant seuls ; mais si les membres sont forts et trapus, si le corps a une allure servile, avec tous les attributs de la puissance physique, vous pouvez affirmer que cet être dégradé sous le rapport de la forme, ne l'est pas moins sous le point de vue moral ; il réunit au plus haut point la force brutale, et le manque d'intelligence nécessaire pour la diriger ; il pourra devenir froidement féroce ; n'ayant aucun sentiment d'humanité, ce sera une brute insensible à tout, excepté à la voix impérieuse de ses besoins, sans égard aux moyens à employer pour les satisfaire. Voici un trait de la vie d'un être de cette espèce; il m'a fourni de nombreuses observations. Il s'était fait, par une sorte d'instinct, garçon d'amphithéâtre à Bicêtre; sa fonction principale était de conduire la voiture transportant de cet endroit à l'École pratique les cadavres destinés à la dissection; sa femme le suppléait dans cet office de translation. Un jour, notre homme avait, pour aller boire, remis les rênes aux mains de sa compagne; il resta longtemps au cabaret; le soir il se rappela son devoir du jour; aussitôt il court à l'École; rien encore n'était arrivé; inquiet, il retourne sur ses pas, et rencontre enfin sur la route la voiture arrêtée, et près de là sa femme morte par l'excès du vin qu'elle avait pris de son côté : surprise par le froid, la malheureuse venait de succomber, faute de secours. Que fait l'époux? il prend ce cadavre et le jette avec ceux entassés déjà dans le convoi. Enfin il arrive à sa destination avec ce surcroît de chargement; il raconte son aventure, fait constater légalement le décès, puis il va sans scrupule offrir le corps de sa femme à des élèves; il cherche à le vendre avantageusement, vu sa bonne complexion, en ayant soin de le faire valoir comme une marchandise ordinaire exploitable; de plus il

difformité du corps soit une induction toujours défavorable : une belle âme peut briller encore au dehors avec de tels éléments ; mais alors l'œil, comme une autre face, corrige par son expression le hideux d'un vice de conformation ; dans le cas précédent, cette circonstance ne se rencontrait pas : là il y avait harmonie complète.

J'ai vu à la maison d'accouchement une fille-monstre horriblement contrefaite ; dans la plus grande extension, sa stature ne dépassait pas soixante-treize centimètres de hauteur ; les pieds et les mains étaient également mal conformés ; la tête, de proportion ordinaire, paraissait énorme ; une voix extrêmement douce, un visage composé de traits assez fins, un regard animé, expressif venaient affaiblir l'effet pénible que cet ensemble faisait éprouver à la première vue. Honorine, c'était son nom, avait dix-neuf ans ; son caractère était aimant et bon ; elle avait connu l'amour et l'amour l'avait rendue mère : elle se trouvait au huitième mois de sa grossesse, et attendait impatiemment le moment de sa délivrance. Je dis l'amour, car le père de l'enfant qu'elle portait avouait hautement son titre et venait souvent la visiter. Ce jeune homme avait une fort belle figure, et il faut ajouter du courage, pour ne pas renier une telle paternité auprès de cette monstruosité féconde! Chez Honorine, les organes de la maternité avaient acquis un développement prodigieux relativement à cette dimension totale de *soixante-treize centimètres*. Cette infortunée est morte à la suite d'une opération césarienne infructueusement pratiquée.

Il est une singularité bien digne d'attention : en comparant certains hommes à certains animaux, avec lesquels ils ont des points de ressemblance sous le rapport de la conformation, on retrouve en eux également une analogie assez prononcée comme mœurs et comme penchants particuliers. La longueur d'un nez aplati vers les narines et courbé en saillie vers le tiers supérieur ; le rétrécissement de la mâchoire inférieure ; la grandeur de la bouche dont les coins remontent ; les yeux avancés en amande et relevés par leur angle externe ; un front fuyant et ombragé de cheveux bouclés, ont une sorte de conformité avec les traits du mouton. Les gens ainsi construits sont en général d'un commerce facile et se laissent diriger plutôt que d'agir par eux-mêmes. L'un se glisse plus qu'il ne marche, tant il

quels il rampait d'abord pour les mordre ensuite ; n'a-t-il pas l'allure et le naturel du serpent ? On pourrait pousser très loin ces comparaisons. Je me rappelle avoir vu dans une seule visite à Bicêtre, où j'allais chercher des sujets d'observation, une douzaine de voleurs, ayant tous, plus ou moins, des traits communs avec ceux des oiseaux de proie qui commettent leurs larcins pendant la nuit. Je pourrais citer un individu ayant un profil de renard, et passant pour un fin matois. Ces points de rapport sont tellement ostensibles chez certains hommes, que l'on entend parfois une jeunesse irrévérencieuse désigner sous le nom de corbeaux une espèce particulière de corporation marchant par bande et dont le plumage est également noir ; je n'ose cependant pas affirmer à cette occasion, que le fond soit toujours identique à la forme. Qui n'a été frappé de cette collection ingénieuse où Granville a placé sur un corps humain la tête de l'animal dont le sujet représenté a les goûts et les habitudes ? Qui n'a souri en voyant ces spirituelles caricatures de nos vices, où plus d'un personnage peut reconnaître son portrait et trouver un avertissement salutaire?

Le caractère de l'individu se répand autour de lui; on le retrouve dans ses ajustements, dans ses relations avec les hommes et les choses, dans les meubles et les ustensiles servant à son usage. Les hommes d'un caractère concentrique portent plus ordinairement des habits étroits et boutonnés, dans lesquels ils semblent se clore pour ne pas se laisser surprendre. Les individus excentriques par excellence, les gens rieurs, bons, francs et serviables, ne sont à l'aise que dans les plis étoffés; rien de clos en eux et sur eux; leur cravate est mise sans prétention, sans soin; leur redingote est ouverte, leur gilet laisse voir une poitrine élargie : un homme de ce caractère aura plus souvent son chapeau à la main, comme chargeant par trop sa tête, qui s'inonde aisément de sueur. Le concentrique enfoncera sa coiffure sur ses yeux pour s'en faire une sorte de rempart contre des regards indiscrets. Mettez en parallèle ces personnages qui, par état, vivent à l'écart et font une étude spéciale de paraître humbles et recueillis : pas un bouton chez eux sans être utilisé; pas de plis sur leur poitrine ; tout est sévère, économique, exigu dans leur mode de se vêtir; et c'est la couleur noire, absorbant le plus les rayons lumineux, qu'ils choisissent de préférence à

sa couleur de prédilection est claire ; il porte son chapeau sur le coin de l'oreille ; du reste, il lui arrive rarement de se couvrir la tête ; son attitude est celle de la sincérité, de la franchise ; il invite à la confiance et l'inspire ; sa face est épanouie et rieuse; son teint est vermeil. Le prêtre est généralement d'une peau brune ; son visage est austère ; sa marche est toujours mesurée.

Entrez dans une chambre, dans un salon, dans un lieu quelconque, la disposition des moindres choses vous dira le caractère de celui qui l'habite. S'il règne une symétrie pointilleuse dans l'agencement des divers objets, si tout y a une place assignée, tirez-en cette conclusion que le maître a l'esprit d'ordre et de régularité ; quant à la spécialité, vous en reconnaîtrez aisément le symbole dans l'endroit le plus en évidence ; ce sera, par exemple, un homme d'affaires, si des cartons rangés avec art frappent d'abord vos yeux : un financier se reconnaît à la structure de la cassette et du bureau ; un avare, s'il n'y a rien d'ostensiblement exposé. Le désordre, la diversité apparaissent davantage chez ceux qui s'occupent de travaux où l'imagination a le plus d'activité dans les moyens usités de produire ; une sorte de confusion distingue l'atelier de l'artiste : cette qualité paraît inhérente à son génie. Peut-on s'embarrasser de mesquins détails quand la pensée s'élève au-dessus de la terre et plane dans l'immensité ? Plus il y a de fougue, de grandeur dans le caractère de talent du peintre, plus cet état d'incohérence est remarquable ; on voit, au contraire, plus de soin chez ceux qui font du détail leur principale affaire. Le goût qui brille dans un ameublement ne donne-t-il pas bonne opinion du possesseur ? Des meubles du temps passé, des tapis à figures, avec paysage et oiseaux, rappellent l'idée d'un vieux personnage aussi mûr que les étoffes dont sa chambre semble étaler à regret les tissus râpés. La fraîcheur des décors, l'élégance, sont plus communes dans les habitations de l'homme du jour ; tout fait partie d'une pensée ; tout se rattache à une vie exprimée par les moyens employés à satisfaire ses besoins.

Le caractère moral fortement prononcé se révèle toujours dans la réapparition constante d'une idée fixe qui le résume. C'est un pivot autour duquel tout vient s'accoler, pour ainsi dire, afin de tournoyer ensemble. Le bigot rapporte tout à l'exté-

pli de son sujet favori, que toute sa conduite se formulait en propositions géométriques. Ainsi, quand il partait d'un point, il se jalonnait mentalement une ligne droite pour se rendre à sa destination, comme étant le plus court chemin à suivre; il poussait à cet égard le rigorisme au point de ne pas se permettre de traverser à angle droit une rue même étroite, pour éviter de parcourir les deux côtés d'un parallélogramme, s'il pouvait, sans inconvénient, prendre la diagonale et gagner ainsi du temps. Chez les vieillards, cette tension continue devient monomanie; c'est la dernière notion qui s'éteigne en eux; témoin cet usurier au lit de mort; il ne reconnaît pas même ses amis, et lorsque le prêtre lui présente un crucifix, il ouvre ses yeux appesantis, examine ce symbole religieux, et dit, en achevant de mourir : Je ne puis prêter que dix pistoles sur ce gage. Si l'on cause quelque temps avec l'un de ces monomanes, il trouve toujours l'occasion de vous ramener, par une transition imprévue, à l'objet de sa prédilection. Je connais une personne d'un vrai mérite : elle ne manque jamais, n'importe le sujet mis en discussion, de glisser cette phrase incidente : *C'est comme moi* ; et de là une conséquence obligatoire qui la remet à l'instant même sur la voie qu'elle aime tant à parcourir.

Le premier soin de l'instituteur doit être l'étude consciencieuse du caractère de l'enfant confié à sa sollicitude. Il faut sonder profondément le terrain, et en apprécier les propriétés avant de déterminer la culture la plus avantageuse, et pour savoir comment corriger sa composition par l'adjonction des éléments dont il serait dépourvu. La connaissance du sol éclaire sur le choix des semis ayant le plus de chance de germination. Avant d'émonder un rameau, l'œil exercé du cultivateur a distingué le bourgeon à fruit du bourgeon des feuilles. Il dirige la sève de façon à répartir utilement les forces végétatives, ne voulant pas alimenter une branche aux dépens de l'arbre tout entier; il ne s'attache pas non plus à le surcharger de fleurs stérilisées par l'effet de leur multitude. Il sait ménager l'exubérance du printemps au profit de l'automne.

A la ferme, l'élève des races ovine, bovine et chevaline, est d'autant plus soigné qu'il rapporte selon sa valeur réelle. Aussi, l'on sait faire aujourd'hui de la viande et des chevaux. Dans certaines maisons d'éducation, l'espèce humaine paraît être exploitée

des primes et la fortune en perspective pour les spéculateurs de bestiaux. L'instituteur mal rétribué manque souvent du strict nécessaire. Ne pourrait-on pas l'affranchir de toute préoccupation personnelle autre que celle de l'accomplissement de ses devoirs, et encourager le cultivateur humanitaire comme l'éleveur du bétail? Les résultats sociaux ne se feraient pas attendre.

Le caractère de l'enfant pointe dans ses manières, dans ses aptitudes et principalement dans ses jeux. Ce n'est pas la férule en main que l'on est à même de lire dans leur âme. Pendant la récréation, notez, en regard de leur nom, les emplois désirés ou pris par les petits acteurs. L'un se propose pour faire l'office de cheval dans un attelage, dont l'autre se réserve la conduite. Le plus hardi rassemble une troupe de soldats; il s'en attribue le commandement; c'est la condition absolue de sa participation à l'amusement général. Les fonctions secondaires se disputent : celui-ci se range parmi les musiciens; celui-là se nomme tambour-major. Tel veut attaquer, tel autre aime mieux contribuer à la défense de la place. Plus loin, des magistrats improvisés se réunissent avec une gravité comique pour juger de prétendus délinquants dont quelques-uns se sont constitués les gendarmes. Voici un amateur de marine lançant un simulacre d'escadre sur les flots resserrés d'un ruisseau. Le voisin construit une maisonnette. La statuaire et les arts graphiques ont également leurs adeptes.

Peut-on s'empêcher de sourire en entendant de gracieuses petites filles se distribuer les rôles d'une scène à représenter? Quelle finesse d'observation se révèle instantanément dans l'indication des thèmes à développer par l'improvisation ! Quelle aptitude à l'imitation des gestes, des habitudes, de la désinvolture des personnages supposés ou copiés d'après nature avec une maligne interprétation! Chaque caractère se dessine avec ses nuances diverses dans le sentiment de la mimique et de la parole.

Je me suis mis souvent en observation devant un étalage de jouets pour comparer la physionomie du bambin avec la signification de l'objet dont son imagination semblait le plus frappée. Le curieux aux traits pleins de résolution, l'Achille caché sous la petite blouse, préférait les armes; l'artiste en herbe désignait l'image ou l'instrument musi-

son n'était pas toujours irréprochable ; la gourmandise en altérait parfois le fond. Le livre avait peu de demandeurs, le polichinelle et le tambour étaient ardemment recherchés par les excentriques.

Il est un moyen journalier de pressentir les vocations particulières dans la portée des interrogations faites par l'enfant dans un ordre d'idées constant et logique. Laissez-le donner une libre carrière à son désir d'explications : n'en comprimez jamais l'essor ; les points sur lesquels ses questions convergeront avec persistance seront autant de jalons de la route à suivre dans l'intérêt de son avenir.

Fournissez à chacun une nourriture intellectuelle appropriée à ses facultés et à ses aspirations propres. Placer toutes les plantes sous le même niveau sans tenir compte de leur croissance plus ou moins active ; enfouir toutes les espèces de racines dans des vases d'égale dimension ; c'est renouveler le procédé de Procuste.

On ne combat pas un méchant caractère avec des

peines corporelles ; on l'aigrit : c'est dans le cœur qu'il faut prendre position pour lutter avantageusement contre ses vices. Instituteurs, appuyez-vous sur une base physiologique. Ne répandez pas le grain sans vous être assurés d'une presque certitude de germination; et, pour arriver à ce but, commencez par déblayer le terrain de toute végétation parasite. Favorisez l'expansion naïve de votre disciple et dirigez-la comme une sève précieuse : on fausse son caractère en prétendant en faire un homme avant l'heure. On brise aisément la tige naissante en pesant trop sur elle ; il faut se contenter de l'environner de chaleur et de lumière, sans la mettre en serre chaude pour en obtenir un spécimen hâtif, mais bientôt fané quand il est dehors.

Méfiez-vous des sournois au regard oblique; ils couvent l'hypocrisie et les désordres qu'elle abrite sous son manteau. Secouez la torpeur et l'immobilité; elles ont pour conséquence la somnolence de l'esprit, la paresse et sa suite funeste. La loi commune est l'activité ; aucun progrès n'a lieu sans elle. Examinez bien, en outre, si quelque altération pathologique n'est pas la cause d'une imperfection morale et, dans ce cas, attaquez-la dans sa source. Beaucoup d'enfants sont taquins, boudeurs, difficiles à dompter, ou sans énergie, par l'effet seul

prolongée est un symptôme appelant la plus sérieuse investigation du maître. Point de travail écrasant; l'écolier a besoin d'exercice pour rétablir l'équilibre de circulation rompu par une application opiniâtre du cerveau. Respectez surtout cette candeur ingénue du premier âge, cette fleur de l'âme fraîche éclose, et plus facile à ternir que le coloris léger du bouton que son rameau balance encore.

Le sublime de l'art, dans la peinture de portrait, est d'écrire sur la toile le caractère de la personne avec les traits particuliers de sa physionomie. On se fait de ce genre, très répandu pourtant, une idée bien fausse; on se croit obligé de rentrer constamment dans cet insipide sourire devenu le cachet obligé, le type important à suivre, pour égayer, dit-on, son sujet, et le présenter d'une manière agréable; je ne sais rien de plus nuisible aux progrès de l'art que ce faux système. N'ai-je qu'un sourire à demander à une face d'homme? c'est une pensée, une existence que je dois chercher sur ce miroir mobile où l'âme apparaît. Ce n'est point une bouche rieuse qui me dira ce qu'est, ou ce que fut, ou même ce que sera celui dont on m'offre la copie. Est-ce tout de rendre le matériel d'un visage? Il faut y répandre, pour l'animer, les sentiments ordinaires de l'original. Par exemple, si le modèle est un de ces hommes inventifs, qui, tout en reculant les bornes de l'intelligence humaine, ont cependant connu les déboires d'une existence laborieuse, mêlez à son regard ce feu sacré du génie qui pénètre et commande; n'oubliez point de jeter sur sa lèvre dédaigneuse une pensée de mépris pour ses détracteurs. Si cet autre est jeune et plein d'avenir, un trait comme une aurore commençant à poindre m'annoncera ce qu'il peut devenir un jour. Une teinte sombre et mélancolique doit m'attrister à l'aspect de l'image de l'être qui a souffert. Animez des feux naissants d'une pudeur native ce front de jeune fille où tant de douces et fugitives émotions vont éclore. Accentuez les traits du soldat intrépide; que votre mâle pinceau le caractérise par la grandeur et la force du dessin et de la couleur. Laissez le sourire à ces petits êtres n'ayant encore apporté dans la vie que des caresses enfantines et des baisers à leur mère : il est à sa place, au moins, sur cette bouche ingénue accusant la faiblesse et demandant amour et protection.

L'exercice journalier d'un même mouvement

sible et progressive du physique sur le moral de l'individu; de là même des vertus et des vices, comme attachés à telle ou telle condition sociale. Il est un fait extrêmement remarquable, à quelques exceptions près, résultant de causes étrangères : les hommes qui cultivent les arts mécaniques exigeant des gestes multipliés sont enclins aux passions excentriques; ils ont plus de laisser-aller dans leurs mœurs que ceux ayant des occupations sédentaires et nécessitant peu de mouvements corporels. Les premiers sont, par cela même, plus portés à l'exaltation des sentiments expansifs. Que de généreuses actions ont été faites souvent, je ne dirai pas par des personnes de la classe ouvrière, on leur ferait injure en mettant en doute la bienfaisance de ceux qui doivent à un travail opiniâtre le pain qui les nourrit, mais par ce rebut de l'espèce, devant à une honteuse industrie une existence avilissante et entourée de mépris ! Les hommes moins actifs sont plus réservés dans leur manière d'être; mais s'ils ne montrent pas ces grands écarts dans leur conduite, ils ont aussi plus de froideur dans leurs relations

Jetons un coup d'œil rapide sur les caractères principaux présentés par les genres d'état où ces deux conditions sont les bases des moyens employés; nous verrons constamment l'expérience corroborer nos assertions. Certes, il n'y a point de profession plus essentiellement gesticulatrice que celle des saltimbanques de carrefour, puisque leur propre est d'amuser le peuple par la variété de leurs tours et de leur agilité : eh bien! quel est le caractère générique de ces tribus nomades, ne se fixant nulle part et se rencontrant partout? C'est une excentricité excessive, qui ne leur permet jamais de compter avec eux-mêmes ; elle les conduit gais et rieurs au terme de leur carrière; ils vivent au jour le jour, insouciants d'un lendemain ne leur appartenant pas encore, et que jamais ils ne cherchent à préparer. Leurs accessoires attributifs reflètent cet abandon, cet entraînement de leur âme : des ajustements en désordre, une négligence extrême, du clinquant, partout de l'incomplet. Ils ne peuvent réunir assez d'idées pour une réflexion soutenue; leur esprit est toujours en dehors ; il ne brille et ne réside en eux que, comme l'argent qu'ils recueillent, le temps de le dépenser. Et ne croyez pas que, sur un splendide théâtre, où l'art lutte avec avantage contre le prestige d'un luxe étonnant de décors et de parures, on rencontre une

que les modifications inséparables d'une éducation plus soignée; mais là aussi l'on trouve cette joyeuseté aventureuse, cet oubli de l'avenir, cette prodigalité de cœur et de biens, caractérisant cette classe éminemment excentrique.

Opposons à ce tableau mouvant et frivole l'aspect plus grave et plus méthodique d'une existence utilisée à la recherche de hautes connaissances qui s'acquièrent dans le recueillement et le repos. A ce teint verdâtre, à ce visage froid et préoccupé, cette parcimonie de gestes, cette mesure dans les paroles et les mouvements; à ces jambes qui se déploient gravement comme les branches d'un compas à des distances égales; à ce raisonnement mathématique présidant à tous ses actes; à cette tournure roide et anguleuse que l'habitude d'une longue station a produite et se manifestant même dans la progression, ne reconnaît-on pas l'homme ayant passé sa vie à calculer, supputer, combiner et résoudre un problème? On ne se fait pas toujours soldat par vocation; la loi, et non un goût naturel, contraint souvent le citoyen à servir; pourtant voyez combien ces manœuvres régulières, cette ponctualité dans l'exécution des exercices, viennent façonner le caractère du conscrit. Les anciens militaires sont justement renommés pour leur probité, leur franchise, et des qualités précieuses sous le rapport de l'ordre et de l'exactitude; ils sont recherchés avec empressement dans les fabriques, où l'on a besoin d'hommes sûrs et intègres.

Ces mêmes nuances de caractère d'homme à homme, de métier à métier, existent aussi de nation à nation; les masses ont une âme collective, dont l'état de faiblesse, de surexcitation ou de tranquillité détermine la marche et l'allure; elles ont un centre commun, un cœur battant aux mêmes impulsions, parce que les canaux qui l'alimentent ont leur racine dans des intérêts de localités exprimant des besoins généraux. De ces besoins naissent les constitutions propres à les favoriser; et des bonnes ou mauvaises constitutions dérive le bien-être ou le malheur public. De là ces conditions diverses d'inertie, de tourmente populaire, ou de prospérité nationale. Inertie, quand les lois constitutives sont dépouillées des moyens de développer le corps social; tourmente, quand des exigences impérieuses vont remuer la société jusque dans ses entrailles; prospérité, si la généralité des citoyens peut satis-

mes de cette civilisation qui est comme la fleur précédant le fruit! En la flétrissant sans secousse, elle tombe d'elle-même, se dessèche, et ne garde plus assez de sève pour de débiles rejetons. Mais vienne une main de fer qui comprime violemment et sans mesure ces semences tendant naturellement à poindre; alors la réaction est en raison de la résistance connue, et le refoulement des parties amène une fermentation qui double l'énergie; le peuple a bientôt vaincu son oppresseur. Ce que je dis là n'est point seulement une théorie appropriée à mon système, c'est de l'histoire, et de l'histoire qui se renouvellera continuellement dans des circonstances semblables; car ces données éternelles ont leur base dans un principe invariable : les rois s'éteignent; les empires peuvent s'écrouler pour renaître; la nature seule est immuable; c'est la seule puissance qui soit éternellement debout.

Le caractère moral des peuples se manifeste, avant tout, par les lois qui les régissent. Je vais, à ce sujet, présenter plusieurs rapprochements. Trois bases distinctes ont servi à la confection des lois et montrent le caractère dominant de l'époque : la théocratie, la démocratie et la monarchie. La théocratie est fondée sur un sentiment de faiblesse portant la créature à croire dans un être protecteur ; passions concentriques chez les peuples soumis à son empire ; résultat, paupérisme causé par apathie. La démocratie repose sur la nécessité d'une représentation exacte de tous les intérêts ; de là stimulation constante, accroissement de l'industrie au profit de tous, excentration de l'esprit humain. La monarchie est une personnification de l'égoïsme ; d'où découle le développement d'une partie au détriment de l'ensemble ; résultat dépendant du caractère personnel du chef de l'Etat ; ardeur belliqueuse avec le guerrier ; amour des arts, des sciences, du privilége et d'autres principes opposés selon l'impulsion donnée d'en haut. La condition de tranquillité se trouve dans la balance exacte des divers besoins et des moyens de les satisfaire. Il est encore un gouvernement mixte composé de ces divers éléments. Eh bien ! il peut rarement durer dans les mêmes conditions ; tôt ou tard l'un des trois principes déborde et fait loi. Celui-là seul est stable qui a lieu par la volonté générale, et se modifie graduellement sur la marche progressive des intérêts nouveaux qui surgissent. Passions mixtes dans les gouvernements mixtes.

particulière : voilà pour l'ensemble ; quant à l'individualisme national, il est d'autres signes à indiquer sommairement. On distingue l'homme natif de tel ou tel pays à la forme de sa tête, à son allure, aux ajustements spéciaux de sa patrie, à son langage. Je ne puis, dans cet aperçu, donner que peu d'exemples pour mettre l'artiste sur la voie des recherches à faire pour rendre son œuvre aussi complète que possible. Ainsi, comme conformation générique, je prendrai seulement deux exemples dans l'antiquité : on reconnaît un Grec à l'ovale de sa tête, et le Romain au contour plus évasé supérieurement et plus en coin inférieurement : ces deux types nationaux se retrouvent dans tous les ouvrages des anciens.

De nos jours, une tête allemande est carrée, si on la compare à celle des Anglais, généralement plus oblongue. La mesure de l'angle facial est un terme de comparaison, nonobstant les autres particularités, pour juger à quelle localité appartient tel individu. La démarche n'est pas un moyen moins sûr pour établir ces distinctions ; certes, on n'hésitera pas à se prononcer en voyant deux femmes marchant côte à côte, si l'une est Anglaise et l'autre Française, même avec des vêtements semblables; le sautillement du pas vous dira l'étrangère. La coloration de la peau est encore un indice de classification; les peuplades du nord sont plus sanguines, plus blanches que celles du midi; et plus l'on avance vers la zône torride, plus le teint s'assombrit et devient noir.

Les gestes servent encore à caractériser le naturel d'un pays : ils sont froids et réservés dans le nord tempéré; vifs, pressés, violents dans un climat chaud et brûlant; là où la chaleur atmosphérique exalte le plus l'imagination, là aussi se rencontrent la plus grande intelligence et la plus riche variété dans la pantomime. La tournure d'un peuple religieux est humble; celle des citoyens d'une nation libre est aisée et puissante; les gens d'une monarchie ont une prestance dédaigneuse et hautaine; depuis le grand seigneur courtisan jusqu'au valet qui veille à sa porte, chacun se croit un centre où doivent aboutir d'autres infériorités.

Plusieurs causes viennent modifier le caractère d'une manière notable. L'âge, suivant une marche ascendante ou déclive, agit sur lui comme sur les passions dont il est le résumé.

Le climat et les maladies sont également des causes apportant de grands changements dans le caractère; mais rien n'a plus d'action que l'éducation donnée, et surtout à une époque de la vie où l'enfant commence à se développer : les animaux mêmes dont le caractère est le plus fortement écrit s'apprivoisent par les soins pris pour les instruire. Les animaux savants livrés à la curiosité publique en sont la preuve; mais une chose déplorable dans l'espèce humaine, l'éducation ayant pour but de faire redescendre à la condition de la bestialité est la plus facile; le contraire a lieu chez la race animale. On n'apprendra point au tigre à devenir plus féroce, on pourra l'exciter momentanément, sans ajouter pour toujours à ses appétits carnassiers; on le rassasiera plus tôt.

Voici un fait prouvant à quel point on peut faire dégénérer l'humanité; cependant elle est progressive, mais elle se perd bien vite faute d'une instruction soutenue. On a pu voir, à la Salpêtrière, une jeune fille de seize à dix-sept ans au plus, que des misérables avaient volée à ses parents pour en faire un objet de spéculation : ils s'imaginèrent de la former de telle façon qu'elle pût passer dans la suite pour une femme sauvage trouvée dans une forêt lointaine. Que firent-ils ? Ils jetèrent cette pauvre enfant dans une cave où jamais n'entrait un rayon du jour ; peu à peu ils dépouillèrent leur victime de ses habits ; ils changèrent la nature de ses aliments ; enfin ils l'amenèrent graduellement à ne plus se vêtir, et à manger de la viande crue. En quelques années, elle eut acquis les habitudes que ses bourreaux supposaient capables de caractériser le rôle auquel elle était destinée. Quand tout fut accompli selon leurs désirs, ils se mirent à exploiter cette grande infortune ; l'on vit apparaître sur des tréteaux un être féminin aux longs cheveux noirs, aux ongles courbes et solides, aux regards effarés par l'effet de la lumière que depuis si longtemps elle n'avait aperçue ; sa voix était une sorte de cri rauque, aigu et bref ; son abord était farouche. Cette masse humaine se tenait accroupie, par l'habitude du besoin constamment éprouvé de ramasser ses membres atteints par le froid de sa demeure ; son allure ressemblait à celle de la chouette, avec qui elle avait encore un point de ressemblance ; elle sautillait sur ses deux pieds au lieu de se déployer pour se transporter d'un lieu à un autre ; sa

donner le change sur son origine. Point d'intelligence : la matière seule vivait, exprimait des besoins organiques, et cherchait à les satisfaire à la manière des brutes. Cette infâme jonglerie dura le temps nécessaire pour éclaircir ce fait étrange : on fit placer à l'hospice cette fille dont on avait tué la vie morale, et dont l'existence physique resta confondue avec celle des idiotes incurables.

Le caractère a deux sources principales, le tempérament et l'esprit; le tempérament domine dans l'expression des besoins de la matière; l'esprit a plus de part à ce qui concerne le jugement et l'intelligence. Nous allons énumérer les uns et les autres. Un caractère éminemment excentrique a son origine dans un tempérament sanguin; les personnes d'un caractère vif, enjoué, variable, léger, appartiennent à cet état constitutif; rien ne tient et ne demeure en elles; cela se voit particulièrement dans cette grande faculté communicative des individus d'une complexion sanguine, en qui le changement est un besoin se renouvelant sans cesse : ceux-ci s'adonnent plus particulièrement aux plaisirs; ils ne pourraient supporter longtemps les fatigues d'une étude sérieuse ; aussi les voit-on rarement se livrer à la recherche des idées spéculatives : la bienfaisance, l'amour, la gaieté, l'inconstance, la franchise, sont les qualités qui leur sont les plus communes.

Le tempérament bilieux ouvre un champ fertile aux passions concentriques ; c'est la source de tous ces caractères âcres, méticuleux, persévérants, marchant avec prudence ; l'hypocrisie, l'égoïsme, et toutes les qualités qui se rapportent à ces penchants sont plus particuliers à cette constitution organique. La nonchalance, l'apathie, la lâcheté, sont filles d'un tempérament lymphatique. Le tempérament sanguin-bilieux prédispose aux passions violentes et tient aux esprits vifs et impatients ; mais il résiste aussi davantage à la fatigue du corps et de l'intelligence ; c'est le plus favorable à la production de ces grands caractères également propres à concevoir et à exécuter. Les qualités de l'esprit modifiant le plus le caractère dérivent de l'état plus ou moins avancé de la civilisation.

La civilisation, quel que soit son degré, exploite à son profit les passions des hommes ; elle exerce non seulement une grande influence sur le caractère individuel, mais elle crée des types caractéristiques répondant aux besoins nouveaux qu'elle a fait

puissant aux désirs en ouvrant des routes nouvelles, les seules à parcourir avec espoir de succès ; c'est un centre où tout tend à se rattacher ; il fait tout vibrer tout mouvoir, et fructifier ce qu'on lui confie.

Quand le flambeau de l'intelligence n'éclairait que les froides ogives de nos couvents, le noble, ne sachant point lire ni signer son nom, et par conséquent son vassal, ne recevaient d'autres impulsions que celles imprimées par les moines dépositaires des trésors de la science. Autour de ces princes de la civilisation gravitaient les intérêts des masses ; là était le cœur collectif faisant battre les artères sociales et communiquant la vie aux membres du corps entier de la nation. Tout se ressentit alors de cette domination suprême ; la religion fut un des éléments nécessaires des actes de la vie ; elle s'insinua dans les mœurs, dans les usages ; elle consacra les serments des hommes et jusqu'à ceux-là même qui étaient une promesse de crime, de meurtre et de pillage.

La religion s'associait alors à toutes les entreprises ; elle présidait aux plaisirs ; elle régnait en souveraine ; des rois se faisaient honneur de chanter au lutrin. Quand, plus tard, un homme apparut qui fit du glaive la loi générale, la condition première du pouvoir, des honneurs et de la fortune, l'esprit national vint se rallier à son drapeau. L'amour de la guerre et des conquêtes embrasa tous les cœurs ; on ne jura que par l'épée, devenue le seul arbitre des différends ; on échangea contre une cotte d'armes l'habit de serf d'abbaye ; les cris retentissants de la gloire succédèrent aux chants recueillis du sanctuaire : une sur-excitation excentrique fut le résultat de la compression monarchique qui avait pesé d'abord sur les masses, et la réaction militaire devint égale à la force des causes précédentes.

Enfin l'industrie étendit ses conquêtes ; elle recula les limites de ses relations. Le fabricant fit circuler ses produits au-delà des frontières de sa patrie ; ce commerce amena nécessairement de grandes modifications dans le caractère national ; il dut s'empreindre de celui des peuples avec lesquels il se trouvait en contact ; de là encore, une période de changements dans les habitudes anciennes, qu'il fallut mettre en harmonie avec celles de l'étranger ; car rien ne lie davantage les hommes qu'une similitude de manières et de conduite.

conséquent moins de haines rivales et plus de douceur et de politesse.

Mais il était réservé aux sciences et aux arts de rapprocher davantage les hommes. La découverte de l'imprimerie, en multipliant la pensée, vint ouvrir une vaste carrière où l'esprit humain, longtemps maintenu, s'élança pour se répandre au dehors ; la physionomie de l'humanité vint encore révéler des besoins moraux à satisfaire, des passions intellectuelles à développer. Le caractère national prit une face toute nouvelle ; l'étude et l'éducation firent éclore une foule de nuances caractéristiques qui furent le cachet de ce siècle de lumières et de progrès.

Que d'idées viennent se grouper autour de ces signes symboliques : une croix, un glaive, une pièce de monnaie, un livre ! Que de passions ont été soulevées à leur sujet ; que de caractères ont paru comme les reflets de l'éclat passager que tour à tour ils ont jeté sur la scène du monde ! Chacune de ces révolutions morales a donné conséquemment plus de valeur aux choses ayant un rapport plus direct avec les idées constitutives qu'elles représentaient ; elles ont donc été d'autant plus vivement recherchées qu'elles devenaient le meilleur moyen de réussir et de contenter le goût dominant : de là des directions appropriées au but, et par la même raison, des impulsions propres à telle ou telle vue. Le fond des passions génériques reste toujours le même dans ces diverses périodes; mais la forme sous le couvert de laquelle on tâche de s'avancer est extrêmement variable, pour se plier à toutes ces exigences de position. Aussi voit-on beaucoup plus de raffinement, d'ingéniosité dans les mouvements passionnés de la civilisation que dans ceux que l'état de nature seule peut suggérer dans des circonstances tout à fait identiques et nonobstant leur but. En effet, s'il y a plus de convenance dans la manière de faire le bien, on retrouve également plus de profondeur dans l'invention ou dans le choix du mal que l'on se propose de faire. Les philanthropes de la ville apporteront les plus grands ménagements possibles dans la répartition des bienfaits à répandre autour d'eux ; ils cacheront la main qui donne, de crainte de blesser le protégé : le paysan suit son cœur, et ne soumet pas ses élans de générosité à la censure de son esprit; il se montre à découvert, et ne se consulte pas pour sa-

Un jour, deux femmes devisaient ensemble sur ce qu'il y aurait de mieux à faire pour se venger d'une rivale dont la beauté serait un obstacle à vaincre. — Moi, dit l'une, je la dévisagerais et je lui arracherais les yeux! — Je suis de votre avis quant à l'altération des traits de la figure, répondit l'autre interlocutrice; mais je serais désolée de lui ôter la vue, parce qu'elle ne pourrait voir combien elle serait flétrie, ni souffrir de sa laideur! Le dernier mode indique évidemment dans le caractère de celle qui le propose comme préférable, une grande supériorité de machiavélisme; il ne laisse aucun doute sur la part de l'esprit dans cette infernale combinaison de deux supplices à infliger à une femme belle et jugée assez coquette pour ne pouvoir pas supporter les suites d'un pareil traitement.

Chaque phase de l'existence d'un pays a donc été marquée par un caractère principal, ayant donné une coloration particulière à tout ce qui s'est passé sous l'influence dominatrice de l'époque : c'est par l'observation exacte de cette teinte locale que l'art peut transporter le spectateur au temps où l'action représentée a eu lieu ; cette teinte est comme le chiffre de la date, et il doit se composer des couleurs les plus propres à la préciser. C'est là le grand écueil des compositions historiques pour les artistes qui ne se sont point assez occupés de l'étude de l'histoire : leurs ouvrages offrent de fréquents anachronismes capables de détruire toute illusion.

La première condition pour être vrai dans la reproduction d'un fait antique, est dans le choix des personnages et des accessoires les plus convenables pour le caractériser ; il est toujours facile de faire entrer dans l'économie du tableau un de ces êtres typiques ; ils sont pour l'observateur une donnée sûre conduisant à l'intelligence du sujet. Lorsque David a voulu rappeler le souvenir de l'austère Brutus rentré dans ses foyers après l'exécution de ses fils, qu'a-t-il fait? Un Romain, dont la face rendue à elle-même conserve néanmoins cette inflexibilité sauvage déterminée à répandre son sang pour sauver sa patrie, est assis dans l'ombre, seul avec sa conscience et son cœur. Cet homme n'est plus en présence d'un peuple auquel il devait un grand exemple; il peut sentir qu'il était père et qu'il s'est volontairement dépouillé de ce titre heureux et sacré. Qui me désignera Brutus dans ce sénateur? Cette main tenant encore la preuve irrécusable d'un

c'est à elle à plaider en faveur de Brutus la cause du salut public auquel il a sacrifié l'espoir d'une postérité nombreuse ; cet isolement dans lequel il se trouve, annonçant qu'il s'est séparé de sa famille. Est-il coupable? Non! car pas une voix romaine ne l'accuse; une mère et deux jeunes filles, esclaves de la nature plutôt que de la loi, osent seules se plaindre et faire entendre un cri désapprobateur : ce n'est point un lâche se cachant dans un coin obscur, un juge assassin craignant de se montrer ; son front n'a point de honte, son regard ne se voile pas; c'est Brutus se renfermant en lui-même, et respectant la douleur de la mère de ses propres fils !

Je passe à une question d'autant plus intéressante à traiter qu'elle se présente comme une abstraction; en elle néanmoins réside un avenir nouveau pour les beaux-arts.

Considérons le caractère sous le rapport de ces idées vagues de vertus et de vices, mais étant l'expression de besoins moraux de la civilisation. Sous le nom de vertu, il faut comprendre ce qui est favorable au corps social ; le vice est la qualité de ce qui ne peut que lui nuire : de là, cette opinion conventionnelle de beauté attachée au caractère d'un acte vertueux, et de laideur, au contraire à l'idée d'un vice. Je prends ici ces deux dénominations dans leur acception la plus large ; car dans un sens restreint aux personnes et aux circonstances, on les apprécie souvent d'une manière toute contradictoire ; ainsi, la chasteté, regardée comme une grande vertu dans les couvents, est un vice auprès de la société devant tendre à s'accroître. Comment ces mots abstraits peuvent-ils se réduire en formule sensible, et de façon à devenir exploitables par les arts de l'imitation ? Certains artistes ont pensé ne pouvoir parvenir à ce but, sans appeler la poésie à leur secours, au lieu de la vérité matérielle, selon eux incomplète : ils ne croyaient pas devoir admettre au physique la même distinction généralement reçue sous le point de vue moral, en établissant en principe philosophique que la vertu est belle et le vice repoussant par sa difformité : aussi employaient-ils fréquemment l'allégorie pour rendre les sujets où ils avaient à faire entrer l'une ou l'autre de ces qualités de l'esprit ou du cœur. Pour nous, peintre physiologiste, nous pensons qu'avant d'être poète, il faut être vrai, et ne sortir des moyens de la nature qu'après avoir épuisé toutes

c'est parce qu'ils ont une action positive sur le bonheur ou le malheur du genre humain, que toutes les lois ont été faites dans l'intention de propager l'une et de réprimer l'autre autant que possible. Or, du moment qu'il y a action, un fait quelconque s'accomplit, et c'est dans ce qui a lieu en cette circonstance qu'il faut chercher de quoi caractériser le motif vertueux ou vicieux qui en fait le fond.

La vertu et le vice n'existent que dans l'état d'association classant tous les actes de l'humanité dans l'une de ces catégories, et toujours en raison des exigences de son mode de constitution. A l'état de pure nature, il n'y a que des passions indépendantes des conventions de la condition sociale; on peut donc toujours, pour les passions, prendre la question telle que les besoins de l'espèce la posent; mais il faut rapporter ce qui est appréciation d'une qualité aux idées reçues à cet égard; ainsi l'on doit partir de ce principe moral admis par tous les peuples comme une garantie d'ordre et de durée, l'*on doit rechercher la vertu et fuir le vice*; voilà le thème de l'artiste : c'est sur cette donnée première qu'il doit se baser pour la représentation des divers caractères ressortant de l'une ou de l'autre de ces origines, et doit les stigmatiser par leur résultat. Voulez-vous me faire aimer la bienfaisance? montrez-moi la main généreuse distribuant des bienfaits, bénie et caressée par le pauvre souffrant et soulagé : d'un côté le besoin qui crie, et de l'autre le moyen de le satisfaire. Oh! mon âme alors est émue ; car, moi aussi j'ai souffert, et ce tableau touchant remet en ma mémoire un de ces instants indicibles où, prête à succomber sous l'infortune, l'humanité se relève : ce passage inespéré du malheur à des jours plus fortunés me frappe et non point cette froide allégorie d'une femme à corne d'abondance ; elle me rassasie par la profusion des secours qu'elle étale avec orgueil et qui ne sont rien si la privation n'en est pas sentie.

Si maintenant vous voulez faire passer en moi l'horreur de ces vices qui rongent la société et la tuent, effrayez mes regards par l'effet de leurs suites funestes et inévitables. Est-ce l'abus du vin que vous avez l'intention de flétrir? Jetez à mes pieds ce corps inerte à forme humaine, se semblant de mon espèce se dégradant et se roulant dans la fange infecte du ruisseau ; montrez-moi cet être à la merci du plus chétif animal, cette brute en qui

diable avili, cette impression pénible demeure en moi; elle me tient en garde contre tout excès de ce genre.

Je ne conçois pas que, pour donner une leçon à de jeunes voluptueux, on se soit avisé de représenter Socrate usant de son ascendant sur Alcibiade pour le retirer des bras des courtisanes, auprès desquelles il oublie et sa gloire et sa vertu, et surtout en répandant sur ces dangereuses syrènes tout l'attrait, tout le prestige de la jeunesse, de la fraîcheur et de la beauté. Je vois dans cette manière d'envisager une moralité grave, un étrange contresens : je ne sais ce qu'un pareil tableau peut produire sur quelques imaginations ardentes; quant à moi, j'avoue franchement, à l'aspect de cette scène, n'avoir été touché que d'une chose, c'est de la grandeur du sacrifice que dut faire Alcibiade à son maître : je n'entends point les paroles austères du philosophe, et je suis en présence de ces corps fins et gracieux parlant à mes sens; cette vue ne sert aucunement à me convaincre que le vice soit horrible et repoussant.

Ce n'est point ainsi que Michel-Ange entendait la haute mission qu'il venait accomplir, quand, cherchant à ramener le peuple aux croyances religieuses de son époque, il communiquait sa chaude et mâle éloquence aux murs de la chapelle Sixtine! Il ne craignait pas d'opposer aux douceurs d'une éternité bienheureuse et promise aux élus, les pleurs et les grincements de dents des damnés. Au-dessous de ces groupes de justes s'élevant comme la prière, au sein du Dieu qui les appelle, il a flétri la luxure d'un cardinal romain; il a montré dans sa nudité tout entière ce prince de l'église déchu, livré par la justice éternelle aux morsures vénéneuses d'un reptile, et puni dans l'organe même qui servit ses goûts dépravés. C'est que le grand Michel-Ange avait la conscience de ce qu'il faisait; il savait se placer au-dessus de toutes ces petites considérations de la médiocrité s'efforçant de cacher son impuissance sous quelques détails de formes, de poses ou de coloris.

Le vrai génie va droit au but par des moyens larges et francs; il terrifie, subjugue ou élève l'âme; il l'associe à ses émotions par de grandes et sublimes images révélant la grandeur de sa pensée; il ne s'inquiète pas de ce que l'on pourra dire d'une partie secondaire de son ouvrage, si l'ensemble ré-

jours à côté se trouvent de tels écarts, qu'ils ôtent tout le prix du bien en refroidissant l'esprit par la réserve commandée à qui veut équitablement apprécier un travail placé sous ses yeux. Exalter la vertu pour la propager, et flétrir le vice afin de le détruire, est sans contredit la tâche la plus noble et la plus utile attribuée aux beaux-arts : c'est vers ce haut enseignement qu'ils doivent tendre aujourd'hui, s'ils veulent obtenir la protection des législateurs nommés pour désigner l'emploi d'un budget provenant de la sueur du peuple et devant profiter à tous. C'est le seul moyen de faire absoudre les beaux-arts du reproche d'être un objet de luxe et de courtisannerie.

Il ne faut pas se le dissimuler, l'art a le plus souvent suivi la marche des événements au lieu de les précéder; il a été religieux quand les couvents engloutissaient la plus forte part de la fortune publique; il s'est modelé sur les goûts du maître avec la monarchie dominante; en un mot, il s'est mis sous la protection et à la merci de la bourse le faisant vivre et lui fournissant ainsi les moyens de se produire. Aussi, que voit-on maintenant? les tableaux de genre, les seuls à la portée des fortunes particulières, forment l'immense majorité des productions du jour, à défaut d'une haute intervention qui soutienne la peinture appelée historique. Il est temps que les artistes se placent au rang qu'ils doivent occuper. Qu'ils cherchent donc à déterminer l'impulsion, au lieu de se traîner à la remorque du pouvoir, et quand parmi eux surgira un homme fort de sa conscience et de son génie, osant dire à la multitude : Voilà ma croyance, voilà les principes moraux que je veux inculquer en vous, il trouvera, je n'en doute aucunement, une large et digne récompense dans l'estime et la reconnaissance de ses concitoyens.

FIN.

Paris. — Imp. de DUBUISSON, rue Coq-Héron, 5.

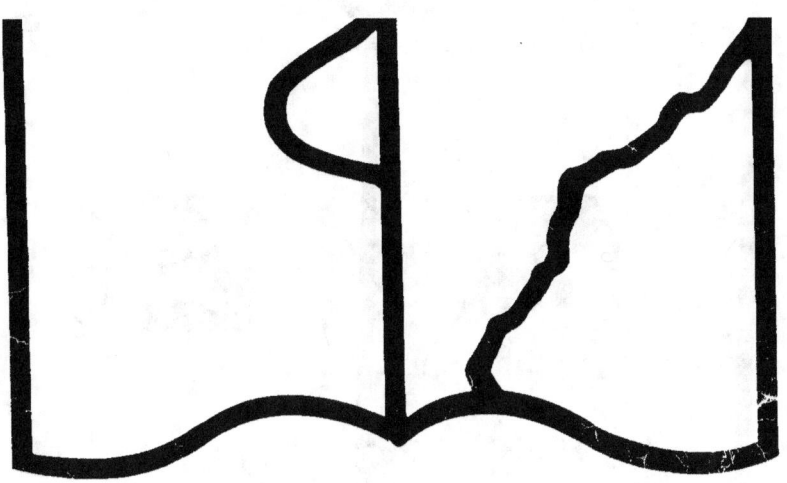

Texte détérioré — reliure défectueuse

NF Z 43-120-11

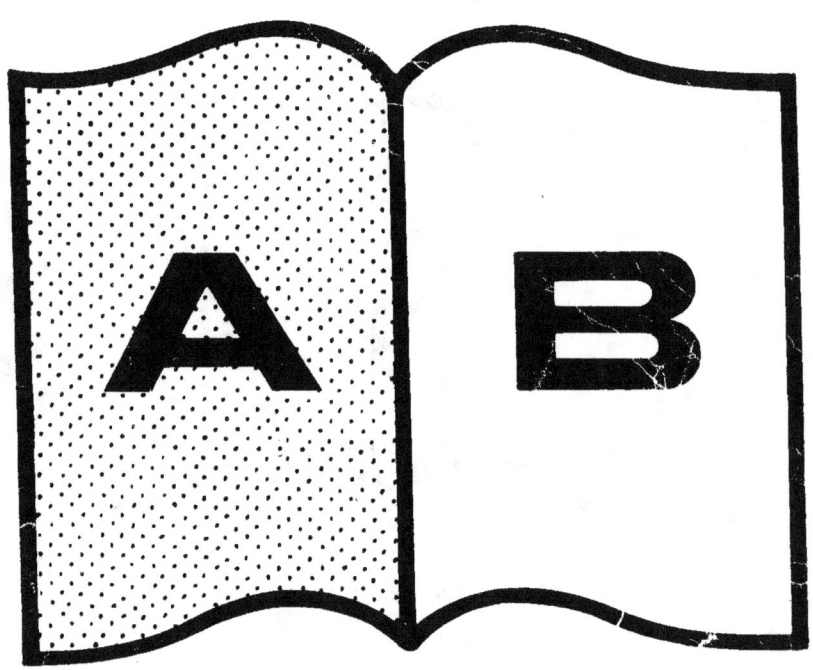

Contraste insuffisant
NF Z 43-120-14

www.ingramcontent.com/pod-product-compliance
Lightning Source LLC
Chambersburg PA
CBHW052233220526
45471CB00001B/29